내신·수능 1등급 우등생들의 특급 공부 비법

1등급
공부법

★★★★★

내신·수능 1등급 우등생들의 특급 공부 비법

1등급 공부법

· 신영환 지음 ·

서사원

성과와 효율이 2배가 되는
공부 방법을 찾아야 합니다

공부법 작가로 활동을 하다보면 종종 이런 말을 듣곤 합니다.

"공부법 책 볼 시간에, 영어 단어 하나 더 외우고, 수학 문제 하나 더 푸는 게 낫지."

물론 이 말이 전부 틀렸다는 것은 아닙니다. 제대로 된 노력을 하지 않고 공부법만 탓하는 학생들도 분명 있습니다. 하지만 제가 만나본 공부 마스터들은 적지 않은 시간 동안 더 나은, 더 효율적인, 그리고 자신에게 더 적합한 공부법과 시스템을 찾기 위해 의식적으로 고민하고, 여러 번의 시행착오를 겪었다고 말했습니다. 그 과정에서 다양한 공부법 책과 수기, 강의를 보고 듣고 느꼈다고 말했습니다.

공부는 지식과 사고라는 물을 '나'라는 그릇에 담는 것과 같습니다. 그리고 아무리 많은 물을 채워도, '나'라는 그릇이 그

물을 충분히 담을 수 없는 작은 크기의 그릇이라면 그 노력은 밑 빠진 독에 물 붓기가 되어버리고 맙니다.

제가 만나 본 공부 마스터들은 일관되게 말합니다. 단순히 공부하는 것을 넘어서, 자신의 공부 그릇을 더 크게, 단단하게 만들기 위해 하루하루 의식적인 노력을 해야 한다고.

그런 점에서, 여러분이 진정한 역전과 변화를 이루고 싶다면 단순히 열심히 하는 것을 넘어서, 어떻게 하면 더 나은 가성비와 효율로 공부할 수 있을지 고민해야 합니다. 단순히 2시간 공부를 4시간으로 늘리기 이전에, 똑같은 2시간을 공부해도 그 성과와 효율이 2배가 될 수 있는 방법을 먼저 고민하셔야 합니다.

그리고 그 고민에 바로 이 《1등급 공부법》이 중요한 나침반이 되어줄 것입니다. 이 책의 저자 신영환 선생님은 공부법 전문가이자 이미 교육현장에서 다양한 학생들의 역전과 변화를 만들어낸 경험을 바탕으로, 어떻게 하면 우리가 더 나은 결과를 만들어낼 수 있는지를 알고 있는 진정한 전문가입니다. 이 책을 통해 여러분이 진정한 변화와 성장을 이뤄낼 수 있을 것이라 확신합니다. 여러분의 성적 급상승을 응원합니다.

조승우(스몰빅클래스 대표,《압축 공부》저자)

길을 알고 가는 사람은 가는 길을 계산하며 속도를 조절할 수 있습니다

장선우 멘토
이화여자대학교 커뮤니케이션학부&사회학과

책 집필에 부족하게나마 함께 참여하면서 저의 지난 고등학교 3년의 시간들이 하나하나 다시 생생하게 떠오르는 것을 경험했습니다. 지필고사 시험이 시작되는 종소리가 울리고 일제히 시험지를 넘기던 그 종이 소리, 야자 시간에 사방에서 들려오던 사각사각 샤프펜슬 소리, 그리고 수능이 다가오며 점점 짙어지던 차가운 공기의 냄새까지… 그 모든 치열하고 밀도 높았던 순간들이 떠올라서 한참 동안 회상에 잠기기도 했습니다.

선생님께서 많은 멘토들을 인터뷰하고 발견한 공부 방법의 공통점을 차근차근 읽어보면서 참 신기하다는 생각이 들었습니다. 나에게 가장 효율적인 방법이라고 생각했던 N회독 공부법, 색깔 펜 사용법, 오답노트 작성법 등이 알고 보니, 모든 상위권 멘토들이 공감하며 사용하고 있던 공부법이라니… 고등학교 시절의 제가 나름대로 정도(正道)를 걷고 있었구나 하는 새삼스런 안도감이 들었습니다.

물론 그 안에서도 무조건적인 정답이 없다는 사실도 알았습니다. 상위권 멘토들이 공통적으로 했던 행동, 생각의 큰 흐름만 따라가고 그 안에서 정말 자신에게 맞는 방법은 스스로 발견해나가야 한다는 것. 이것이 바로《1등급 공부법》이 말하고자 하는 핵심이 아닐까 생각합니다.

길을 알고 가는 사람은 가는 길을 계산하며 속도를 조절할 수 있습니다. 그리고 목적지를 명확히 알기 때문에 두렵지도 않습니다. 이 책은 여러분의 목적지가 어디여야 하는지를 짚어주는 책입니다. 1등급으로 가는 길, 내가 가고 싶은 대학교, 가고 싶은 학과에 들어가서 멋지게 날아갈 자신을 상상하면서 읽어보시길 바랍니다.

자신에게 맞는 '답'을 찾기 위해선 시행착오가 필요합니다

유가연 멘토
고려대학교 교육학과&경영학과

집필 과정에 참여하면서 자료를 찾다 보니, 입시에서 곤경을 마주하고 공부의 '방향'을 찾고자 치열하게 고민하던 그 시절이 떠올랐습니다. 짧은 기간 안에 성적을 올려야 한다는 것이 막막하게 느껴졌고, 때로는 너무 커다란 벽이 제 앞을 가로막는 듯해 허망하게 느껴질 때도 있었습니다.

이 책은 대학 입시라는 이 험난한 길을 마주하게 될, 혹은 이미 그 길에 들어서 있을 여러분에게 따뜻한 손길을 내밀어줄 것입니다. 먼저 입시의 길을 걸어온 멘토들의 이야기를 담은 이 책은 단순히 여러분에게 공부 방법을 제시할 뿐만 아니라, 입시를 마주하는 자세와 태도에 대해서도 알려주고 있습니다.

물론 입시에 있어 절대적인 답은 없고, 자신에게 맞는 그

'답'을 찾기 위해선 시행착오가 필요합니다. 하지만 시행착오마저도 기다려주지 않는 입시이기에, 미리 시행착오를 겪은 멘토들의 경험담은 여러분이 빠르게 답을 만들어나가는 데 큰 도움이 될 것입니다.

이 책을 계기로 자신의 벽을 넘어, 더 높은 꿈과 목표를 향해 도약할 수 있기를 진심으로 응원합니다!

공부는 자신의 목소리를 내기 위한 내공을 쌓는 일입니다

오경제 멘토
고려대학교 영어교육과&언어학과

안녕하세요! 신영환 선생님을 도와 집필에 참여한 오경제라고 합니다. 존경하는 선생님과 함께 원고 작업을 할 수 있어서 영광이었습니다. 책에는 공부법에 대한 기본 원리부터 과목별 공부법, 내신 공부법, 수능 공부법까지 정말 공부법에 대한 모든 것이 총망라되어 있습니다. 공부를 어떻게 해야 할지 감이 잘 안 오는 학생분들께 꼭 권해드리고 싶습니다.

공부 자체는 스스로 해 나가야 합니다. 그렇지만 공부하는 방법에 대해서는 다른 사람들의 도움을 받는 것이 바람직하다고 생각합니다. 먼저 수험 생활을 해본 1등급 멘토들의 사례를 참고하셔서, 본인에게 가장 잘 맞는 공부법을 찾아 나가셨으면 합니다.

10

공부는 자신의 목소리를 내기 위한 내공을 쌓는 일이라고 생각합니다. 이 책은 스스로 우직하게 공부할 수 있도록, 궁극적으로는 공부한 것을 바탕으로 자기만의 무언가를 만들어낼 수 있도록 도와줄 것입니다.

추신1 원고 작업에 같이 참여한 두 선배님들! 항상 따뜻하게 격려해 주셔서 너무×100 감사드립니다.

추신2 학생 여러분! 건강이 제일 중요합니다. 공부하다가 혹시라도 몸이나 마음이 힘들면, 주저하지 마시고 병원에 가시거나 휴식을 취하셔야 합니다.

프롤로그
누구나 1등급이 될 수 있다

'행복은 성적순이 아니잖아요'라는 말이 있듯, 우리 인생은 쉽게 점수로 매길 수 없다. 그런데 안타깝게도 입시를 치르는 수험생들은 시험을 보고, 그 대가로 자신의 인생 점수를 부여받는다. 사회에서는 내신이든 수능이든 1등부터 꼴등까지 줄을 세워 등급을 매겨 대학에 보낸다. 그런 현실을 마주한 수험생들을 보면 안쓰럽기만 하다. 물론 1등급을 받고 명문대에 진학하는 학생이라면 아무런 문제가 없다. 문제는 1등급을 못 받는 나머지 96%의 학생들이다. (1등급은 4%가 기준이다.)

나는 이 책을 쓰기 위해 내신이든 수능이든 어떤 과목이든 적어도 한 번쯤은 1등급을 받았던 학생들을 대상으로 인터뷰하며 관련 정보를 조사했다. 그들의 공부 비결을 확인하며 알게 된 사실은 처음부터 누구나 다 '1등급'은 아니었다는 것이다. 그래서 이 책에 있는 내용(공부 비법)이 누군가에게는 희망을 줄 수 있을 거라는 자신감이 있다.

실제 선행학습이 잘 되어 계속 1등급 성적을 받던 학생들

12

도 고3이 되어서는 1등급을 못 받는 경우가 있다. 이렇듯 누구에게나 1등급이라는 성적은 절대적이지 않다. 과거에 1등급이었다 할지라도 현재에는 아닐 수 있다. 반면에 과거에 1등급이 아니었더라도 지금 혹은 미래에 1등급이 될 수 있다. 그래서 나는 1등급을 받는 방법을 알고 노력한다면, 누구나 1등급을 받을 자격이 있다고 믿는다.

운 좋게도 나는 10년 넘게 교사로서 특목고에 근무하면서 공부 잘하는 학생을 많이 봐왔다. 게다가 그 학생들을 인터뷰하며 그들의 공부 인생사와 공부 비법을 가까이에서 들을 수 있었다. 한 명, 두 명, 세 명… 여러 우등생들의 1등급 공부법을 알아가며 공통분모를 분명히 찾을 수 있었다. 공부 마인드, 슬럼프 극복 방법, 메타인지 활용, 구체적인 과목별 공부법 등 분명한 교집합 요소가 있었다. 그러면서도 각자 자신에게 맞는 공부 방법을 적용하여 남들과는 차별화된 여집합 요소도 있었다. 미리 정답을 말해보자면, 여러 훌륭한 공부법 중에 자신에게 맞는 공부법이 분명히 있고, 그것을 잘 찾아야 한다.

만일 내가 이런 1등급 공부법을 진작 10대에 알았더라면 얼마나 좋았을까 상상한다. 내 마음대로 상상은 자유지만, 현실에서의 나는 10대가 아니라 10대를 가르치는 교사다. 그래서 마음을 고쳐먹고, 항상 공부로 고생하는데 성적이 안 나오는 학생들을 돕고 싶다고 생각한다. 그들이 공부 때문에 좌절하고 실망하지 않았으면 한다. 왜냐하면 그들에게도 공부에 대한 희망을 주고 싶기 때문이다. 이는 마치 부모가 자식에게 주는 사랑처럼, 교사가 학생에게 주고 싶은 무한한 사랑이다.

　나는 이 책을 통해 진심으로 공부를 잘하고 싶은 학생들에게 우등생들의 1등급 공부 비법을 전수하고자 한다. 참고로 그 우등생들을 '멘토'라 부른다. 이 책을 읽는 독자가 멘토들의 공부법을 통해 공부에 대한 자신감을 얻고, 매일 조금씩 '성장'하는 과정을 스스로 느꼈으면 좋겠다. 그리고 자신에게 가장 잘 맞는 공부 방법을 찾길 바란다. 또한 미래에는 누군가에게 이 책에 나오는 멘토들처럼 훌륭한 멘토가 되어주길 희망해본다.

저자 신영환

차례

1장　올바른 1등급 공부법: 개념 편

2장　효율적인 1등급 공부법: 기술 편

3장 성적이 오르는 1등급 공부법: 실전 편

\<국어\> 1등급 공부법

\<수학\> 1등급 공부법

\<영어\> 1등급 공부법

1장

올바른
1등급 공부법

개념 편

공부에 관한 개념이 다르다

학교에서 수업 태도가 매우 좋고, 누구보다 공부를 열심히 하는 학생 중 생각보다 성적이 잘 나오지 않는 경우를 많이 봤다. 이 점이 참으로 안타까웠다. 물론 그중엔 공부도 열심히 하고, 성적도 잘 나오는 학생이 있다. 그래서 항상 궁금했다. 둘 다 정말 열심히 공부하는데, 결과가 다른 이 두 학생의 차이점은 과연 무엇일까?

차이점은 공부에 관한 개념, 즉 공부를 무엇이라고 정의하는가에 있었다. 대부분의 학생은 공부를 '암기'라고 잘못 생각한다. 물론 '암기'는 공부의 필수요소지만, 공부에 있어서 대략 10%에 해당한다. 고대 그리스 수학자이자 물리학자인 아르키메데스의 '부력의 원리'가 이를 증명한다. 물체가 부력에 의해 물 위에 뜨려면 물 아래 잠긴 물체의 부피는 90%가 되어야 한다. 빙산의 일부가 물 위에 뜨려면, 물 아래 잠긴 빙산의 부피는

대략 90% 정도가 되어야 한다는 말이다.

공부의 핵심인 90%는 물 아래에 숨겨져 있는데, 학생들은 '빙산의 일각'일 뿐인 10%의 암기에만 집중한다는 것이다. 아까 '암기'를 공부의 표현에 해당하는 10%라고 했으니 이제는 공부의 핵심인 나머지 90%가 무엇인지 알아야 한다. 그리고 1등급을 받는 우등생들은 사실 이 10%보다 90%에 더 많은 시간을 들이고 있다. 그렇다면 90%에 해당하는 부분은 공부에서는 무엇에 해당할까? 그것은 다름 아닌 '이해'의 과정이다. 따라서 공부란 '이해'를 바탕으로 '암기'가 함께 따라올 때 완성되는 것이다.

만일 공부에 관한 개념을 단순히 '암기'로만 가지고 있는 경우, 한계에 부딪힐 수밖에 없다. 중학교 때까지는 그래도 이 방법이 통할 수 있다. 실제 나를 포함한 특목고에 다니는 학생들도 단순히 암기만 해서도 중학교 때 좋은 성적을 받았다.

하지만 고등학교부터는 이 방법이 통하지 않는다. 우선 과목 수가 많아지면서 공부해야 할 양이 늘어난다. 게다가 시험에서는 단순히 정보를 제대로 암기했는지만 묻지는 않는다. 개념을 정확히 이해했는지, 개념을 활용하여 응용할 수 있는지, 논리적 관계를 추론할 수 있는지 등 지식에 대한 '이해' 정도를 묻는 경우가 많다.

빙산이 형태를 그대로 유지하기 위해서 물 아래 90%의 부피가 필요한 것처럼, 공부에서도 '이해'가 아래에서 단단하게 받치고 있어야 한다. 이런 공부에 관한 개념이 바로 올바른 1등급 공부법이라 할 수 있다. 실제 1등급을 받는 학생들은 대부분 이러한 완전 학습 방법으로 접근하며 공부한다.

그러면 구체적으로 '이해'의 과정이란 무엇을 의미할까? 이는 세 가지 단계로 구분 지어 이야기할 수 있다. 첫째, 이해가 안 되는 부분이 '왜(why)' 그런지 스스로 고민한다. 둘째, 모르는 부분을 직접 찾아보며 지식을 확장한다. 셋째, 새로운 지식을 실제에 적용하며 이해한 것이 맞는지 확인해본다.

'태풍'에 관하여 학습하는 상황이라고 가정해보자. 우선 단순 암기를 위해 공부하는 학생은 단순히 표면에 보이는 정보에만 집착하며 암기하려 들 것이다. 예를 들어, '태풍은 반시계 방향으로 돈다.'라는 사실을 아무 생각 없이 외울 것이다. 반면 이해를 기반으로 공부하는 학생은 '태풍은 왜 시계 방향이 아닌 반시계 방향으로 회전할까?'라는 질문을 스스로 던지며 그 이유를 찾으려 노력한다.

　다음으로 그 궁금한 부분을 직접 찾아본다. 참고로 태풍이 반시계 방향으로 도는 원인은 코리올리 효과와 대기 순환 때문이다. 이런 식으로 이해를 위한 공부를 하면서 지구의 자전으로 발생하는 코리올리 효과와 고기압이 저기압으로 이동하는 대류 현상을 기반으로 한 대기 순환이라는 개념까지 알게 된다. 이것이 바로 빙산의 일각을 유지하기 위해 물 아래 빙산의 부피를 늘려가는 과정(이해의 과정)이다.

　끝으로 '이해'를 기반으로 공부하는 학생의 경우에는 실제 생활 속에서 코리올리 효과로 인해 위성을 발사할 때 지구의 자전을 고려한다는 점을 생각해낼 수 있다. 그리고 대류 현상은 따뜻한 공기는 상승하고, 차가운 공기는 가라앉는 현상임을 알고 다른 예시를 들어볼 수도 있다. 이렇듯 자신이 이해한 것을 다른 실제에 적용해보기도 한다.

　그런데 많은 학생은 이런 이해의 과정 없이 단순히 '태풍은 반시계 방향으로 돈다.'라는 사실만 암기하려고 든다. 이렇게 이해가 뒷받침되지 않는 암기식 공부로 인해 표면에 있는 작은 빙산은 형태를 유지하지 못하고 물에 녹아 사라진다. 결국에 아무리 오랜 시간 암기에 시간을 투자해도 남는 건 없다.

　국어사전에는 '공부'란 '학문이나 기술을 배우고 익힘'이라 적혀 있다. 여기서 배우고 익힌다는 말은 즉, 한자어로 '학습(學習)'에 해당한다. 다시 학습이라는 말을 풀어보면 '학(學)'은 모르는 것을 배우고, 새로운 지식을 얻는 걸 의미한다. '습(習)'은 익힌다는 말로 자주 경험하여 능숙해진다는 뜻이다. '왜'라는 물음을 가지고, 찾아가며 공부하고, 적용하며 익히는 과정을 학습이라고 한다면, 완전 학습은 더는 모르는 게 없는 상태라고 할 수 있다.

1등급을 받는 우등생들의 공부에 관한 개념은 단순 암기가 아닌, 이해를 바탕으로 한 학습이고, 나아가 '완전 학습'의 경지에 이르는 걸 의미한다. 그동안 자신이 하던 공부가 이 '완전 학습'이 아니었다면, 지금부터라도 개념을 바꾸면 된다. '나비효과'는 나비의 작은 날갯짓으로 인해 시작되지 않는가. 그리고 혹시 이 글을 읽으며 이해가 되지 않는 부분이 있다면 방금 배운 '완전 학습' 개념을 적용하며 다시 읽어보길 바란다.

유의미한 반복을 한다

　내신이든 수능이든 적어도 한 번 1등급을 받았던 학생들의 공부법에는 공통점이 있다. 그것은 누구나 한 번쯤 들어본 N회독 공부법이다. 서울대생 100인을 대상으로 인터뷰하고 쓴 조승우 작가의 《공부 마스터 플랜》에도 등장하는 주제다. N회독 공부법으로 한국의 외무고시, 행정고시, 사법고시 3대 고시를 모두 패스한 고승덕 변호사의 10회독 공부법과 일본의 N회독 공부법으로 여러 시험을 석권한 야마구치 마유의 7번 읽기 공부법이 소개되기도 했다.

　이렇듯 N회독 공부법은 시험을 준비하는 사람이라면 혹은 공부를 잘하는 사람이라면 누구나 활용하는 절대적인 공부법이라고 해도 될 듯하다. 그런데 공부법과 관련하여 유명한 'STUDYCODE'라는 유튜브 채널에서 조남호 코치는 N회독 공부법에 대해서 반박하는 영상을 올린 적이 있다. 서울대생 3천명을 인터뷰한 결과, 공부 잘하는 학생은 무식하게 반복만 하지 않는다는 내용이었다. 요지는 무한 반복을 통한 '암기'가 아니라 '이해'하는 공부를 하라는 것이었다. 이미 첫 꼭지에서 이 부분에 대해서는 다뤘기에 N회독 공부법은 어떻게 접근하는 것이 옳은지 알아보고자 한다.

사실 1등급을 받는 학생들을 인터뷰하며 단 한 번도 빠지지 않고 등장한 공부법이 'N회독 공부법'이다. 허나 'N회독'이라는 것은 분명 교집합 요소지만, 개인마다 이를 활용하는 방법은 천차만별이다. 다양한 사례가 있었지만, 내가 만나본 멘토들의 경우에는 3가지 유형으로 정리되는 것 같다. 사실 정리하고 보면, 왜 N회독하는 횟수가 달라지는지 이유를 금방 알 수 있다. 우선 장선우 멘토는 7회독, 박원빈 멘토는 4회독, 그리고 김주연 멘토는 10회독 공부법을 택했다. 횟수에 따라 공부법도 초점을 두는 방식이 달랐다.

N회독 공부법의 가장 표준이라고 할 수 있는 장선우 멘토의 7회독 공부법은 1회독 할 때는 정독하며 최대한 이해와 암기가 동시에 이뤄지도록 실천한다. 그리고 2회독부터는 자신이 설명할 수 있을 정도로 정확히 이해가 되지 않았거나, 기억에서 사라진 내용을 다시 암기하며 확인하는 방식으로 무한대로 이어진다. 그렇게 계속해서 7회독 정도가 되면 이해하지 못한 부분도, 암기하지 못한 부분도 거의 사라진다. 일명 '완전 학습'의 경지에 이르게 되는 것이다.

참고로 이 방법의 특징은 다음 회독으로 넘어갈수록 공부하는 시간이 단축된다는 점이다. 아는 것보다는 모르는 것, 즉 이해가 안 되거나 외우지 못한 것에 초점을 둔 공부법이다.

반면에 박원빈 멘토의 4회독 공부법은 조금 다르다. 1회독부터 4회독까지 무조건 정독하는 방법이다. 아는 것도 다시 보고, 모르는 것은 더 자세히 살펴보며 자신이 봐야 할 내용을 최대한 시간을 들여서 통째로 삼키려는 것이다.

조금 지독할 수도 있지만, 페이지에 들어간 내용을 눈으로 그대로 시각화하여 이미지로 기억하려면 이 방법을 활용해야 한다고 말한다. 그러면 어느 내용이 어느 위치에 있는지 꺼내어 볼 수 있어서 자신이 볼 시험 범위 내에서 놓치는 정보 없이 모두 기억할 수 있다고 한다. 대신 수업 시간에 배운 내용에 대해서는 배운 당일 이해가 안 되는 부분을 모두 찾아서 해결해야만 의미가 있다고 한다.

끝으로 김주연 멘토의 10회독 공부법은 횟수가 많은 만큼 처음에는 부담 없이 시작하는 공부법이다. 원래 문과였던 그녀는 이과로 전향하고 싶어서 사교육을 알아봤지만, 이과 수학 개념이 없다는 이유로 거절당했다고 했다. 어쩔 수 없이 인터넷 강의로 수학 개념을 접하면서 했던 방법이 바로 '10회독 공부법'이었다. 다른 멘토들과 달리 첫 번째 공부는 편하게 영화 보듯이 쓱 한번 보는 것이었다. 그리고 10번째까지도 따로 노트 정리를 하지 않고, 계속 영상을 보며 익숙해지려고 노력했다.

사실 이 방법이 5회 이하의 경우라면, 효과가 없었을지도 모르겠다. 하지만 미국 드라마나 영화를 10번 정도 보게 되면 배우들의 대사나 상황까지 모두 외울 수 있는 것처럼, 수학 공부도 똑같은 효과를 봤다고 했다. 억지로 외우려고 한 것도 아닌데 자연스럽게 10번을 보고 나면 이해도 되고, '툭' 치면 강사의 대사를 따라할 수 있을 정도가 된다고 했다.

　　이미 이런 공부법과 비슷하게 실천하는 학생이라면 지금까지 언급된 공부법이 뭐가 특별하냐고 말할 수도 있다. 그런데 1등급을 받는 학생들의 공부법이자 공통된 특징이기에 정리할 필요가 있다고 생각한다. 앞에서 소개된 세 가지 'N회독 공부법'은 '이해'를 바탕으로 완벽한 '암기'의 단계까지 이뤄내는 '완전 학습' 공부법이란 사실을 알 수 있다. 이미 공부에 관한 개념을 잡았기 때문에 이 공부법은 1등급을 위한 공부의 초석이라 할 수 있다. 방법은 미세하게 다를 수 있지만, 어느 수준까지 완벽의 단계를 이뤄내느냐가 관건이라 할 수 있다.

　　한 예로, 오경제 멘토의 증언에 따르면 내신 공부를 위해 누가 더 얼마나 많이 반복하느냐가 다른 결과를 만들었다고 했다. 참고로 SKY를 10명 가까이 보낸 한 학급에서의 1등급을 향한 공부 고수들의 모습이 그랬다고 했다. 이는 반복 학습을 통한 완전 학습을 추구한 공부 고수들이 결국 만점 혹은 1등급을 받기 위한 노력이었다.

　　조금만 더 팁을 보태자면, N회독 공부법을 실천하는 멘토들은 사실 시험 하루 혹은 이틀 전을 마지막 회독하는 날로 쓴다. 이미 그동안 시험 볼 내용에 대한 '이해'는 거의 끝났고, 완벽에 가깝게 '암기'가 되느냐 안 되느냐가 관건이라는 의미다. 하지만 1등급을 받지 않는 학생 중에는 시험 보기 하루 전에 처음으로 시험 볼 내용을 보는 경우도 있다. 공부 개념에 이어 공부법에서도 1등급을 받고 못 받고는 이미 시작과 끝이 다르다는 걸 알 수 있을 것이다.

이처럼 'N회독 공부법'이란 유의미한 반복을 통해 '완전학습'의 최종 단계로 가는 공부법이다. 하얀 도화지 위에 빈틈없이 그림을 그리는 방법이라고 할 수 있다. 구체적인 예로는 서양화의 한 종류인 '유화'를 그리는 방법과 유사하다. 서양화를 그리는 화가들은 하얀 캔버스에 한 번에 그림을 그려내는 일은 거의 없다고 한다. 완벽한 색감을 나타내기 위해 그림 위에 유의미한 터치를 반복하고, 자신이 마음에 들 때까지 덧칠한다.

N회독 공부법은 거미가 줄을 치는 방법과도 비슷하다. 거미는 거미줄을 치기 위해 수백 번 혹은 수천 번 같은 행동을 반복한다. 하지만 그 행동은 의미가 있다. 먹이를 잡기 위한 행동이기 때문이다. 그래서 어설프게 친 거미줄에는 먹이가 걸리지 않는 법이다. 반면 촘촘하게 친 거미줄은 작은 벌레도 걸려들게 할 만큼 완벽함을 자랑한다. 1등급을 받으려면 거미처럼 유의미한 반복을 통해 우리의 지식도 머릿속에 촘촘하게 들어가게 해야 하지 않을까.

지능보다 노력이 우선이다

미국의 발명가 토머스 에디슨은 이렇게 말했다.

"Genius is one percent inspiration and ninety-nine percent perspiration."
천재는 1%의 영감과 99%의 노력으로 이루어진다.

다시 말하자면, 1%의 재능과 99%의 노력이 천재를 만든다는 말이다. 우리는 보통 재능(gift)이라고 하면 '타고난 재능'을 말한다. 하지만 에디슨은 선천적으로 타고난 능력보다는 후천적인 노력이 더 중요하다는 걸 강조했다. 한 예로, 우리가 알고 있는 독일 태생의 천재 이론물리학자인 아인슈타인의 뇌 무게는 평균 성인 남성의 뇌 무게인 1.36kg보다 0.14kg 못 미치는 1.22kg으로 알려졌다. 이는 무엇을 가지고 태어났느냐보다 얼마나 노력하느냐가 더 중요하다는 점을 시사한다.

게다가 IQ(지능지수)는 사회학적인 관점에서 볼 때 '누가 만들었는가?'라는 의문을 품게 만든다. IQ 테스트를 창안한 사람이 백인이라는 점을 감안할 때, 백인들이 받는 교육을 받지 않는 사람의 경우에는 IQ가 높지 않을 수도 있다. 결국 IQ 테스트도 누군가의 기준에 의해서 만든 시험이기에 지능지수를 평가하는 절대적인 기준이라고 볼 수 없다.

그런데 우리는 보통 공부 잘하는 사람에게 '머리가 좋다'라는 수식어를 붙인다. 보통 '머리가 좋다'라는 말은 타고난 지능을 의미한다. 이 말에 따르면, 머리가 좋으면 공부를 잘하고, 머리가 좋지 않으면 공부를 못할 것이다. 과연 그게 올바른 생각일까? 개인적으로 제발 아니길 바라며 1등급을 받는 멘토들의 사례를 살펴봤다. 그 결과 실제 타고난 지능보다는 노력을 얼마나 하느냐가 더 중요하다는 사실을 알게 되었다. 따라서 이를 통해 공부 잘하고 싶은 누군가에게 희망의 불씨를 지펴주고 싶다.

우선 멘토들의 이야기에 앞서 공부법 책을 출간한 공부 천재들의 사례를 공유하고자 한다. 그 이유는 지능보다는 노력이 왜 중요한지, 그리고 어떠한 결과를 만들어내는지 살펴볼 수 있기 때문이다.

2020학년도 수능 만점자이자 《공부는 절대 나를 배신하지 않는다》를 쓴 송영준 작가는 자신이 얼마나 피나는 노력을 했는지 책을 통해 자세히 이야기했다. 그는 외고에서 치른 첫 시험에서 127명 중 126등을 기록했지만, 포기하지 않고 남들보다

잠도 줄여가며 노력한 끝에 수능 만점 쾌거를 이뤘다. 또한 그는 '내 노력이 질 리가 없다'라고 생각하며 평소에는 5시간, 시험 기간에는 3시간만 자면서까지 잠을 줄여가며 노력한 끝에 결실을 이뤄냈다. 이것은 진정으로 '노력이 승리한다'는 전제를 증명한 셈이었다.

'공신' 혹은 '공부의 신'으로 불리는 대한민국 공부 레전드이자 '공신닷컴' 설립자로 알려진 강성태 작가도 자신이 얼마나 노력했는지 다양한 책에서 그 과정을 담아냈다. 그중에《강성태 66일 공부법》이라는 책을 통해 집중력이 낮았던 본인을 채찍질하기 위해 쓴 방법을 소개한 부분이 눈길을 끌었다. 그는 자리에서 일어나지 않기 위해 자신의 몸을 로프나 노끈으로 묶어 의자에 고정해 놓고 자기 통제를 했다고 말했다. 만일 그가 머리가 좋다거나 천재였다면 굳이 이렇게까지 할 필요가 있었을까?

마지막으로 한 명만 더 소개하고 멘토들의 이야기로 넘어가 보겠다. 아이비리그 대학 출신, 문과, 이과, 예체능을 모두 패스한 변호사라는 화려한 타이틀을 가진《서동주의 합격 공부법》을 쓴 서동주 작가의 이야기도 들어볼 만하다.

그녀는 사실 10분짜리 집중력을 가지고 있다. 하지만 그에 굴하지 않고 10분 공부하고, 10분 놀고, 다시 10분 공부하고, 10분 쉬는 방식으로 하루에 공부할 양을 채워가며 노력으로 자신의 부족한 점을 채웠다. 심지어 허리가 아파서 바닥에 누워서 공부하는 습관을 만들어 닌자처럼 공부한다는 소리를 들었다. 그런 그녀도 공부를 잘하는 사람들의 특징은 '똑똑함'이 아니라 '집요함'이라고 말했다.

위의 세 가지 사례를 정리해보면, 공부를 잘하기 위한 키워드로 남들보다 몇 배의 노력, 철저한 자기 통제, 집요함을 뽑아볼 수 있다. 이는 1등급 멘토들의 사례에서도 비슷하게 살펴볼 수 있었다. '1등급'이라는 타이틀은 마치 호수의 백조를 의미하는 것과 같다. 그들이 1등급을 받기 위해서 얼마나 노력했느냐는 우아하게 호수 위에 있는 백조가 수십, 수백 번의 발길질을 하는 것과 같은 것이다. 그 우아함을 유지하기 위해서는 그렇게 피나는 발길질과 같은 노력을 해야 한다.

오경제 멘토는 남들보다 2배가 아닌 3배 노력을 할 때 값진 결과를 얻을 수 있다고 말했다. 이는 유도를 배우며 체육관 관장님께서 한 말을 인용한 것이었다. 상대를 넘기기 위해서는 상식과 달리 2배의 빠른 속도보다 더 빠른 3배로 더 빨리 움직여야 한다는 말이다. 이와 마찬가지로 공부에서도 남들보다 3배 빨리 시험공부를 시작하다 보면 끝나는 시점에는 남들보다 3배 혹은 4배 더 많은 공부량을 채울 수 있을 것이다.

실제 1등급 받는 학생들과 그렇지 않은 학생들을 비교해보면 차이가 있다는 사실을 알 수 있다. N회독 공부법에 대해 말할 때도 언급했지만, 보통의 학생들은 시험 기간이 다가와야 공부를 시작한다. 반면 1등급 멘토들은 그렇지 않다. 최소한 3주

전 혹은 한 달 전부터 시험공부를 시작하여 준비한다. 남들보다 더 빠르게 움직이며 철저하게 준비하는 것이다.

게다가 그들은 경쟁상대를 남이 아닌 자신으로 정하는 경우가 많다. 철저하게 자신이 어느 수준까지 공부할 것인지 정하고, 이를 실천하기 위해 철저히 자기 자신을 통제한다. 다른 사람과의 비교는 오히려 불안감을 조성한다는 사실을 잘 알고 있다. 그래서 공부를 상대 기준이 아닌 절대적인 기준을 두고 자신의 실력 향상에 초점을 둔다. 결국 그런 노력은 그들에게 성장과 발전이라는 결과를 안겨준다.

끝으로, 그들은 자신이 부족한 점을 끝까지 해결하려는 집요함을 보인다. 불과 수능 2개월 전까지 국어영역 4등급이었지만, 끝까지 포기하지 않는 집념을 보여준 윤아영 멘토는 수능 때 국어영역 1등급을 받아냈다. 박원빈 멘토도 수학이 1등급이 나오지 않아서 불안했지만, 포기하지 않고 끝까지 4점짜리 문항을 공략하여 결국 수능 때 1등급이라는 쾌거를 이뤘다.

오경제 멘토는 수시전형에서 다 떨어지면서 하나 남은 마지막 카드를 살리기 위해 수능 최저를 맞추고자 6일 남기고 수학 공부에 매진했다. 그 결과 등급을 최대로 끌어올려 결국 수능 최저를 충족시키기도 했다. 참고로 수능 최저란 수시 전형 중에 수능 시험 과목 등급을 합하여 기준에 맞도록 하는 것을 의미한다. 예를 들어, 국어, 수학, 영어, 탐구(택1) 4개 과목 합 6 이내라는 기준이 있다고 해보자. 국어 1등급, 수학 2등급, 영어

1등급, 탐구 과목 1개 2등급 이렇게 합하여 합이 6이 되면 수능 최저를 맞췄다고 말한다. 자세한 내용은 과목별 공부법에서 더 다루도록 하겠다.

사실 공부 잘하는 사람 중에는 머리가 정말 좋은 사람도 있을 것이다. 하지만 위의 사례들이 증명하듯, 대부분의 경우에는 지능보다 노력이 더 중요하다. 비록 다른 동물과 비교했을 때는 인간의 지능이 월등히 높지만, 어떻게 보면 인간들 사이에서의 지능은 별로 차이가 나지 않을지도 모른다. 지능 차이보다는 누가 먼저 경험했느냐 혹은 더 많이 해봤느냐의 차이가 아닐까 싶다.

실제 어떤 분야에서 두각을 보이는 경우를 살펴보면 남들보다 빠르게 시작했거나 남들보다 더 많이 노력을 기울여서 절대량이 독보적인 경우가 많다. 타고난 신체에 비해 월등히 기량이 높은 운동선수를 비롯해 특정 분야에서 독보적인 재능을 보이는 사람들이 이를 증명하지 않는가.

따라서 1등급을 받는 사람도 지능보다는 얼마나 그 과목에 관한 노력을 했는지가 더 중요하다는 말을 하고 싶다. 그들은 사실 다른 누구보다 피나는 노력을 했기에 그 경지에 이르렀다는 사실을 잊지 말아야 한다. 그리고 우리 중 누군가도 비록 시작은 늦었지만, 그들과 같은 노력 혹은 그 이상의 노력을 기울인다면 같은 결과 혹은 그 이상의 좋은 결과를 만들어낼 수 있다는 점도 기억하자.

누구보다 자신에 대해 잘 안다

지능보다 노력이 중요하지만, 무식한 노력만이 정답은 아니다. 1등급 멘토들도 무한 노력의 기저에는 '메타인지'라는 요소를 두고 있다. '메타인지'는 미국의 발달심리학자인 존 플라벨이 만든 용어다. '메타(meta)'는 그리스어로 '사이에, 뒤에, 넘어서'라는 뜻이고 '상위'에 있다는 의미다. '인지(cognition)'라는 말이 '무언가를 인정하여 앎'이라는 뜻이니, 아는 것을 넘어서 내가 아는지 모르는지를 아는 것이라는 의미가 된다. 나아가 생각해보면 자신이 모르는 것을 인정하는 것이라고도 볼 수 있다.

EBS 다큐 〈학교란 무엇인가〉(8부 0.1%의 비밀)에서도 상위 0.1%의 학생들이 학업성취도가 높은 이유는 지능이 아닌 '메타인지' 능력이 더 뛰어났기 때문이라고 밝혔다. 일상생활을 살펴보면 그들은 평범한 학생들과 다를 바 없었지만, 스스로 생각하는 힘은 차이가 있었다. '스스로 생각하는 힘'이란 자신이 하는 일에 대해서 스스로 평가할 수 있는 능력이다. 결과보다는 과정에서 발생하는 실패와 실수를 어떻게 바로 잡느냐의 문제이기도 하다.

《메타인지 학습법》의 저자인 미국 컬럼비아대학교 버나드 대학 심리학 교수인 리사 손도 '인생은 결국 문제 풀이의 연속'이라고 말한 것처럼, 우리는 매일 문제에 봉착하고 이를 해결하는 과정에 놓인다. 그때 필요한 건 지능이 아니라 내가 아는 것과 모르는 것을 정확히 구분할 수 있는 '메타인지'라고 그녀는 주장한다.

《시냅스 독서법》의 저자인 독서치료연구소 박민근 소장은 일반적으로 '공부에 문제가 있다'고 의뢰해온 아이들 대부분은 무기력 단계이거나 외적 혹은 내적 강압 단계에 머물러 있다고 한다. 이들은 피상적인 학습자로, 스스로 문제 해결을 하지 못한다. 반면 전략적 학습자는 목적의식이 분명하고 자신이 무엇을 왜 해야 하는지 잘 알고 있다. 그들도 메타인지 전략을 사용한다고 볼 수 있다.

1등급 멘토들은 메타인지를 사용하는 전략적 학습자다. 자신의 위치가 어디인지를 명확하게 파악하고 그에 맞는 전략을 세운다. 특히 자신들의 강점과 약점을 잘 알고 있어서 강점은 더 강화하고, 어떻게든 약점을 보완하려고 애쓴다. 자세히 살펴보면, 강점보다는 약점을 메우기 위해 더 노력하는 모습을 볼 수 있다. 이런 태도는 자신이 모르는 것을 인정하는 것에서 나온다.

사실 공부 잘하는 사람들은 자존심이 아닌 자존감이 강하다. 자존심이 강한 사람은 실수를 두려워하고 남의 이목에 신경 쓴다. 반면 자존감이 높은 사람은 자기 자신을 있는 그대로 받아들일 수 있는 용기가 있다. 예를 들어, 자존심이 강한 학생은 모르는 게 있어도 티를 내지 않고, 체면에 더 관심이 많다. 반면 자존감이 높은 학생은 자신이 모르는 걸 알아내기 위해 물불 가리지 않고 자신이 모르는 것을 적극적으로 물어본다.

1등급 멘토들은 순간 몰라서 창피한 것보다 영원히 모르는 채로 살아가는 것에 부끄러움을 느낀다. 그래서 철저히 자기 자신에 대해 항상 확인하는 습관이 있다. 특히 자신이 실수한 부분에 대해서는 다음에는 두 번의 실수가 되지 않도록 노력한다. 그들은 '한 번의 실수는 실수가 맞지만, 두 번의 실수는 실력'이라고 생각하기 때문이다.

결과도 중요하지만, 얼마나 충실하게 과정을 보냈는지도 중요하게 생각한다. 만일 모르는 게 시험에 나와서 문제를 틀렸다면, 결과에만 탓하지 않고 몰랐던 사실을 왜 확인 안 했는지 혹은 무엇이 잘못되었는지 과정으로 돌아가 이유를 찾는다. 다른 무엇보다 자신이 하는 모든 행위에 관심을 가지고 자신의 모습에서 잘잘못을 따지기 때문이다.

리사 손 교수는 메타인지 전략에는 두 가지가 있다고 한다.

첫 번째는 모니터링 전략이다. 모니터링(monitoring)은 자신이 처한 상황을 면밀히 관찰하고 판단하는 과정이다. 이 과정에서 무엇이 잘 됐고, 잘못되었는지를 확인할 수 있다. 두 번째는 컨트롤링(controlling) 전략이다. 부족한 점이나 잘못된 점이 있으면 이를 바로 잡는 과정이다. 두 가지 전략 모두 결과가 아닌 내가 현재 처한 상황이나 과정에서 문제를 발견하고 해결하는 과정에 속한다. 이처럼 메타인지 전략은 결과 위주가 아닌 과정 중심의 인지 전략이다.

과정이란 완성의 단계가 아니기에 완벽하지 않은 것을 의미한다. 완벽하지 않다는 말은 우리가 얼마든지 실패나 실수를 할 수 있다는 것이다. 우리가 그 사실을 인정할 때 성장이 일어난다. 다시 말해 우리가 경험하는 과정에서 실패할 용기를 가지는 것이라 할 수 있다. 그 용기가 있을 때 성장이 일어나기 때문이다. 《최고의 교육》이라는 책에서도 '실패할 용기'는 곧 자신감이라고 설명했다.

고3 담임을 하며 만났던 한 학생의 이야기를 공유하고 싶다. 위에서 말한 메타인지를 사용하는 전략적 학습자이자, 과감하게 포기할 줄 아는 용기를 가진 학생이었다.

이 학생은 외고 일본어과에 입학해 1학년 때는 성적이 최상위는 아니었지만, 자신이 부족한 점이 무엇인지 분명히 파악하고 있었다. 우선 어린 시절 일본에 산 경험이 있어서 일본어에 능숙했기에 일본어는 최소한의 시간을 투자해서 공부했다.

대신 자신이 약한 다른 과목에 더 집중해서 시간과 노력을 기울였다. 그 덕분에 내신 성적이 계속 향상되었다. 이는 자기 자신에 대한 철저한 분석을 통해 약점을 보완한 결과라 할 수 있다.

그렇다고 위기가 없었던 건 아니었다. 3학년 1학기 마지막 시험과 일본 유학 시험 시기가 겹치면서 스트레스가 극심해졌다. 스스로 문제를 해결하는 힘이 충분히 있는 학생이었는데도, 그때는 생각보다 더 힘들어했던 것 같다. 얼마나 급하면 시험 기간을 1주일 앞두고 상담을 요청했겠는가. 두 마리 토끼를 잡자니 시간이 턱없이 부족하고, 그렇다고 하나를 포기하자니 너무 아깝다고 생각했기 때문이었다.

담임교사로서 특별히 해줄 수 있는 게 없어서 이런저런 조언을 하다가 마지막에는 간단히 응원의 말을 전했다. "다른 사람이면 모르겠지만 너니까 할 수 있어. 너 자신을 믿어봐."라고 말이다. 그 학생은 잠시 생각에 빠지더니, 무언가 결심한 듯 보였다. 상담을 마치고 몇 주 후 모든 시험 일정이 끝났고 결과가 나왔다.

이 학생은 결과적으로는 그렇게 우려했던 일본 유학 시험도 우수한 점수로 붙었고, 3학년 내신 성적도 반에서 1등을 기록했다. 덕분에 서울대도 합격할 수 있었다. 전략은 이러했다. 내신 시험은 마음을 비우고, 일본 유학 시험에 매진했다. 그렇게 용기를 내어 하나를 포기했다. 기회비용이 크게 발생할 수도 있었으나 운 좋게도 일본 유학 시험 과목이 주요 과목과 겹치는 부분이 있었다.

'하늘은 스스로 돕는 자'를 돕는다고 하지 않던가. 주어진 상황에서 전략적으로 문제를 해결하려고 노력했고, 과감하게 포기할 줄 아는 용기를 보였기에 나온 결과라 생각한다. 이것도 저것도 놓치기 싫어서 고민만 하다가 방황의 시간을 보냈다면, 분명 둘 다 놓쳤을 거다.

이 학생은 서울대를 포함하여 지원한 수시전형에 모두 합격했지만, 국비 장학금을 받을 수 있는 일본 유학의 길을 선택했다. 나중에 국비 장학생 생활에서 1년간 진행된 평가에서도 1등을 해서 자신이 원하는 일본 명문 대학에 입학했다고 들었다.

이 학생 외에도 1등급 멘토를 포함한 '메타인지'가 뛰어난 학생은 과정에 충실하면서도 좋은 결과를 만들어냈다. 따라서 '메타인지'는 분명한 그들의 교집합 요소라 할 수 있다.

유대인들의 교육은 메타인지를 기르는 교육과 유사하다. 유대인 격언 중에는 이런 말이 있다. "물고기 한 마리를 잡아주면 하루를 살 수 있지만, 물고기 잡는 방법을 가르쳐 주면 일생을 먹고살 수 있다." 세상의 경제를 좌지우지하는 상위 0.1% 유대인들의 하브루타 교육이 곧 메타인지를 기르는 교육과 비슷하다는 말이다. 교육 전문가 서상훈 작가와 유현심 작가의《메타인지 공부법》에서도 메타인지가 유대인의 하브루타 교육과 밀접한 관련이 있음을 밝혔다.

누군가 바보는 '모르는 걸 아는 척하는 사람'이라고 했다.

그렇다면 천재는 역으로 '모르는 걸 모른다고 할 줄 아는 사람'이어야 할 것이다. 그리스 철학자 소크라테스는 '너 자신을 알라'고 했다. 중국 고대 사상가 공자도 '지지위지지부지위부지(知之爲知之不知爲不知, 아는 것을 안다고 하고 모르는 것을 모른다고 한다는 뜻으로, 아는 것과 모르는 것에 대해 스스로 정직한 것이 진정한 앎이라는 말이다.)'라고 했다. 세계 4대 성인이라 불리는 두 사람도 아는 것과 모르는 것에 대해 스스로 알아야 한다고 말한 것이다.

두 성인이 강조한 것은 현대에서 말하는 '메타인지'와 같다. 이처럼 자신이 모르는 것을 인정할 줄 알 때 성장이 일어날 수 있다는 사실을 이미 수천 년 전부터 알고 있었으니 그들을 진정한 성인이라 부르는 것이 아닐까 싶다.

시간 관리 끝판왕이다

안타깝게도 많은 사람이 시간 관리가 곧 공부라는 사실을 잘 모른다. 반면 1등급 멘토들은 하나같이 시간 관리 끝판왕이다. 학교에서 교사로 근무하면서 시간 관리를 제대로 하지 못해 시간에 항상 쫓기며 사는 학생과 시간 관리에 능숙한 학생(시간 지배자) 이렇게 두 가지 유형의 학생을 보게 된다.《공부하느라 수고했어, 오늘도》의 '시간을 지배하는 절대법칙을 알려줄게'라는 꼭지에서도 이와 비슷한 내용을 다뤘지만, 이번엔 1등급 멘토들이 실천하는 구체적인 시간 관리 방법에 관해 이야기할 것이다.

중학교와는 달리 고등학교에 입학하면서 학교에서 배우는 과목도 늘어나고, 실제 공부할 분량도 많아진다. 수업, 교내 대회, 수행평가, 동아리, 내신 시험공부 등 다양한 활동이 동시에 일어나서 시간을 관리하지 않으면 이러지도 못하고, 저러지도 못하는 상황에 놓인다. 이로 인해 학업 부진, 부적응, 학습된 무기력에까지 이르게 되는 경우를 종종 본다. 따라서 시간 관리가 얼마나 중요한지 알 수 있다.

시간 관리는 지난 꼭지에서 다룬 '메타인지'의 한 부분에 속한다. 내가 가진 시간을 어떻게 분배해서 쓸 것인가 분석하고, 고민하고, 실천해야 하기 때문이다. 1등급 멘토들은 무엇보다 공부하는 시간과 노는 시간 구분이 명확하여 허투루 시간을 보내는 경우가 없다. 10년 넘게 공부 잘하는 학생들을 지켜보며 결론에 이른 6단계 시간 관리법을 공개하겠다. 한번 따라 해보길 바란다.

1단계: 학교 일정 확인 및 메모(달력/플래너 활용)

학교에서는 연간 계획, 월간 계획, 주간 계획을 세우고 일정을 안내한다. 우선 연간 일정부터 주간 일정까지 확인할 필요가 있다. 그래야 자신이 활용할 수 있는 시간의 양을 확인해볼 수 있다. 시간을 관리하지 못하는 학생은 학교에 다니면서도 학교에서 진행하는 일정을 생각하지 않고 그냥 아무 생각 없이 생활한다. 혹시 그동안 일정 확인을 잘하지 않았다면, 교실 게시판이나 홈페이지에 있는 일정표를 확인하여 달력이나 플래너에 꼭 적어본다. 또한 일정이 바뀌는 경우가 있는데, 이를 놓치지 않고 바뀐 일정으로 수정하는 것도 잊지 않아야 한다.

2단계: To do list 만들기

일정을 확인하는 습관이 생기면, 두 번째로는 월간, 주간, 일일 단위로 자신이 할 일을 적는다. 여기서 할 일이란 학습할 내용, 수업 과제, 개인 활동, 운동, 휴식 등 세부적인 항목을 말한다. 특히 제출 마감기한이 있는 경우에는 그 활동에 대해서 구체적으로 어떤 단계를 거쳐서 마무리할지 계획을 세우고 날짜별로 혹은 시간대별로 계획을 나누어 표시한다.

'To do list'는 말 그대로 해야 할 일 목록이다. 월간, 주간 단위도 중요하지만, 그중에서도 가장 중요한 건 구체적으로 하루 동안 내가 마무리해야 할 일을 적어두는 것이다. 그리고 할 일을 하나씩 지워가며 하루를 보낸다. 이렇게 유기적으로 월 단위, 주 단위, 일 단위로 해야 할 일을 목록으로 적어두면 잊어버리지 않고 실천할 수 있어서 시간 관리가 자연스럽게 된다.

1등급 멘토 중 자세하게 플래너까지 쓰지는 않더라도, 일정 관리와 해야 할 일을 적지 않는 사람은 단 한 명도 없었다. 그들은 세세하게 적지 않더라도 머릿속에 항상 하루의 일정을 그리고, 앞으로 자신이 무엇을 해야 하는지 모두 기억하고 계획하며 살아간다. 혹시 지금 말한 1단계와 2단계를 그동안 하지 않았다면 당장 실천해보길 바란다. 단, 해야 할 일에 대해 순서를 정하는 방법은 3단계에서 자세히 살펴보자.

3단계: 해야 할 일 우선순위 정하기

위의 두 단계를 실천하고 있다면, 이제는 좀 더 효율적으로 시간 관리를 할 필요가 있다. 사실 일정 관리와 해야 할 일 목록 작성만으로도 충분히 마감 시간에 맞게 움직이고 있는 자신의 모습을 볼 수 있을 것이다. 그런데 갑자기 일이 생기거나 해야 할 일이 생긴다면 좀 더 영리하게 시간을 활용해야 한다. 그래서 필요한 건 우선순위를 정하는 일이다.

우선순위를 정하는 방법은 마감 시간이 급한 순서를 고려하는 거다. 매우 당연한 말로 들린다면 이미 시간 관리를 잘하고 있다는 증거다. 생각보다 학생 중에는 이거 했다가 저거 했다가 정신없이 분주하게 무언가를 계속 쉬지 않고 하는 경우가 많다. 이는 우선순위 없이 중구난방으로 시간을 보내고 있다는 의미다. 반성하길 바란다.

그렇다면 우선순위를 정하기 위해서는 무엇을 먼저 고려해야 할까? 정답은 나에게 주어진 가용시간이 얼마나 되는지 파악해야 한다는 점이다. 가용시간이란 '사용 가능한 시간'을 의미하고, 하루 중에 나만을 위해 자유롭게 사용할 수 있는 시간을 의미한다. 즉, 수업 시간을 포함한 일과 시간이 끝난 후의 시간이라고 할 수 있다. 혹 학원에 가지 않는 혼자서 공부하는 시간이라고도 볼 수 있다. 평일에는 저녁 시간(야간 자율학습), 주말이나 휴일에는 종일이 될 수도 있다.

1등급 멘토 중 일부는 '분' 단위까지 가용시간을 파악한다

(이와 관련된 이야기는 6단계에서 자세히 하겠다). 이를 통해 그들이 얼마나 시간을 아깝지 않게 사용하는지 알 수 있다. 어떻게 보면 갑갑해 보일 수 있지만, 그만큼 자기 관리가 철저하기에 공부하는 시간과 쉬거나 노는 시간을 분리시킬 줄 아는 것이다. '공부 잘하는 사람이 놀기도 잘한다'는 말을 들어본 적이 있지 않은가? 이미 공부할 시간을 확보하고 충분히 놀아도 된다고 판단했기 때문에 신나게 노는 시간에 집중할 수 있는 것이다.

4단계: 실제 시간을 측정해보는 리허설 진행하기

자신이 가용시간도 파악하고 있고, 우선순위를 정해서 움직인다고 해도 간혹 시간 관리에 실패하는 경우가 있다. 그 이유는 다름 아니라 시간 계획을 세우기 전에 실제 내가 계획한 일이 얼마만큼의 시간이 걸리는지 직접 경험해보지 않았기 때문이다. 예를 들어, 수학 5문제를 풀 계획을 세우는데 10분 만에 풀겠다는 계획을 세운다면 당연히 시간이 부족해서 계획을 지킬 수 없게 된다. 간혹 난도가 높은 경우에는 한 문제를 푸는 데 10분 이상 걸릴 수도 있기 때문이다.

따라서 시간 계획을 세울 때는 적어도 한 번은 직접 미리 해볼 필요가 있다. 음악이나 연극 공연도 리허설을 하는 이유는 실제 공연 시간을 맞추기 위해서지 않은가. 학습 계획 혹은 활동 계획도 이렇게 리허설을 통해 실제 걸리는 시간을 확인한 후에 시간 계획을 세워야 성공적인 시간 관리가 가능하다. 그래서 많은 1등급 멘토들은 새로운 공부를 시작할 때 여러 번 시행착오를 겪으며 공부 시간을 확인한다. 공부하는 데 걸리는 시간이 어느 정도 파악되면 자연스럽게 얼마나 걸릴지 알고 구체적인 계획을 세울 수 있는 것이다.

'작심삼일(作心三日)'이란 말을 많이 들어봤을 거다. 시간에 쫓기는 자들은 작심삼일이 아니라 작심 하루 만에 실패를 경험한다. 그렇게 계속 새로 계획을 세우다가 공부는 제대로 못하고 끝나버리기 일쑤다. 이 단계에서 실패하는 학생들은 두 무리로 나뉜다. 너무 무리해서 계획을 세우거나, 너무 여유 있게 계획을 세우는 경우다. 과유불급(過猶不及)이라는 말처럼, 너무 지나치면 안 되고 적당함이 필요하다. 그렇다면 적당한 시간 계획은 무엇을 말하는 걸까? 5단계에서 자세히 살펴보자.

5단계: 시간 계획에 대한 피드백 시간 갖기

4단계와 밀접한 연관성이 있는 5단계는 하루 동안 자신이 실천한 계획을 잠들기 전에 한 번 확인해 보는 거다. 자신이 세운 계획을 100% 성공했는지, 아니면 실패했는지, 부족한 점은 무엇이었는지 확인하는 거다. 이는 메타인지를 발동시키는 방법이다. 혹시 계획을 무리하게 세웠다면 다음에는 'to do list'의 목록을 줄여서 배치하고, 너무 시간이 많이 남았다면 무언가를 더 채워 넣는 작업을 해야 한다. 다행히 이를 한 방에 해결하는 방법이 있다. 이는 바로 1등급 멘토들이 활용하는 방법이다.

대다수 1등급 멘토들이 계획을 세울 때 가용시간 중 80%만 계획으로 채워 넣는다. 예를 들어 평일 가용시간이 5시간이라면 4시간 동안 할 수 있는 일만을 시간 계획에 넣는다. 주말에는 10시간이라면 8시간만 계획에 포함한다. 그 이유는 만일 내가 시간이 부족하면 20%에 해당하는 시간을 활용해서 못한 일을 마무리하면 되기 때문이다. 혹은 시간이 남는다면 다음날 할 일을 가져와서 하면 된다. 이렇게 하면 거의 100%에 가깝게 혹은 100% 이상 계획에 성공하기 때문에 매일 공부에 대한 성공 경험을 하게 된다.

6단계: 자투리 시간 활용하기

이제 시간 관리법의 최종 단계만 남았다. 위 다섯 단계를 실천하며 하루 동안 시간을 아깝지 않게 잘 관리하며 생활하고 있다면, 이미 시간 지배자라고 할 수 있다. 그런데 시간 지배자를 넘어, 시간 관리 끝판왕은 한 가지를 더 실천한다. 그건 바로 자투리 시간을 활용하는 것이다.

자투리 시간은 쉬는 시간과 같이 5분 10분 정도의 짧은 시간을 의미한다. 이 작은 시간을 모으면 하루에 많게는 1~2시간까지 모을 수 있다(이동 시간, 쉬는 시간, 식사 시간 모두 포함). 그런데 많은 이들은 '그 짧은 시간에 무엇을 할 수 있을까?'라고 생각하며 이 자투리 시간을 무시하는 경향이 있다. 하지만 생각보다 할 수 있는 게 많다.

쉬는 시간에 다음 시간에 배울 과목의 키워드만 살펴볼 수도 있고, 수업이 끝난 후에는 1분 동안 지난 1시간 동안 배운 내용을 머릿속으로 정리하며 복습할 수도 있다. 시험 기간이 다가온다면 자신이 정리한 노트를 활용하여 5분 단위로 학습하는 방법도 있다. 예를 들어, 영어단어 10개 외우기, 수학 1문제 풀기, 국어 지문 1개 읽기 등 5분 동안에 해낼 수 있는 공부량을 측정하여 야금야금 계획을 실천하는 것이다.

'티끌 모아 태산'이라는 말도 있듯이 하루 1~2시간, 일주일이면 12시간 이상, 한 달이면 48시간 이상, 1년이면 240시간 이상(대략 10일)의 시간을 쓸 수 있게 된다. 어떤가? 자투리 시간을 활용하는 사람이 되면 정말 '시간 관리'의 진정한 고수라 할 수 있지 않을까?

여기서 한 가지 더 알고 가야 하는 게 있다. N회독 공부법에서도 밝혔지만, 1등급 멘토 다수는 쉬는 시간 혹은 점심, 저녁 시간을 그날 배운 수업 내용을 복습하는 시간으로 활용한다. 만일 쉬는 시간이 10분이라면 5분은 꼭 복습 시간으로 활용하고, 나머지 5분은 뇌가 쉴 수 있도록 휴식을 취한다. 쉬지 않고 공부하면 뇌는 오히려 능률이 떨어지기에 1등급 멘토들은 자투리 시간을 공부와 휴식을 섞어서 적절하게 활용한다.

지금까지 단계별 시간 관리 방법에 대해서 알아봤다. 이미 6단계를 모두 실천하고 있다면, 당신은 시간 지배자 혹은 시간 관리 끝판왕이다. 만일 6단계 중에 하나라도 빠뜨리고 있는 게 있다면, 이를 계기로 시간 관리를 하는 사람으로 거듭나기를 바란다. 올바른 1등급 공부법 중 하나는 '시간 관리'를 잘하느냐 못 하느냐에 달렸기 때문이다.

어떻게든 공부해야 할 이유를 찾는다

《서울대 수석은 이렇게 공부합니다》를 쓴 김태훈 작가는 민족사관고등학교를 수석 입학 및 수석 졸업하고 서울대학교 건축학과와 동 대학원 석사과정을 수석으로 졸업한 공부 레전드이다. 그런 그도 어린 시절에는 공부해야 할 이유를 찾지 못했다고 하니 누군가 공부에 흥미가 없다 하더라도 아직은 희망이 있다. 왜 공부해야 하는지 그 진짜 이유를 찾는다면 말이다.

공부가 재미있는 사람은 거의 없다. 진정한 공부의 매력을 느끼기 전까지는 더욱 그렇다. 사실은 공부도 생존을 위해 한다. 누군가는 먹고 살아가기 위해 공부해야 한다. 공부의 범주가 꼭 대학입시를 준비하는 입시공부에 국한되는 건 아니기 때문이다.

한 예로, 많이 가난했던 외국에서의 유학 생활 중 나는 학비와 생활비를 벌기 위해 일하며 모르는 분야를 공부해야 했다.

술 한 잔만 마셔도 얼굴이 새빨갛게 변할 정도로 술이 약했던 나는 레스토랑에서 일하기 위해 주류 관련 자격증을 따야 했다. 다음 관문은 30개가 넘는 와인을 맛보며 맛을 구분하는 것이었다. 고급 레스토랑에서 웨이터는 와인을 소개할 수 있어야 했기 때문이다. 최종적으로 '시음'하고 맛을 기록하는 면접을 봤는데, 4번째 와인을 맛보면서 이미 미각을 잃은 상태라 위기가 찾아왔다.

하지만 이렇게 될 줄 이미 알고 있었기에 미리 와인의 종류와 맛의 특징에 대해 밤새며 공부해 갔다. 비록 실제 맛을 못 느꼈지만, 맛의 특징을 올바르게 적어낼 수 있었고 덕분에 취업할 수 있었다. 만일 그때 '생존 공부'를 하지 않았다면 과연 제대로 유학 생활을 할 수 있었을까 하는 의문이 아직도 가끔 든다.

공부법 책에서 굳이 '술' 이야기까지 등장하는지 의아할 수 있지만, 술 한 방울도 입에 안 대는 나로서는 나름의 큰 충격이었기 때문에 공부해야만 했던 그때 경험을 공유했다. 이보다 더 극한 상황에 놓인 사람들도 공부해야 할 이유를 찾았다. 물론 내가 인터뷰한 1등급 멘토들은 이렇게까지는 아니더라도 공부해야 할 이유에는 분명한 공통점이 있었다.

미국의 심리학자 에이브러햄 매슬로우는 인간은 5가지 욕구가 있다고 설명했다. 생리적 욕구, 안전의 욕구, 소속과 애정의 욕구, 존중의 욕구, 자아실현의 욕구 순으로 점차 위계가 올라간다. 이외에도 인간의 욕구는 충분히 더 있을 수 있지만, 앞서 말한 5가지 욕구는 보편적인 욕구라고 보면 된다. 매슬로우의 인간의 욕구를 언급한 이유는 이를 충족시키려면 자연스럽게 '공부'도 하게 된다는 말이 하고 싶어서다.

학창 시절에 갑자기 성적이 오른 친구가 있었다. 공부에 전혀 두각을 보이지 않았다가 갑작스럽게 반에서 1등을 하는 모습을 보며 이유가 궁금했다. 그 이유를 물어볼 수 있을 만큼 친하지 않아서 아는 친구한테 전해 들었다. 집안 사업이 망하면서 부모님이 이혼했고, 살 집도 없어서 친척 집에 얹혀살게 되었다고 했다. 앞으로 먹고 살아갈 걱정에 막막했던 그 친구는 돌파구로 공부를 선택했다.

자본주의 사회에서 '돈'은 곧 '생리적 욕구'와 직결되기에 공부해야 할 이유가 분명했다. 어떻게 보면 '안전의 욕구'와도 관련이 있었다. 만일 친척이 내쫓으면 그 친구는 살 집도 없었기 때문이다. 그때 그 친구는 중학생이었기에 할 수 있는 건 공부뿐이었다. 공부라도 잘해야만 생존이 보장되는 상황이었다.

아쉽게도 이렇게 극적인 상황에 놓이는 경우는 드물다. 대부분은 기본적인 욕구는 충족하며 살고 있어서 생존을 이유로 공부해야겠다는 생각을 하지 않는다. 그런 이유로 다들 공부에 흥미가 없는 걸지도 모른다. 그 와중에 공부를 열심히 하고 1등급을 받는 학생이 있다. 그들이 가진 공통점은 없는 이유를 만들어내서라도 공부할 이유를 찾아가며 공부한다는 점이다.

1등급 멘토들은 남들보다 빨리 깨우친 것들이 있다. 첫째,

학교에서 배우는 공부가 전부가 아니라는 사실을 안다. 둘째, 지금 배우는 내용이 언젠가 내 인생에 쓰일 거라는 걸 안다. 그들도 공부가 하기 싫고, 힘들고, 재미도 없고, 괴롭기까지 하다. 다만 그들이 다른 점은 그걸 잘 참고 이겨낸다는 거다. 그래서 어떻게든 공부할 이유를 찾아내고 끝까지 공부해낸다.

1960년대 스탠퍼드 대학에서 했던 '마시멜로 실험'을 기억하는가? 실험의 의도는 자기 통제력과 미래의 모습과의 상관관계였지만 나는 이 실험을 다른 관점으로 보려고 한다. 순수하게 자기 통제와 욕구라는 관점에서만 해석하고 싶다. 15분만 참고 견디면 마시멜로가 1개가 아니라 2개를 먹을 수 있다는 점에서 아이들이 기다릴 수 있었던 원동력은 '더 많은 마시멜로'를 먹을 수 있다는 것이었다고 생각한다. 마시멜로를 많이 먹고 싶은 욕구가 있어서 자기 통제도 가능했다는 말이다.

공부도 마찬가지다. 나에게 이로운 무언가가 있어야 한다. 가장 좋은 건 공부가 재미있어서 계속하는 거다. 여러 번 언급했지만 아쉽게도 그러긴 쉽지 않다. 문제는 내가 좋아해서 하고 싶은 과목이 있지만 어렵고 하기 싫은 과목도 있다는 사실이다. 그래서 공부를 잘하느냐 못하느냐의 차이는 공부하고 싶은 욕구가 있거나 혹은 얼마나 자기 통제를 잘할 수 있느냐에 달린 것이다.

그래서 1등급 멘토들은 자신이 어렵고, 힘들고, 성적이 잘 안 나오는 과목에 대해서 더욱 공부할 이유를 찾으려 노력한다.

이유를 찾는 방법도 비슷한 점이 많다. 우선 자신에게 보상을 주는 방법을 택한다. 국비 장학생으로 일본으로 유학 가서 박사 과정까지 우수한 성적으로 졸업한 정재영 멘토의 일화가 흥미롭다.

어린 시절 게임을 좋아했던 그에게 부모님은 남들과는 특이한 방법으로는 보상을 제안했다. 보통 부모라면 3시간 공부하면 1시간 게임을 하도록 허락할 것이다. 그런데 정재영 멘토의 부모님은 공부한 시간만큼 게임할 시간을 보상으로 주었다. 게임하는 시간을 더 많이 확보하고 싶었던 정재영 멘토는 그만큼 공부 시간도 늘려갔다. 덕분에 자기가 좋아하는 게임과 공부라는 두 마리 토끼를 모두 잡을 수 있었다. 신기한 것은 처음엔 재미없었던 공부도 하다 보니 흥미가 생겼다는 점이다.

여러 심리학 이론에서도 동기 부여 방법으로 '보상'을 사용한다. '보상'은 외적 동기에 많은 영향을 주는데, 외적 동기는 내적 동기로도 이어지기 때문에 효과가 있다. 여기서 외적 동기는 지금 바로 얻을 수 있는 결과에 초점을 둔 동기를 의미하고, 내적 동기는 즐거움을 통해 오랫동안 지속하는 힘을 주는 과정에 초점을 둔 동기를 의미한다. 어린 시절 게임을 좋아하던 그가 공부의 절정이라고 할 수 있는 박사과정까지 해낸 걸 보면 '보상'의 효과를 톡톡히 본 경우라 할 수 있지 않을까?

누구나 처음에 모르는 내용을 공부할 때는 힘들다. 그런데 조금씩 모르는 걸 알아가고, 문제를 맞히면서 자신감도 생기고 가끔은 공부가 재미있다고 느끼기도 한다. 고진감래(苦盡甘來)라고 1등급 멘토들은 참고 견디며 노력한 끝에 이 느낌을 경험한다. 이를 시작으로 다른 하기 싫은 공부도 다시 해낼 수 있을 거라는 생각을 하게 된다. 그리고 계속 그 경험을 쌓는다.

처음에 언급했던 공부 레전드 김태훈 작가도 《서울대 수석은 이렇게 공부합니다》에서 '공부 자존감'이란 표현을 쓰며 이렇게 말했다. "좋아하고 잘하는 과목보다 싫어하는 과목에서 공부 자존감을 얻는 것이 고른 성적과 실력 향상에 아주 큰 도움을 준다. 재미는 없어도 이 과목을 왜 공부하고 나에게 어떤 도움이 되는지를 깨달으면 그 과목 공부를 헤쳐 나가는 힘이 생긴다."

〈지능보다 노력이 우선이다〉 꼭지에서 언급되었던 10분짜리 집중력을 가진 서동주 변호사도 10분 공부하면, 10분 쉬며 보상을 주는 방법으로 꾸준하게 공부했다는 사실을 알 수 있다. 실제 여러 1등급 멘토들도 자기가 좋아하는 영화를 주말에 보기 위해 평일에는 꿋꿋하게 참고 공부했다. 시험 기간에는 시험이 끝나면 자기가 하고 싶은 걸 상상하며 참고 공부했다.

심지어 어떤 멘토는 좋아하는 과목을 공부하기 위해 하기 싫은 과목을 중간에 넣어가며 공부했다. 이는 좋아하는 과목을 공부하는 게 보상이라고 생각하며 공부한 것이다. 예를 들어, 영어를 좋아하고, 수학을 싫어한다고 가정해보자. 수학 문제 3문제를 풀고 나면 보상으로 영어 문제 3문제를 푸는 시간을 갖는 것이다. 이 방법은 여러 공부 고수들이 쓴 책에서도 자주 언급된 방법이라 신뢰가 가는 방법이라 볼 수 있다.

산에 오를 때 정상에 올라가야 할 이유를 찾고 정상까지 오르게 되는 것처럼, 공부도 해야 할 이유를 찾고 계속해 나간다면 분명 공부 성취 경험을 할 것이다. 당장 공부해야 할 이유가 없다면 어떻게 해서든 그 이유를 만들어봐라. 사소한 거라도 괜찮다. 위에서 말한 '보상'이 일단 공부의 이유가 되어도 좋다. 공부를 멈추지 않을 수 있다면 말이다.

설명할 수 있을 때까지 공부한다

대부분 학생이 공부할 때 수업(강의) 듣기 혹은 교과서 읽기에서 그치는 경우가 많다. 문제집을 풀면서 자신이 배운 걸 확인하기도 하지만 완전 학습에는 잘 이르지 못한다. 완전 학습이라 불리는 진짜 공부는 누군가를 가르칠 때 일어난다. 신기하게도 1등급 멘토들은 모두 이 사실을 안다. 다만 방법의 차이만 있을 뿐이다.

미국 행동과학연구소에서 행했던 '학습 효율성 피라미드' 연구를 보면, 공부한 지 24시간 이후 기억에 남아 있는 비율이 공부 방법에 따라 달라진다는 걸 알 수 있다. 강의 듣기 5%, 책 읽기 10%, 시청각 수업 20%, 시범강의 듣기 30%, 집단 토의 50%, 실제로 해보기 75%, 가르쳐보기 90%로 효율이 달라진다. 학습 효율성 피라미드 표를 통해 이를 자세히 살펴보자.

학습 효율성 피라미드

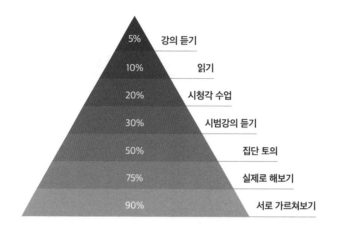

5%	강의 듣기
10%	읽기
20%	시청각 수업
30%	시범강의 듣기
50%	집단 토의
75%	실제로 해보기
90%	서로 가르쳐보기

서두에 말했듯이 많은 학생이 수업(강의)을 듣는 것만으로도 공부했다고 착각하는 경우가 많다. 이는 위의 표에 나온 효율로 따지면 5%짜리 공부다. 이번 꼭지를 읽고 나서는 5%짜리 공부법이 아닌 1등급 멘토들이 실천하는 90% 이상의 공부법으로 바꾸길 바라본다. 그렇다면 설명하는 공부법은 어떻게 하는 것일까? 다양한 멘토들의 공부 방법을 통해 그 내막을 알아보자.

1등급 멘토들의 구체적인 사례에 앞서 내가 학급에서 진행했던 멘토-멘티 활동에 관해서 소개하고자 한다. 가르치는 공부법이 효과가 좋다는 사실을 알고 있어서 시험 기간을 앞두고 학생들에게 멘토-멘티 활동을 권장했다. 결과적으로도 언제나 만족스러웠다. 미국 행동과학연구소의 연구 결과가 틀리지 않았다는 걸 알 수 있었다.

내신 시험 일정이 시작되기 한 달 전에 해당 과목의 내신 1등급 혹은 수능 1등급을 받는 학생 중 멘토 희망자를 모집했다. 혹은 누군가보다는 더 잘하는 과목이 있으면 1등급이 아니더라도 멘토와 멘티로 지정하여 상호작용이 일어나도록 했다. 다른 목적보다는 누군가를 가르치며 공부하는 방법을 활용하도록 했던 활동이었다.

시험공부는 공부 방법 외에도 다른 요소가 영향을 줄 수 있다. 멘토라고 해도 꼭 1등급을 받을 수는 없다(실제 특목고에서 1등급은 더 어렵다). 다만 완전 학습이라는 관점에서는 성적이 좋든 안 좋든 멘토와 멘티로 활동했던 학생 모두 성적이 향상되었다. 사실 멘티로 활동했던 학생도 다시 멘토에게 자신이 이해한 걸 설명하는 방법을 사용했기 때문이다. 그렇게 자신이 설명할 수 없는 부분이 있다는 걸 경험하면서 부족한 점을 채워가는 공부법을 익힌 것이 큰 의미가 있다.

한 번 멘토-멘티 활동의 이점을 경험했던 1등급 멘토들은 혼자서도 공부할 수 있지만, 이 활동을 적극적으로 활용했다. 혼자서 중얼거리는 것보다 재미도 있고, 상대방이 내가 가르친 부분을 이해하지 못하면 쉽게 설명하려고 노력하면서 이해력을 높일 수 있었기 때문이다.

지식을 이해하고 있는 수준을 하나의 원이라 가정해보자. 그러면 사람마다 지식을 이해하는 수준은 다르고, 원의 크기는 각각 다를 수밖에 없다. 원의 크기가 더 큰 사람이 작은 사람에게 지식을 전달하며 상대방 원의 크기를 키울 수 있다. 그 과정에서 원의 크기가 큰 사람은 이해를 돕기 위해 더 깊게 공부하면서 자연스럽게 원을 확장시킬 수 있는 것이다.

사실 아인슈타인이 계속 공부했던 이유도 이와 같다. 일반인이 가진 원의 크기보다 더 큰 원을 가진 그는 원 내부가 아는 부분이고, 외부는 모르는 부분이라 했다. 따라서 원의 크기가 클수록 모르는 게 더 많아져서 계속 공부할 수밖에 없다고 했다. 이 원리를 1등급 멘토에게 적용해보면 아는 게 많을수록 모르는 게 많아서 더 공부하게 된다는 말이다.

1등급 멘토들처럼 원의 크기를 늘려가는 멘티들도 그런 원리로 계속 공부하게 될 것이다. 설명하다가 자신이 모르는 부분이 생기면 그 부분을 채우기 위해 다시 공부하며 노력할 것이기 때문이다. 그러니 아직 원이 작다고 실망하지 않기를 바란다. 참고로 원은 무한으로 자라게 할 수 있다.

멘토-멘티 활동에 이어 지금부터는 1등급 멘토들의 다양한 설명하기 공부법에 대해서 살펴보자. 우선 그들은 주변 친구들에게 질문을 많이 받는 편이다. 우리는 공부 잘하는 친구에게 모르는 걸 자주 물어본다. 그래서 공부를 잘할수록 질문 받을 기회가 많다.

이때 자연스럽게 설명하며 공부하는 방법을 사용한다. 자신이 알고 있는 내용을 설명하면서 자연스럽게 막히는 부분을 발견한다. 그리고 그 부분을 해결하며 완전 학습에 한 발 더 가까이 다가간다. 이처럼 공부를 잘하게 되면 공부를 더 잘할 수밖에 없는 선순환이 일어난다.

자신이 현재 공부하고 있는 걸 누군가 다 물어봐주면 좋겠지만, 그렇지는 않다. 그래서 이들은 설명할 대상을 늘린다. 학교에서만으로는 한계가 있으니 집에 있는 가족을 활용한다. 부모님과 계속 좋은 관계를 유지하고 있다면 혹은 부모님이 이야기를 들어줄 여력이 있다면, 1등급 멘토들이 설명하며 공부할 때 함께 해주기도 한다. 형제자매가 있는 경우에는 그들에게 부탁하기도 한다.

'외동'이라서 형제가 없는 경우 최후의 방법을 사용한다. 바로 자신에게 스스로 말하며 가르치는 것이다. 어떤 멘토는 거울을 보며 혼잣말로 설명하기도 하고, 어떤 멘토는 집에 칠판을 설치하여 필기하며 설명하기도 한다. 혹은 종이에 자신이 공부한 걸 써 내려가며 막히는 부분이 있는지 확인한다.

가르치는 대상이 누구든, 말과 글 중 어느 것이든, 구체적인 방법에는 정답이 없다. 다만 설명하기 공부법의 가장 중요한 목적은 내가 공부한 내용을 정확하게 이해하고 있는지, 막히는 부분이 없는지 확인하는 것이다. 공부 효율을 높이기 위해 설명할 때 막히는 부분이 없도록 1등급 멘토들은 자연스럽게 '몰입 공부'를 하게 된다.

수업 시간에 집중해서 수업을 듣고, 이해하려고 노력하고,

틈만 나면 기억에서 사라지지 않도록 복습하고 암기까지 하려고 한다. 최대한 막힘없이 설명할 수 있는 완전 학습까지의 시간을 최소화하기 위해서다.

수능 모의고사에서 ALL 1등급을 받았던 이성윤 멘토는 이 방법을 적극적으로 활용했다. 그날 배운 내용을 빈 종이에 아는 대로 손으로 적거나 혹은 타자로 치면서 막히는 부분을 확인하며 자기 자신에게 설명하는 시간을 가졌다. 처음에 어려웠던 과목도 이 방법을 사용하면서 나아졌다고 했다. 처음엔 시간이 오래 걸리지만, 점점 아는 게 많아지면서 공부 속도가 같이 빨라진다고 했다. 특히 공부 시간을 최소화하기 위해서 집중력이 저절로 높아지는 게 큰 장점이라 말했다.

2019년 방영한 〈SBS 스페셜〉 '당신의 인생을 바꾸는 작은 습관' 편에 나온 '백지 복습' 공부법이 기억난다. 이는 공부의 신으로 알려진 강성태 멘토가 제안한 방법이다. 학교에서 집으로 돌아오자마자 그날 수업에서 배웠던 걸 백지에 다 적으면서 복습하는 습관이다. 수업에 집중해야 '백지 복습'을 할 수 있고, 더불어 메타인지 능력도 키울 수 있다는 것이다.

이 '백지 복습'은 이성윤 멘토가 했던 방법과 유사한 방법이라 할 수 있다. 누군가 대상을 두고 설명하는 방식은 아니지만, 하얀 종이에 자신이 아는 걸 최대한 적는 것이다. 행동은 다소 다르나 자신이 아는 것을 풀어내는 과정이기에 누군가에게 설명하는 방식과 같다고 볼 수 있다.

1등급 멘토는 어떤 과목에서는 서로 설명하고 가르치는 단계까지 가지 않더라도 최대한 오감을 활용하여 공부하려는 자세를 보인다. 단순히 'input'만 하는 5%짜리 공부가 목표가 아니다. 능동적으로 공부 효율을 높이기 위해 수단과 방법을 가리지 않는다. 혹시라도 자신의 공부 방법이 비효율적인 공부라는 걸 이제라도 깨달았다면 다행이다. 꼭 1등급이 아니더라도 앞으로 공부 자신감을 가질 기회를 얻게 될 테니 말이다.

문해력이라는 무기를 사용한다

2021년에 방영한 EBS 〈다큐프라임〉 '당신의 문해력'에서는 현재 공부하는 학생들의 '문해력'이 얼마나 많이 저하되고 있는지 밝혔다. 문해력이란 '글을 읽고 이해하는 능력'이다. 이 능력이 부족하면 학업 부진으로 이어질 수밖에 없다. 따라서 공부에 있어서 문해력은 중요한 능력이라는 것을 알 수 있다.

영어를 가르치는 교사로서 영어 지문에서 다양한 지식을 접하는 나로서는 '언어의 기원'에 대한 글을 흥미롭게 읽은 기억이 있다. 최초의 인류가 단어 혹은 문장 하나 말했다고 그게 언어가 되는 게 아니라 '대화'가 이루어질 때 진정한 언어의 시작이라 했다. 대화는 인간과 인간 사이에 충분한 이해를 바탕으로 하는 원활한 의사소통을 의미한다. 글은 그 말을 문자로 옮긴 것이니 결국 문해력도 누군가 하고 싶은 말의 진정한 의미를 찾는 것이라 할 수 있다.

인간이 언어를 이해하려면 우선 어휘를 알아야 하고, 문장에 쓰인 표현을 알아야 하고, 심지어 문장이 가진 사회적, 문화적 배경에 대한 이해도 필요하다. 따라서 이 모든 것을 이해하기 위해서는 그 시대를 살아가는 사람이 쓴 글, 즉 책을 읽어야 한다. 다시 말해 문해력은 독서에서 비롯된다는 말이다.

《문해력 공부》를 쓴 김종원 작가도 높은 문해력은 대화에서 시작된다고 말했다. 또한 '나는 잘 모른다'라고 생각하는 사람이 무언가를 제대로 배울 가능성이 높다고 했다. 이처럼 끊임없이 독서를 통해 글을 쓴 사람과 대화하고, 내가 모르는 걸 알아가려고 노력하는 사람이야말로 문해력을 가졌다고 할 수 있다.

디지털 시대에 책보다 영상에 많이 노출된 현대인들은 아무래도 문해력이 낮을 수밖에 없다. 하지만 공부에서 1등급을 받는 멘토들은 하나 같이 공통점을 가지고 있다. 다름 아닌 '독서 습관'이다. 멘토마다 시기나 방법은 달랐지만, 어린 시절부터 다독(多讀) 경험을 했다. 덕분에 문해력이 형성되어 학창 시절 중 가장 문해력이 필요한 고등학생 때 1등급이라는 결과를 만들어냈다.

일반적으로 대부분 1등급 멘토들은 미취학 아동 때부터 가볍게 독서를 시작했다. 그림책부터 시작하여 글 밥을 조금씩 늘려가며 독서를 했다. 그렇게 조금씩 책에 흥미를 느끼면서 몰입 독서로 넘어가게 된 계기는 대부분 좋아하는 분야가 생겼기 때문이었다. 그리고 그 독서 습관이 다른 분야의 책을 읽을 때 적용되었고, 다양하고 많은 진도를 나가는 고등학교 공부까지 잘할 수 있게 된 것이다.

첫 번째로 박원빈 멘토는 위인전 같은 전집을 읽으며 다른 사람의 삶을 들여다보는 게 좋았다. 그래서 그 많은 전집을 여러 번 읽으며 다양한 분야에 대한 지식과 삶에 대해서 배울 수 있었다고 했다. 초등학교 때까지 전집 위주로 읽던 그는 중학교, 고등학교로 넘어가면서 문학과 비문학 관련 책을 읽는데 어려움이 전혀 없었다. 반에서 내신 1등을 했던 그였기에 독서를 통한 문해력 향상이 학업에 영향을 주는지 알 수 있다.

두 번째로 이성윤 멘토의 경우에는 자연과학 분야에 관한 책에 흥미를 느껴서 글을 읽을 수 있게 되면서 한국어든 영어든 가리지 않고 거의 모든 자연과학 분야의 책을 섭렵했다. 덕분에 어려운 학문을 다루는 책을 읽으면서도 지식 확장에 대한 흥미를 느꼈다. 경제학에 관심이 있었던 고등학교 때 경제 관련 원론을 읽을 수 있었던 비결도 어린 시절부터 했던 어려운 분야에 대한 독서 습관에 있다고 할 수 있다.

1등급 멘토들의 공통된 특징 중 또 다른 하나는 '다독(多讀)'을 했다는 점이다. 말 그대로 남들보다 책을 읽는 양이 어마어마하게 더 많았다. 재미있는 점은 독서에 대한 동기 부여가 명확했다는 거다. 그들은 '만권 독서', '이달의 독서왕' 등 보상이 있는 이벤트에 참여하며 독서를 즐겼다. 그리고 이때의 독서가 고등학교 공부에도 영향을 분명히 주었다는 사실을 다시 확인할 수 있었다.

언어 분야에 유독 흥미를 보이는 오경제 멘토는 어린 시절 '만권 독서' 타이틀을 받을 정도로 다독(多讀) 왕이었다. 특정 분야 관련 독서를 한 게 아니라 편식 없이 독서를 한 덕분에 고등학교 때는 수학을 제외하고 국어, 영어, 사회탐구 과목에서는 거의 만점에 가까운 1등급을 받을 수 있었다. 실제 대학에서 배우는 교재를 읽으며 언어 관련 지식에 관해서 심화 탐구하는 모습을 보인 그였기에 독서가 얼마나 문해력에 그리고 공부 능력에 영향을 주는지 확인할 수 있었다.

이서영 멘토의 경우에는 어린 시절 한 달에 40권 정도의 책을 읽을 정도로 독서광이었다. 중학교에 가서도 독서를 많이 했는데, 오경제 멘토와는 달리 편식 독서를 했다. 감수성이 풍부했던 사춘기 시절 비문학보다는 문학 작품에 관심이 많았다. 그래서 소설이나 시를 많이 읽었다. 덕분에 고등학교 때 국어에서 문학 공부는 따로 하지 않을 정도로 수준이 높았다.

다만 인문계열이 아닌 상경(경제 등) 혹은 자연과학(물리 등)과 같은 어려운 분야에 대해서는 자신이 없었기에 더 열심히 공부했다. 그래도 어린 시절 독서 습관 덕분에 비문학 분야에 대한 어려움을 극복할 수 있었고, 사회탐구 과목에서는 수능에서 만점 혹은 1개 틀리며 모두 1등급을 받을 수 있었다. 본인도 어린 시절에 했던 독서량이 공부에 큰 도움이 되었다고 하니 살아있는 증명이 아닐까 싶다.

다독(多讀)과 관련하여 마지막으로 김주연 멘토의 경우에는 조금 특이한 면이 있다. 대부분 다른 멘토들은 한국어로 된 책을 읽었다면, 김주연 멘토는 토플 지문을 초등학교 때부터 중학교 때까지 공부하면서 자연스럽게 다양한 분야의 지문을 통해 간접 독서를 했다. 8~9년 동안 토플에 나오는 거의 모든 분야의 내용을 영어로 읽으며 어휘력도 기르고, 배경 지식이 생기면서 글을 빨리 읽고 이해하는 능력, 즉 문해력을 기를 수 있었다고 한다.

고등학교 때 문과에서 이과로 바꿔서 공부할 때도 새롭게 배우는 수학 과목에만 매달리느라 다른 과목 공부는 많이 하지 못했다. 게다가 수능 문제 형식에 대한 이해도 없었지만, 수능 국어와 영어에서는 거의 항상 만점을 받았다. 그리고 새롭게 배우는 이과 과학 과목도 토플 지문에서 많이 본 내용이어서 그리 어렵지 않게 공부할 수 있었다고 한다.

카이스트 진학에 성공한 그녀가 그 비결을 꼽으라면, 글을 빨리 읽으면서도 정확하게 해석할 수 있는 능력 덕분이라고 했다. 생각지도 못한 코딩 분야를 전공으로 하고 현재 직업으로 가질 수 있었던 이유도 어릴 때 습득한 '문해력' 덕분이라 했다. 흥미롭게도 꼭 한국어가 아닌 다른 언어를 통해서라도 독서를 많이 하면 '문해력'이 생긴다. 이는 공부할 때 남들은 죽어라 뛰는데 날개를 달고 날아가는 격이라 할 수 있다.

마지막으로 독서와 문해력이라는 주제로 '시기'가 꼭 어린 시절이어야만 좋은 것인가에 대한 답변을 해보려 한다. 우선 정답부터 말하면, 중학교 때부터라도 늦지 않았다. 독서의 끝이라 할 수 있는 글쓰기를 잘하게 된 두 명의 멘토 사례가 이를 증명한다. 그들은 모두 중학교 때 본격적으로 독서를 시작했다. 다만 엄청난 '몰입 독서'였다는 점이 특이점이다.

고등학교 때 글쓰기로 평가받을 수 있는 방법은 논술전형에 응시하는 것이다. 많은 사람이 이 논술전형에 대한 오해가 있는데, 글 쓰는 능력이 뛰어나야만 합격할 수 있다고 생각하는 거다. 그러나 진짜 사실은 작가라면 알 것이다. 글쓰기 능력은 독서에서 나온다는 걸 말이다. 먹은 게 있어야 배출할 게 있는 것처럼, 좋은 글을 읽어야 좋을 글을 쓸 수 있다.

구민재 멘토는 초등학교 때까지는 독서광까지는 아니었지만, 중학교 때 삼국지를 접하면서 몰입 독서를 했다. 다른 작가별 삼국지 시리즈를 모두 섭렵했고, 한 권당 최소 20~30번씩 읽었으니 중학교 3년 동안 읽은 권수로 환산해보면 수백 권은 넘는 것이다.

고등학교에 와서 교내 논술대회에서 여러 차례 수상하면서 논술전형이 자신에게 적합하다는 걸 알았고, 논술 시험과 수능 최저를 맞추기 위해 노력한 끝에 합격할 수 있었다. 그해 다른 동기들을 포함한 논술전형 지원자 수가 100건이 넘었지만 (일반고는 훨씬 많은 수가 지원), 합격자는 현역 중에서는 오직 구민재 멘토뿐이었다. 이렇게 보면 미친 듯이 읽었던 삼국지가 그에게 '문해력'이라는 무기를 만들어줬고, 좋은 결과로 이어진 게 아닐까 싶다.

정지원 멘토도 중학생이 될 때까지는 특별히 독서에 흥미가 없었다. 대신 중학교 때는 청소년이 읽어야 할 문학 작품 시리즈를 여러 번 읽으면서 몰입 독서를 했고, 이때 생긴 문해력 덕분에 논술전형에서 여러 군데 합격하는 영광을 누리게 되었다. 물론 내신 성적도 상위권이었기에 이때의 문해력이 학업 능력에도 영향을 주었다는 걸 유추해볼 수 있다.

지금까지 독서와 문해력에 관해서 이야기했다. 마침내 1등급을 이뤄낸 멘토들의 이야기를 통해 유추해볼 수 있는 점은 다음과 같다. 문학이든 비문학이든, 한 분야든 다양한 분야든, 한국어든 영어든, 어린 시절이든 조금은 늦은 시기든 일정 수준의 독서량을 해내면서 생긴 문해력은 분명 공부에 영향을 준다는 점이다.

지난 10년간 학교에서 만난 소위 명문대라고 불리는 대학에 진학한 내신 우등생과 수능 우등생 모두 그들 인생에 '독서'와 '문해력'은 뺄 수 없는 키워드였다. 놀랍게도 100%까지는 아니지만, 거의 99%에 가까운 사실이 하나 더 있다. 그것은 바로 부모가 어린 시절부터 함께 독서를 했다는 점이다. 글을 읽기 전에는 부모가 책을 읽어주거나 자녀 앞에서 책을 읽는 모습을 보였기에 자연스럽게 1등급 멘토들도 그 모습을 보고 배웠다.

'시작이 반'이라는 말처럼, 어떻게 보면 독서와 문해력이라는 무기는 쉽게 얻을 수 있을지도 모른다. 부모가 독서하는 습관만 있다면, 자녀는 금방 따라 할 것이기 때문이다. 따라서 지금 이 글을 읽고 있는 사람이 아직 어린 자녀가 있는 부모라면 먼저 독서를 실천하길 바란다. 혹은 이미 중학생 그 이상의 학생이라면 늦게 독서를 시작한 멘토들도 독서를 통해 1등급의 영광을 얻었으니 따라 해보길 바란다. 공부의 시작은 사실 독서에서 비롯되니까 말이다.

고등학교에 올라가면 중학교 때와는 달리 과목 수도 늘어나고, 지필평가, 수행평가, 학교 활동 등 시간 내에 동시에 해야 할 것도 많이 있다. 이때 만일 '문해력'이 부족하다면 앞서가는 다른 친구들을 따라잡기 어려울 것이다. 거꾸로 만일 고등학교 올라오기 전에 '문해력'이라는 무기를 장착했다면, 처음은 주춤하더라도 금방 따라잡을 수 있을 것이다. 첫 꼭지에서 언급했지만, 공부의 90%는 '이해'다. 글을 읽고 이해하는 능력이 문해력이니, 독서를 통해 기른 문해력이야말로 올바른 공부로 인도해줄 것이라 믿는다.

2장

효율적인
1등급 공부법

기술 편

스터디 플래너가 공부 무기가 되려면

잘못된
스터디 플래너 활용법

시중에 파는 스터디 플래너를 살펴보면 종류가 정말 다양하다는 걸 알 수 있다. 책처럼 두꺼운 것부터, 얇은 노트처럼 생긴 플래너도 있다. 인기 있는 캐릭터를 활용한 다양한 표지 디자인도 이목을 끈다. 심지어는 유명한 인강(인터넷 강의) 사이트에서 연초에 한정판으로 예약해서 받는 플래너를 신청하기도 한다. 스터디 플래너를 잘 활용하면 공부 효율이 높다는 걸알기 때문에 열풍처럼 너도나도 할 것 없이 요새는 많은 수험생들이 플래너를 작성한다.

그런데 플래너를 작성한다고 다 공부를 잘하게 되고, 입시에 성공하게 될까? 천만의 말씀, 만만의 콩떡이다. 그렇게만 될 수 있다면, 플래너를 쓰기만 해도 공부에 성공할 수 있다. 현실은 그렇지 못하니 그 이유를 알아야 한다.

처음에 많은 학생이 플래너를 깔끔하고 보기 좋게 꼼꼼히 작성하는 것이 공부에 도움이 될 것이라는 막연한 믿음으로 플래너를 열심히 쓰기 시작한다. 일단 시작은 좋으나 플래너 작성에 많은 에너지를 쏟으며 조금씩 지쳐간다. 그리고 빼곡하게 세운 계획 중 실천하지 못한 게 생기면 점점 계획이 밀려서 공부하는 시간보다 플래너를 수정하는 시간이 더 많아질 때도 있다.

장선우 멘토도 스터디 플래너를 처음 쓸 때 이와 같은 방법으로 시작했는데, 결국 실패를 맛봤다. 우선 두꺼웠던 플래너를 들고 다니는 게 불편했다. 플래너를 쓰는 시간도 중구난방이었다. 꼼꼼한 성격이라 플래너 작성에 대한 강박 증세가 생겨서 플래너를 쓰는 게 어느 순간 부담되기 시작했다. 만족스럽게 공부하지 못한 날에는 오히려 플래너를 펴보기 싫어서 3~4일 동안 안 보고 지나치기도 했다.

하지만 선배로부터 스터디 플래너 사용법에 대한 조언을 얻은 후부터는 제대로 플래너를 활용할 수 있었다. 장선우 멘토를 비롯해 1등급 멘토들의 성공적인 플래너 활용법에 대해서 지금부터 알아보겠다. 이 방법들을 잘 숙지하면 분명 플래너는 공부 무기가 될 수 있을 것이다.

스터디 플래너를
간소화하라

1등급 멘토들이 스터디 플래너를 활용할 때 우선순위로 두는 것은 플래너에 너무 많은 시간을 쏟지 않는 것이다. 플래너는 공부를 위한 수단일 뿐, 목적이 아니다. 물론 계획의 과정에 충분한 시간을 투자해야 한다. 그런데 공부하는 시간보다 계획 단계에서 너무 많은 몰입을 하면 오히려 주객이 전도된다. 배보다 배꼽이 크다는 말처럼, 공부보다 스터디 플래너에 집착하게 되면 그렇다는 말이다.

수능 만점자를 비롯하여 많은 1등급 멘토들은 스터디 플래너를 간소화해서 사용했다. 월 단위로 쪼개서 만든 노트 형식의 플래너를 주로 사용했고, 평소 공부와 시험 기간 공부를 구분하여 플래너를 따로 활용하기도 했다. 이렇게 얇은 노트를 플래너로 사용한 멘토들은 플래너를 공부의 부속물로 여겨 다 쓰고 나면 버리고 다시 쳐다보지 않았다.

심지어 플래너 작성에 너무 많은 시간을 쏟지 않기 위해 A4용지 1장에 주 단위로 혹은 일일 단위로 계획을 세우는 멘토들도 있었다. 대표적으로 이 책에 자주 등장하는 오경제 멘토와 이서영 멘토가 바로 그 경우다. 이들도 A4용지에 계획을 세우고, 모두 실천하고 나면 그 종이는 버리고 새로 만들어 쓰기를 반복했다.

효율적인 스터디 플래너 활용의 첫 단계는 바로 간소화이다. 플래너를 작성할 때 절대적으로 부담이 없어야 한다. 플래너는 계획을 완료할 때까지 자신의 계획을 확인하는 용도로만 작성하면 된다는 말이다. 인간의 뇌가 모든 걸 기억할 수 없으니 기억하기 위한 도구로 활용하는 것이 좋다. 그리고 종이에 무언가 쓰여 있으면 우리는 목표의식이 생기고 실천하게 된다. 플래너는 계획 확인용 정도로만 활용하라는 말이다.

플래너 작성 시간을 정하라

개인차가 있을 수 있지만, 1등급 멘토들은 각자 시간을 정해놓고 플래너를 작성하며 루틴으로 만들었다. 가장 좋은 방법은 연간, 학기별, 분기별, 월간, 주간, 일일 단위로 나눠서 계획 세우는 날짜와 시간을 정하는 거다. 이미 1장 〈시간 관리 끝판왕이다〉 꼭지에서 일부 이야기를 했으니 감이 올 것이다.

새 학년이 시작되면 몇 시간 정도는 1년간의 학교 일정을 정리한다. 그리고 학기별 어떤 일정이 있는지도 확인한다. 여기서 중요한 점은 내신 시험이 있는 시험 기간을 가장 먼저 확인해야 공부 계획을 철저하게 세울 수 있다는 것이다. 그다음 학교의 다양한 일정을 살펴보아야 한다. 이런 기초 작업이 끝나면, 본격적으로 주 단위 혹은 일일 단위로 플래너 작성을 루틴으로 만드는 거다.

1등급 멘토들은 일요일 밤 혹은 월요일 이른 아침에 1주일 동안 해야 할 일을 확인한다. 마찬가지로 하루 전날 밤이나 하루를 시작하는 날 아침에 하루 계획을 구체적으로 세운다. 이른 아침이든 하루 전날 밤이든 자신이 좋아하는 시간대에 하면 된다. 중요한 건 플래너를 작성하는 시간대를 항상 똑같이 유지해서 루틴으로 만드는 게 중요하다. 습관으로 굳어진 행동은 무의식적으로 나오기 때문이다. 혹시 아무 때나 시도 때도 없이 플래너를 통해 계획을 세우고 있다면 잘못된 거다. 혼란스러운 하루를 보내고 있다는 의미니까 꼭 시간을 정하도록 하자.

계획-실행-점검의 단계를 거쳐라

사실 많은 학생이 범하는 실수 중 하나는 계획 단계에서 다음 단계로 잘 넘어서지 못한다는 점이다. 실행은커녕 만날 계획만 세우다 끝나는 경우가 허다하다. 차라리 그럴 거면 두서가 없더라도 계획 세울 시간에 무식하게 공부라도 하는 게 나을지도 모른다. 안타깝게도 대학입시를 두 번이나 실패했던 나도 그랬고, 공부에 점점 지쳐가는 학생들도 그런 경우가 많다. 이 글을 읽은 후부터는 계획 단계를 넘어서 실행에 옮기고, 점검하는 단계까지 꼭 실천해보길 바란다.

26살, 9개월 만에 사법 시험을 패스한 이윤규 변호사가 쓴 패턴 공부법 책인 《나는 무조건 합격하는 공부만 한다》에서도 공부는 계획-실행-점검 3단계를 거친다고 말하고 있다. 〈의대생TV〉 출연진이 쓴 《의대생 공부법》 책에서도 전 과목 고득점의 비밀이 스터디 플래너 활용에 있다고 말했고, 실행과 점검 단계의 중요성에 대해서도 강조한다.

생산 관리나 품질 관리 등 관리 업무를 원활하게 수행하기 위한 방법으로도 PDCA 사이클(Plan Do Check Act Cycle)을 활용한다. 계획(Plan), 실행(Do), 평가(Check), 개선(Act)의 4단계를 반복하며 품질을 향상해나가는 걸 말한다. 따라서 위에서 말한 '점검' 단계에서 '개선사항'을 포함하고 확인해야 한다.

사실 위에서 말하는 단계는 20권이 넘는 공부법 책을 독파하면서 찾아낸 공통점이다. 계획과 실행은 누구나 하지만, 진짜 플래너 활용은 자신이 실행한 내용을 점검하고 수정하는 데 있다는 말이다. 구체적인 내용은 1장의 〈시간 관리 끝판왕이다〉에서도 자세히 적어두었으니 다시 돌아가서 읽어보기를 바란다.

플래너를 통해 계획을 세우면서 지속적인 실행으로 이어지도록 하는 비결을 하나만 말하라고 한다면, 다시 한 번 강조하지만, 계획할 때 해야 할 일을 80%만 넣는 것이다. 메가스터디 손주은 대표도 실패하지 않는 공부 계획 방법에 대해서 이렇게 말했다. "주말 하루는 일정에서 비워두라." 평일에 실행하지 못한 계획을 수행하는 날로 쓰라는 의미다. 그러면 일주일 단위로 볼 때 공부 계획은 실패할 리가 없다.

이처럼 개인의 취향에 따라 매일 80%만 계획을 세우거나 일주일 단위로 80%의 계획을 세워보자. 그리고 1등급 멘토들은 스스로 점검하는 시간에 다음과 같은 내용을 고려하라고 조언한다.

첫째, 내가 하고 싶은 만큼 공부 계획을 세우는 게 아니라 공부해야 하는 양을 고려하여 계획한다.

둘째, 시간으로 계획하는 게 아니라 공부해야 할 양으로 계획한다.

셋째, 나의 실력을 고려하여 시간을 분배한다. 예를 들어, 자신이 부족한 과목에 관해서는 공부 시간으로 더 많은 비율로 배정하라는 말이다.

스터디 플래너
최대 활용법

감정 쓰레기통으로 활용하라

1등급 멘토들이 스터디 플래너를 적극적으로 활용하며 도움이 되었던 부수적인 활용법도 있다. 다른 공부법 책에서도 강조하는 부분인데, 스터디 플래너를 통해 하루를 점검하면서 자신의 감정을 정리하는 시간으로 쓰라는 말이다. 종일 공부하면서 잘된 점과 부족했던 점을 간단하게 기록하면서 하루를 되돌아보라는 뜻이다.

만일 성공적으로 해야 할 일을 모두 끝냈다면, 하루 계획으로 들어가 있었던 목록을 모두 지워냈으니 성취감을 느끼게 될 것이다. 혹시 지우지 못한 항목이 있다면, 왜 실천하지 못했는지 이유를 생각해본다. 이때 감정을 기록하면 생각도 정리되고, 감정이 해소되는 경험을 하게 된다. 일명 '감정 쓰레기통'으로 활용할 수 있다는 말이다.

순공 시간을 기록하라

플래너를 잘 활용하는 1등급 멘토들은 하루 동안 자신이 얼마나 많이 공부했는지 기록한다. 단순히 플래너에 해야 할 계획 하나를 마친 후 걸린 시간을 적기도 하고, 타이머 기능을 활용하여 순공 시간(순수하게 혼자서 공부한 시간)을 체크한다. 수험생 시계라고 불리기도 하고 순공 타이머라고 불리는 전자시계를 구매할 수도 있다.

몇몇 멘토는 하루 중 혼자서 공부하는 시간마다 시작 버튼을 눌렀다가, 공부를 안 할 때는 멈춤 버튼을 눌러가며 순공 시간을 측정했다. 그리고 매일 밤 플래너에 얼마나 순공 시간을 만들었는지 기록했고, 일일 혹은 일주인 단위로 자신이 시간을 허투루 쓰지 않았나 비교하며 점검했다. 평균 순공 시간이 부족한 경우에는 원인을 찾아내면서 지속적으로 공부 시간을 확보하는 훈련을 했다.

마무리하며

지금까지 1등급 멘토들의 스터디 플래너 활용법에 대해서 알아봤다. 다른 책을 보면 실제 저자들의 플래너 사진을 함께 제시한다. 그런데 개인적으로 책에 있는 글을 읽으면서 사진이나 표가 눈에 잘 안 들어와서 안 읽게 되는 점을 고려하여 자료는 확보할 수 있었지만, 싣지는 않았다.

계속 강조했지만, 스터디 플래너는 계획을 기록하고, 그 기록을 바탕으로 실행으로 옮기기 위해 활용하는 게 가장 큰 목적이다. 복잡한 기능을 가지기보다 단순히 'To Do List'만 적혀 있어도 괜찮다는 말이다. 위에 나온 플래너 활용법이 혹시 어렵다면, 하나만 실천해보길 바란다. 빈 종이에 그날 해야 할 일을 적고, 우선순위를 정한 뒤에 하나씩 지워가라. 이것이 플래너의 본질이다.

개념노트는 이렇게 활용한다

왜(why)
개념노트를 활용해야 할까?

공부의 핵심은 이해와 암기다. 90% 이해를 바탕으로 10% 암기 비율로 공부해야 한다. 혹자는 이렇게 말하면 오해하고, 10%의 암기를 간과 하기도 한다. 분명히 말하지만, 암기는 공부에서 필수요소다. 필수요소가 빠지면 완전 학습은 될 수 없다. 그렇기에 어떻게 해야 암기를 잘할 수 있는지도 알아야 한다.

그래서 공부를 잘하는 사람들은 공부를 '이해-정리-암기'라고도 한다. 수능 만점자와 1등급 멘토들도 정리 과정 없이 전체를 다 암기하는 경우는 없다. 즉, 그들은 모두 자신이 공부한 걸 정리하는 개념노트를 만든다는 말이다. 시간은 한정되어 있는데 외울 건 많은데다가 우리의 뇌도 모든 걸 기억할 수 없기에 그렇다.

《의대생 공부법》에서도 노트 정리를 해야 하는 이유를 두 가지로 봤다. 첫째는 나의 언어로 이해하기 위해서고, 둘째는 여러 곳에 있는 정보를 단권화하여 시험 직전에 활용하기 위해서라고 했다. 한 마디로 내가 배운 내용을 완전히 내 것으로 만들기 위해 꼭 필요한 과정이라는 말이다.

플래너 작성에 대해서도 언급했지만, 개념노트를 작성할 때도 주의해야 할 사항이 있다. 노트 정리가 '공부를 위한 정리'인지 아니면 '정리를 위한 공부'인지 명확히 구분하라는 것이다. 당연히 전자가 목표가 되어야 한다. 예쁘게 노트 정리를 하기 위해 쓸데없이 시간 낭비를 해서는 안 된다는 말이다.

자신이 노트 정리를 하는 목적이 맞는지 아닌지 알아보는 방법이 있다. 딱 한 가지만 고민해보길 바란다. '나중에 내가 이 노트를 여러 번 활용해서 볼 것인가?'라는 질문을 해보면, 노트 정리를 해야 하는지 아닌지 답을 찾을 수 있을 것이다.

수능 만점자인 《1페이지 공부법》의 홍민영 저자도 처음엔 노트 정리를 잘해서 칭찬도 받고 기분이 좋았는데, 목적이 전도되어 쓸데없는 내용까지 추가하며 노트 정리에 힘을 쏟는 자신을 보며 방법을 바꿨다고 했다. 불필요한 정리에 너무 많은 시간을 허비한다는 생각 덕분에 노트 정리에 얽매이지 않기 위해서 1페이지에 정리하는 방법을 찾았다. 이처럼 공부한 내용을 정리하는 과정은 분명 필요한 건 맞지만, 방법은 자신에게 맞는 걸 찾아야 한다.

지금까지 개념노트 정리는 왜 필요한지 알아봤다. 지금부터는 어떻게 하면 효율적으로 암기를 하기 위해 노트 정리를 해야 하는지 살펴볼 예정이다. 시간을 단축하면서도 도움되는 방법들이 있으니 잘 따라 해보길 바란다.

어떻게(how) 개념노트를 정리해야 할까?

가장 먼저 목차를 확인하라!

그동안 개념노트라는 걸 정리해본 적이 없었다면, 방법을 몰라서 답답하고 어떻게 해야 하나 하고 막막한 기분이 들 것이다. 우선 앞에서 언급했지만, 어떤 노트를 사용할 것인지보다 노트 정리의 본질에 집중해야 한다. 어떤 멘토의 경우에는 배운 내용을 모두 백지에 적는 방법을 썼고, 다른 멘토는 교과서에 추가로 필기하거나 색깔 펜으로 구분하여 키워드에 동그라미를 치는 방식으로 공부하기도 했다.

다양한 방법이 있지만, 노트 정리의 본질은 바로 '핵심 내용'을 추려가는 과정이다. 그렇다면 어떤 게 핵심 내용일까? 우리가 학교에서 배우는 교과서를 예로 들어보자. 교과서를 포함하여 모든 책에는 맨 앞에 목차가 있다. 이 목차는 책 전체 내용을 정리한 것이다. 다시 말해, 핵심 요약본이라 할 수 있다.

그래서 다양한 시험에 합격한 사람들의 공부법 혹은 노트 정리법을 살펴보면, '목차 공부법' 활용을 적극적으로 했다는 걸 알 수 있다. 《나는 무조건 합격하는 공부만 한다》의 저자인 이윤규 변호사는 책을 보는 순서가 따로 있다고 말하면서 그때 가장 먼저 목차를 봐야 한다고 말했고, 심지어 항상 목차를 복사해서 늘 가지고 다녔다고 했다. 《0초 공부법》의 저자 우쓰데 마사미도 목차를 보고 전체상을 파악하라며 목차 활용의 중요성을 강조했다.

수능 만점자든, 1등급 멘토든 누구 하나 할 것 없이 노트 정리의 달인은 목차 공부를 게을리하지 않는다. 만일 목차를 확인하지 않는다면 내가 공부할 내용, 즉 시험에 나오는 내용을 확인하지 않고 공부하게 되기 때문이다. 그리고 어떻게 보면, 노트 정리는 중요한 것과 중요하지 않은 것을 구분하는 작업이라 볼 수 있다.

사람의 뇌는 새로운 내용을 배울 때 기존 지식의 틀(스키마)과 연결 짓는다. 그렇게 새로운 개념을 이해하고, 필요성을 느끼면 장기기억으로 남긴다. 목차를 먼저 공부하는 이유는 이와 같다. 목차를 익힌 후에 거기에 해당하는 구체적인 내용을 학습하면, 목차에 나왔던 키워드와 비슷한 내용을 서로 연결 짓기 때문에 효과가 높다. 그러니 목차를 가장 먼저 봐야겠다는 생각을 잊지 않기를 바란다.

중요한 것과 모르는 것만 남겨라

노트 정리를 하면서 지치거나 공부에 실패하는 이유는 완벽히 정리하려는 지나친 욕심 때문이다. 우리는 기계가 아니라 모든 정보를 머릿속에 담아낼 수 없다. 그래서 목차 공부법에서 말한 것처럼 무엇이 더 중요한지 구분하고, 필요한 내용 중심으로 기억해야 한다. 시험에서도 중요한 것 위주로 출제되기 때문에 시험 때 마지막까지 볼 노트에는 중요한 것만 남겨야 한다.

이미 목차를 보면서 노트 정리를 했다면, 절반은 성공한 것이다. 목차에 있는 키워드 중심으로 중요한 내용을 추가하며 정리했을 것이기 때문이다. 그리고 N회독 공부를 진행하며 노트에 정리한 내용을 점차 간소화해야 한다. 노트 정리의 최종 목적은 시험 당일 10분 동안 내가 꼭 봐야 할 내용만 남겨두는 것이기 때문이다.

핵심은 정리한 내용을 반복하며 암기하면서 끝까지 자신의 것이 안 된 내용 중심으로 노트에 남겨두는 것이다. 이것도 다시 키워드만 추려서 정리하려면 시간이 드니까 여러 방법을 이용해서 최종적으로 볼 키워드만 남겨둬야 한다. 이 부분은 색깔 펜 활용법에 관해 이야기할 때 자세히 설명하도록 하겠다.

중요한 건 노트 정리한 내용을 공부하면서 모르는 내용을 최소화하는 것이다. 그것이 이해에서 암기 단계로 넘어와 완전 학습으로 가는 방법이다. 노트 정리는 그 중간 과정에서 효율적으로 암기하기 위한 수단이라는 걸 잊지 말자.

자신만의 방식으로 최대한 간략히 정리하라

우리가 '7+9=16'이라는 수학 기호를 사용하지 않고, '칠 더하기 구는 십육'이라고 다 쓰고 있다고 가정해보자. 이 글을 읽으면서 여러분은 이렇게 쓰는 게 비효율이라고 생각할 것이다. 수학 공식도 그렇고 화학식도 그렇고 간략한 기호만 사용해도 충분히 이해를 도울 수 있다. 게다가 시간도 단축할 수 있어서 매우 효율적이다.

이런 효율적인 방법을 그대로 노트 정리에 활용하면 된다. 1등급 멘토들의 노트 정리법을 요약해보면 다음 4가지 정도로 정리된다.

첫째, 글자를 줄이고 최대한 기호를 활용하는 것이다. 예를 들어, 'ㅇ, ×'와 같은 표시로 말을 줄이거나, 화살표를 활용해서 상승과 하락 (↑, ↓), 원인과 결과(←, →)의 상태를 표시할 수 있다.

> **예시)** 건강 식습관: 채식 ○, 육식 × / 물 ○, 탄산음료 ×
>
> **예시)** 인플레이션: 화폐가치 ↓, 물가 ↑, 실업 ↑

둘째, 문장 전체보다는 단어 위주로 적는다. 이때는 주로 명사형(한자어)을 사용하면 된다.

> **예시)** 행복 호르몬이라 불리는 세로토닌은 잠을 충분히 자
> 야 많이 생긴다. (×)

→ **행복 호르몬(세로토닌): 잠 충분 → 생성多** (○)

셋째, 암기해야 할 중요한 단어는 굵고 진하게 쓴다. 혹은 밑줄을 긋는다. 이렇게 하면 뇌에 각인시키는 효과가 있어서 더 기억에 남게 된다.

> **예시)** 임진왜란은 1592년에 시작됐고, 임진왜란을 기점으
> 로 조선 전기와 후기로 나뉜다. (×)

→ **임진왜란은 1592년에 시작, <u>조선 전기와 후기로 나뉨.</u>** (○)

넷째, 필요에 따라 그림, 도표, 그래프 등을 활용한다. 때로는 글보다 시각 자료가 더 이해하기 쉽다. 특히 무언가 비교할 때는 표가 훨씬 보기 좋다.

> **예시)** 태풍, 허리케인, 싸이클론, 토네이도 구분

구분	발생 지역	형태
태풍	태평양 남부	열대성 저기압
허리케인	대서양 서부	
싸이클론	인도양	
토네이도	미국 중남부	소용돌이 바람

노트 정리는
무엇(what)에 도움이 되는가?

이미 왜(why) 정리하고, 어떻게(how) 해야 하는지 알아보며 그 효과를 확인했다. 다시 한 번 요약해보면 다음과 같다.

첫째, 시간적 한계를 극복할 수 있다. 할 건 많고 시간은 부족한 데, 노트 정리를 통해 암기하는 시간을 줄일 수 있다. 그 이유는 자신의 언어로 간소화하여 정리했기에 이해가 빠르고, 여러 정보를 하나로 모아 둘 수 있어서 여러 책을 볼 필요가 없기 때문이다. 그리고 중요한 것과 모르는 것 위주로 핵심만 모아서 불필요한 내용을 공부할 필요가 없기 때문이다.

둘째, 기억의 한계를 극복할 수 있다. 계속 강조했지만, 인간은 컴퓨터처럼 모든 것을 다 머릿속에 담을 수 없다. 뇌의 기억 공간은 무한하다고 하지만, 실제 우리의 기억은 한계가 있다. 그리고 뇌는 효율성을 매우 중요시한다. 우리에게 필요하면 기억하고, 필요하지 않으면 기억으로 남겨두지 않기 때문이다. 그런 점에서 노트 정리는 뇌의 기능을 최대로 활용한 공부법이라 할 수 있다.

끝으로, 개념노트 정리 혹은 1페이지 정리는 심리적 안정을 준다. 시험 날까지 공부하면서 자신이 아는 것은 지우고, 모르는 것만 남겨두면서 완전 학습을 확인하는 작업이기 때문이다. 만점 혹은 1등급을 받기 위해서는 완전 학습은 필수조건이다. 따라서 그들은 완전 학습의 한 방법으로 '정리' 과정을 꼭 거친다. 이 점을 명심하고 앞으로는 효율적인 개념노트 정리를 실천해보자.

색깔 펜에도 규칙이 있다

색깔 펜은
많을수록 좋다?

과유불급(過猶不及)이라는 말을 기억하는가? 무엇이든 지나치면 좋지 않다는 말이다. 어떤 학생은 필기할 때 검정 펜 하나만 사용하기도 하고, 반대로 형형색색 다양한 펜을 사용하는 학생도 있다. 둘 다 과유불급이다. 너무 적어도 효율이 떨어지고, 너무 많아도 효율이 떨어진다.

우선 색깔 펜을 적게 사용하는 학생의 경우를 살펴보자. 수업 시간에 필기할 때 교과서에 검정 펜으로 밑줄을 긋는다. 그리고 선생님께서 추가로 설명하시는 내용도 검정 펜으로 적는다. 나중에 살펴보면 교과서에 찍힌 잉크 색도 검정이고, 내가 밑줄 긋고 필기한 내용도 검정이라 무엇이 중요한지 알 수 없다. 이처럼 색깔 펜을 사용하지 않는 경우, 비효율적인 공부를 하게 된다는 것이다.

반면 지나치게 색깔 펜을 활용하는 경우는 어떨까? 필기할 때 쓰는 볼펜도 빨강, 주황, 노랑, 초록, 파랑, 보라 등 무지개 색깔을 넘어 커다란 필통이 볼펜으로 한가득하다. 게다가 형광펜도 색깔별로 알록달록 없는 게 없다. 게다가 색깔이 많으니 어떤 때는 붉은색 계통의 색을 사용했다가, 파란색 계통의 색을 사용했다가 규칙도 없다. 이랬다가 저랬다가 모든 게 엉망이다. 결론은 개수는 많은데 실속은 없다는 말이다.

그렇다면 적절한 색깔 펜의 개수는 몇 개일까? 1등급 멘토들을 인터뷰하며 알게 된 사실은 그들은 대부분 색깔 펜을 최소한 3개, 많아도 4개 넘게는 사용하지 않았다는 것이다. 다만 몇몇 멘토는 색깔 펜을 5~6개까지 사용했지만 색을 점점 진하게 한다거나 하는 일정한 규칙이 있었다. 혹시 지금 이것보다 색깔 펜을 적게 사용하고 있거나, 더 많이 사용하고 있다면 다음 이야기를 통해 개수를 바꿔서 사용해보길 권한다. 왜 공부 잘하는 멘토들은 색깔 펜 사용에서도 공통점이 있었을까? 그 이유를 지금부터 알아보자.

색깔 펜에도
규칙이 있다

《강성태 66일 공부법》에서도 1등급 멘토들의 색깔 펜 활용법에 관한 이야기가 나온다. 우선 총 개수는 3개로 기본 삼색 (검정, 파랑, 빨강) 펜을 사용하는 것이다. 검정 펜은 수업 중 필기, 보충 설명을 쓰고, 파란 펜은 이해가 안 되거나 모르는 내용을 위해 쓴다. 마지막으로 빨간 펜은 시험에 나올 만한 내용을 위해 사용한다.

강성태 작가는 파란 펜으로 체크된 부분은 수업이 끝나고 나면 꼭 선생님께 질문을 통해 해결했다고 한다. 그리고 빨간 펜으로 체크한 부분을 보면서 공부해야 할 부분만 골라서 볼 수 있었다고 한다. 이렇듯 교과서든 자신이 정리하는 개념노트든 이 삼색 펜을 성격에 맞게 사용하면, 평소 공부할 때도 그렇고, 시험을 대비할 때도 매우 효율적이다. 말로만 설명하면 이해가 어려울 것 같아 1등급 멘토 중 이와 비슷한 방법을 활용한 장선우 멘토의 사례를 구체적으로 살펴보겠다.

그녀는 필통에 15cm 자, 샤프, 검정/파랑/빨강 3색 볼펜, 노란색 형광펜, 컴퓨터용 수성 사인펜만 들고 다녔다. 형형색색 펜을 사용하거나, 과목별로 그때그때 다른 색의 펜을 사용하다 보면, 필기 내용이 어지러워질 뿐 무엇이 가장 중요한 내용인지 파악하기 힘들었기에 이렇게 간소화했다고 한다. 따라서 샤프

〈 검정 펜 〈 파란 펜 〈 빨간 펜 〈 노란색 형광펜의 중요도로 색깔
펜 활용 규칙을 정해서 필기했다.

그리고 시험공부를 위해 N회독 공부할 경우와 수업 시간
필기의 경우로 나누어 색깔 펜 사용 규칙을 달리했다. 우선 N회
독 공부할 경우, 파란 펜까지는 밑줄을 긋는 용도, 빨간 펜부터
는 키워드 중심으로 동그라미, 체크 등을 표시했다. 수업 시간
필기를 할 때는 해설지를 보충해서 작성하는 내용은 검정 펜,
수업 시간에 필기 내용은 파란 펜, 수업 시간에 강조된 내용이
나 해설지에서 강조하는 중요 개념은 빨간 펜, 시험 직전 리뷰
시간에 짚어주는 내용은 형광펜으로 표시했다.

공통점은 있지만 1등급 멘토들도 각자 성향에 맞게, 자신
이 좋아하는 방식으로 색깔 펜을 활용했다. 두 가지 도움이 될
만한 사례가 있어서 더 공유해보겠다. 우선 수능 만점자이면서
노트 정리의 끝판왕인 홍민영 작가도 《1페이지 공부법》에서
4색 펜을 사용한다고 말했다.

우선 검정 펜은 단어의 의미나 지문 단순 해석용으로, 파란
펜은 제일 중요한 내용 혹은 문제 풀 때 나의 풀이, 빨간 펜은 문
제 풀 때 답지의 풀이, 초록 펜은 자신의 필기에 없는 친구의 필
기 내용을 적을 때 썼다. 검정색은 단순 정보로 한 번 읽고 넘어
가면 되는 것이고, 파란색은 수업 시간에 선생님이 강조하신 부
분이므로 더 자세히 봤다고 한다.

특이한 점은 형광펜을 사용해서 밑줄을 그으면 글자가 잘

보이지 않는다는 사실 때문에 볼펜 위주로 사용했다고 한다. 게다가 문제를 풀 때는 파랑과 빨강, 단 두 가지 볼펜 색을 사용했다. 당연히 문제는 연필이나 샤프로 풀었지만, 채점한 후 파란 펜으로 자신이 생각하는 풀이 과정을 최대한 자세하게 작성하고, 그 후 답지를 확인하며 틀린 부분을 수정하거나 보충할 때는 빨간 펜을 사용했다.

윤아영 멘토의 색깔 펜 활용법에도 괜찮은 팁이 있어서 소개해보겠다. 우선 처음 노트를 정리할 때는 검정 펜으로 중요한 내용을 적었다. 그리고 2회째부터는 색깔 펜으로 중요한 곳에 동그라미를 치거나 밑줄을 쳤다. 파랑 < 초록 < 분홍 < 보라 < 짙은 빨강 순으로 색을 점점 진하게 추가했다. 이 방식을 활용하여 N회독으로 공부했고, 과목마다 마지막으로 쓴 색깔은 달랐지만, 결국엔 가장 진한 색만 보면 시험대비가 끝났다고 했다.

마무리하며

플래너 작성과 개념노트 정리 파트에서 이미 강조했지만, 활용하는 방법은 사람마다 다를 수 있다. 그러나 성공적이고 효율적인 활용법에 대한 정답은 항상 있다. 색깔 펜을 사용할 때는 무엇보다 중요한 건 색깔 펜이 어떤 목적으로 쓰일 것인가이다. 그 목적의 숫자에 따라 색깔 펜의 수도 달라질 것이다.

그래도 분명한 건 N회독 공부든, 노트 정리를 활용한 공부든, 색깔 펜 활용법이든 최종 목적은 우리가 공부한 걸 내 것으로 만들고 암기하여 완전 학습에 도달하는 것이다. 색깔 펜 사용도 완전 학습을 위한 효과적인 수단 중 하나라는 걸 잊지 말자. 그리고 공부 고수들이 좋은 방법이라고 하는 건 따라 해보길 바란다. 물론 자신의 상황이나 성향에 맞게 해야겠지만 말이다.

오답 노트(점검 노트)의 비밀

오답 노트는
꼭 해야 하나요?

학생들 사이에서는 시험이 끝나고 오답 노트를 만드느냐 아니냐에 대한 의견이 분분하다. 의견 차이는 각 학생의 상황에 따라 다른 것 같다. 시험 문제를 별로 틀리지 않은 학생의 경우에는 오답 노트를 작성하는 시간에 대한 부담이 적다. 반면에 많이 틀리는 학생은 시간적, 물리적 부담이 클 수밖에 없기에 그런 것 같다.

1등급 혹은 만점을 목표로 하는 멘토들은 위의 상황에서 전자에 해당하니 대부분 오답 노트를 작성한다. 그리고 오답 노트가 필수라고 생각하기도 한다. 자세한 이야기는 잠시 후 공통적인 특징을 설명할 때 하도록 하겠다. 반면, 오답 노트 정리를 많이 해야 하는 학생의 경우에는 다양한 상황이 펼쳐진다.

아무리 처음에 의욕을 가지고 있다고 해도 문제를 너무 많이 틀려서 오답 노트 양이 많으면 중간에 지쳐 나가떨어지는 경우가 많다. 대부분은 시험을 망쳤기 때문에 다시 쳐다보기가 싫어서 오답 노트를 할 생각을 하지 못한다. 그래서 오답 노트 작성 실패의 원인은 지쳐서 그만두는 것이거나, 아예 시작조차 하지 않는 것이다.

간혹 이런 상황 속에서도 성적 향상을 위해서 꿋꿋하게 오답 노트를 정리하며 자신의 부족한 점을 채우기도 한다. 그런 경우 틀린 문제를 찾아서 정리하느라 시간도 오래 걸리고, 물리적으로도 힘든 시간을 보내기 때문에 고생 끝에 보상을 받게 된다. 쉽게 말해, 성적 향상이 된다는 말이다.

노력은 절대 배신하지 않는 법이다. 그리고 자신이 무엇을 알고, 무엇을 모르는지 확인하면서 공부하면 효율을 높일 수 있다. 그것이 메타 인지라는 것이고, 주어진 시간 안에 공부량을 최대로 끌어 올리는 방법이다. 그렇다면 지금부터는 오답 노트는 어떻게 활용하는 건지 1등급 멘토들의 비법을 알아보도록 하자.

1등급 멘토들의
오답 노트(점검 노트) 비법

오답 노트를 작성하는 방법이 다양해서 어떻게 하면 공통점을 잘 요약해서 전달할 수 있을지 고민이 많았다. 다행히 수십 명의 1등급 멘토들과 수십 권의 공부법 책에 나오는 오답 노트 비법을 정리해보니 결국엔 3가지로 정리할 수 있었다.

첫째는 시험 문제를 왜 틀렸는지 분석하며 외적 요소를 확인하는 것이다. 둘째는 시험 문제에 나온 내용에서 모르는 부분이 무엇인지, 틀린 유형은 무엇인지, 풀이 과정이 맞는지 등 시험 내적 요소를 확인하는 것이다. 마지막으로 셋째는 자신의 감정을 기록하고 앞으로의 계획을 세우는 등 부수적인 요소를 확인하는 것이다. 차근차근 각각의 방법을 구체적인 예시와 함께 살펴보자.

첫째, 왜 틀렸는지 정확한 이유 분석

보통 문제를 틀리는 경우는 정말 몰라서 틀렸거나 혹은 고민하다가 헷갈려서 틀렸을 때 2가지 경우로 구분된다. 그런데 1등급 멘토들은 여기에 한 가지 경우를 더 추가한다. 그것은 바로 맞히기는 했지만, 찍어서 맞힌 문제도 틀린 것으로 간주하는 거다. 찍어서 맞힌 건 몰랐거나 헷갈리는 내용이었기 때문에 결국 위의 두 사례에 해당한다.

오답 노트를 정리할 때, 첫 번째는 이렇게 자신이 틀린 문제를 정확하게 파악하고 분별하는 것이다. 이 단계를 거치지 않으면 오답 노트는 의미가 없다. 가장 미련한 짓은 오답 노트를 하지 않는 것이고, 두 번째는 맞힌 거 틀린 거 구분 없이 무식하게 오답 노트를 만드는 것이다.

오답 노트할 문제를 고를 때는 전체 문제를 살펴봐야 하지만, 최종적으로 선택할 때는 앞에서 말한 3가지 경우의 수를 꼭 잊지 않고 적용해야 한다. 오답 노트에 들어갈 내용으로 따로 선정하지는 않지만, 맞힌 문제 중에서도 자신이 잘못 해석한 선지나 내용은 없는지도 해설지를 통해 꼭 확인해야 한다.

지금까지의 과정을 간략히 요약하면 다음과 같다.

1. 자신이 모르는 내용이라서 틀렸는지 확인
2. 헷갈려서(실수, 착각) 틀렸는지 확인
3. 몰라서 찍었는데 운 좋게 맞혔는지 확인
4. 위의 과정을 모두 실행 후 오답 노트에 정리할 문제 최종 선택

둘째, 선택한 문제의 개념 및 유형 분석

오답 노트에 정리할 문제를 선택했다면, 이제는 문제에서 요구하는 개념이나 문제 유형에 따른 출제자의 의도에 대한 분석이 필요하다. 문제마다 출제자가 요구하는 게 분명히 있다.

따라서 우선은 문제에 나온 개념을 파악하는 게 중요하다. 모든 과목을 망라하여 공부에서 가장 중요한 건 개념이기 때문이다. 모르는 개념이 시험에 나오면 틀릴 수밖에 없지 않은가? 그래서 시험 후에는 모르는 개념을 꼭 정리해야 다음 시험에서는 틀리지 않을 수 있다.

개념에 관한 공부 다음으로는 시험문제 유형에 관한 연구가 필요하다. 내용을 몰라서 틀릴 수도 있지만, 시험문제 유형에 익숙하지 않아서 혹은 어떤 방식으로 풀어야 하는지 모를 때역시 틀리기 때문이다. 아무리 실력이 좋아도, 문제 유형에 따라 답을 찾는 과정을 모르면 잘못된 답을 고를 수도 있다. 출제자가 문제에서 요구하는 정답이 아닌 다른 걸 고를 수도 있다는 말이다.

공부와 시험공부는 또 다르다는 말이 있다. 시험마다 요구하는 지식도 다르고, 시험 유형(객관식, 주관식 등)이 달라서 따로 전략적으로 준비해야만 한다는 의미다. 수능 시험이든, 공무원 시험이든, 변호사 시험이든 시험에 나오는 문제 유형이 달라서 준비하는 방식도 달라진다. 심지어 수능 시험 안에도 여러 영역이 있고, 영역 안에서도 과목마다 공부하는 방식을 달리해야 한다. 이것이 바로 시험이 끝나고 오답 노트를 과목별로 따로 정리해야 하는 이유다.

여기서 조금이라도 효율적으로 오답 노트를 정리하는 방법을 알아보자면, 해설지를 적극적으로 활용하는 것이다. 해설지에는 문제에 적용된 개념, 성취기준, 정답과 오답 선지에 대한 해설, 문제 풀이 과정 등 핵심 정보가 실려 있기 때문이다. 물론 자신이 부족한 개념이라고 판단하면, 개념서를 찾아서 개념노트 정리를 따로 해야 할 필요도 있다.

지금까지의 과정을 간략히 요약하면 다음과 같다.

1. 해설지를 보며 문제에 적용된 개념(용어) 확인
2. 필요한 경우 개념(용어)노트 정리
3. 틀린 문제 유형을 확인 후 문제 풀이 전략 연구
4. 정답과 오답의 이유 찾기(자신이 생각한 부분과 다른 점 비교)

셋째, 시험 감정 기록 및 공부 계획 작성(점검 노트)

1등급 멘토들은 이 세 번째 단계를 매우 중요하게 생각한다. 매일 플래너를 쓰며 하는 행동이기도 해서 습관처럼 오답노트 어딘가에 자신의 감정을 솔직하게 적는다. 그들에게 오답노트의 가장 큰 목적은 자신이 시험을 보면서 잘못한 부분을 반성하고 다음에는 올바른 방향으로 나아가기 위한 것이기 때문이다.

게다가 당일 시험을 보며 경험한 것을 최대한 생생하게 느끼기 위해 오답 노트 작성을 절대로 다음 날로 넘기지 않는다. 아무리 똑똑하다고 해도 사람의 기억은 하루가 지나면 사라지는 법. 그 사실을 알기에 시험이 끝난 날에 오답 노트를 바로 정리한다. 물론 내신 시험 기간의 경우에는 심리적 안정을 위해 시험이 끝나는 마지막 날에 정리하는 멘토들도 더러 있다.

이 단계를 '점검 노트'라 부르는 유가연 멘토는 자신이 겪은 시험 날 상황을 일기처럼 자세히 적었다. 실제 노트를 구매한 건 아니었고, 플래너에 붙이기 위해 A4용지를 세로 방향으로 접어서 반으로 잘라 썼다. 그리고 과목별 반성할 점과 시험 끝난 후의 공부 계획을 작성했다. 다음은 유가연 멘토가 썼던 점검 노트의 예시다.

과목별 반성

1. 국어
OOO 선생님 과목에서 많이 틀렸다. 고전 시가 쪽에 취약하다 보니 더욱 그런 것 같다. 평소 실력으로 인한 문제인 것 같기도 하다. 고전 시가 문제를 더 많이 풀어보아야겠다.

한자성어 문제도 틀렸는데, 흔한 모의고사, 수능 출제 유형이므로 한자성어는 꼭 따로 복습해볼 필요가 있는 것 같다.

2. 영어
2문제는 실수, 2문제는 몰라서 틀렸다. 실수 2문제는 영어 공부를 꼼꼼히 안한 탓이다. 몰라서 틀린 2문제는 모두 문법이었는데, 하... 학교 선생님이 정리해주신 문법 프린트를 매우 꼼꼼히 봐야겠다.

3. 심화영어

100점! 다음에도 100점 기원!

4. 수학

점수가 너무 안 나와서 뒷면에 따로 정리함

5. 과학

공부했는데도 그렇게 잘 나오진 않았다. 과학은 개념이 어려운데 수업 시간에만 의존해서 공부를 하다보니 나도 모르게 잘못 이해한 것 같다. 다음엔 인강을 들어서 부족한 개념을 보충하는 것도 좋을 것 같다.

6. 한국사

100점! (좀 운이 좋았지만) 다음에는 문화재 파트도 교과서로 꼼꼼히 다지자!

7. 일본어

97.3점! 역대 최고 점수다! 한 문제는 공부해서 되는 문제가 아니었다. 순전히 실력문제이기 때문이다. 작년에 일본어 공부를 제대로 하지 못한 내 탓이다.

8. 국제경제

많이 틀렸다. 많이 공부 안 한 건 사실이다. 어려운 실력+기초문제집을 다음엔 좀 더 풀어봐야겠다. 물론 개념도 철저히!

<시험 끝난 후의 공부 계획>
1. 수학 부교재&학원 숙제
2. 국어 '문학 개념어' 문제집 계속 풀기
3. 영어 어휘시험 준비
4. 수업 시간에 배운 거 복습

*** 2학기 중간고사는 기나긴 추석연휴가 껴있다. 너무 무리해서 장거리 레이스에 지치기보다는 공부할 시간을 정해놓고 집중해서 끝낸 후 쉬는 방식으로 공부하자!

마무리하며

플래너, 개념노트, 색깔 펜 활용법에서 계속 강조한 내용이지만, 오답 노트도 모양이나 크기에 너무 집착하지 않기를 바란다. 그리고 틀리는 문제가 많다면 처음부터 전체를 다 하려고 하면 중간에 포기하게 될 테니 필요한 부분 중심으로 정리를 하도록 하자. 나중에 점점 공부를 잘하게 되고, 틀리는 문제도 줄어들면 자연스럽게 오답 노트에 적는 내용도 적어질 것이다.

공부는 항상 그런 식이다. 처음엔 모르는 게 많아서 힘들고, 지치고, 포기하고 싶지만 조금씩 아는 것도 많아지고 실력이 향상될수록 시간이 단축된다. 공부 가속도가 붙어서 더 빠르게 앞으로 나아갈 수 있다.

1등급 멘토들도 처음부터 공부를 다 잘한 건 아니었다. 그들도 부족한 부분을 채워가기 위해 노력하고, 항상 다음 단계의 목표를 세워서 앞으로 나아갔기에 그 자리에 오른 것이다. 이 점을 잊지 말고, 오답 노트 활용법도 자신의 상황에 맞게 효율적으로 적용하여 실천해보자.

인강(인터넷 강의)도 활용법이 있다

강의 들은 것을
공부한 것으로 착각하지 마라

수험생들이 착각하는 것 중 하나는 수업이나 강의를 들으며 공부하고 있다고 생각하는 것이다. 물론 강의를 100번 듣고, 거의 달달 외울 수 있는 수준이라면 그건 공부한 거라고 봐도 좋을 거 같다. 하지만 현실은 수업을 한 번 듣고 나서 공부했다고 하니까 문제인 것이다.

세상에는 들어서 알고 있는 지식과 직접 설명할 수 있는 지식, 이렇게 두 가지로 나뉜다고 한다. 수업이나 강의를 듣는 것은 둘 중에서 전자에 해당한다. 그러나 전자보다는 후자가 진정한 공부, 깊이 있는 공부이기에 1등급 멘토들은 후자의 공부법을 활용했다. 즉, 그들은 자신이 설명할 수 있을 때까지 공부하는 것이다. 다시 말해, 단순히 듣고 아는데 그치는 게 아니라 자신이 누군가에게 직접 설명할 수 있는 지식을 쌓으려 노력한다는 말이다.

강의를 들으면 마치 자신이 다 아는 것과 같은 느낌이 든다. 하지만 막상 문제를 풀었을 때, 정답을 잘 못 찾는 것은 내용을 자신의 것으로 만들어 이해하고 설명할 수 있는 지식으로 아직 만들지 못했기 때문이다. 장선우 멘토도 처음에는 인강을 듣는 것이 공부라 생각하고 시간 투자를 많이 했다. 그런데 생각보다 성적이 잘 안 나와서 원인을 분석해보니 인강 듣는 시간에 치중하여 순공(순수하게 공부하는 시간)을 놓친 것이 문제였다.

인강은 수동적인 공부라는 걸 잊지 말아야 한다. 수동적으로 공부하는 건 자신이 지식을 완전히 이해하고 설명할 수 있는 수준까지 끌어올리지 못한다. 그리고 실제 자신이 공부하는 시간이 부족해질 수도 있다. 학교 수업이든, 학원 수업이든, 인터넷 강의든 수업을 들었으면 꼭 스스로 복습하면서 정리할 시간을 가져야 한다는 말이다.

《의대생 공부법》책에서도 강의에만 의존하게 되면, 어렴풋이 아는 지식만 늘 뿐이라 했다. 따라서 적당한 강의와 자습의 균형을 맞추며 효율적으로 공부할 필요가 있다고 했다. 심지어 강의 듣는 시간과 순공 시간의 비율을 1:2로 만들라고 권했다. 무조건 이 비율에 맞춰야 하는 건 아니지만 분명한 건 강의를 듣는 시간보다는 자신의 것으로 만드는 시간을 충분히 확보할 필요가 있다.

친구 따라 인강 듣지 마라,
자신에게 맞는 강의를 찾아라!

사교육 시장에는 일명 '1타(1등 스타)'라 불리는 강사들이
있다. EBS 같은 경우도 대표 강사를 내세우며 강의를 제작한다.
그래서 수험생들은 너도나도 유명하다는 강사들의 강의를 수
강하게 된다.

그렇다면 '1타' 강사의 강의가 가장 좋은 것일까? 그게 사
실이라면 그 수업을 듣는 학생들은 모두 만점을 받아야 마땅하
다. 하지만 현실은 그렇지 못하다. 왜 그런 걸까? 우선 수업을
끝까지 안 들었거나 자신의 것으로 다 만들지 못했기 때문이다.
그럼 또 왜 그런 일이 벌어지는 걸까? 노력이 부족할 수도 있지
만, 강의가 자신과 맞지 않아서 중도 포기했을 가능성이 크다.

이렇게 자신 있게 말할 수 있는 이유는 1등급 멘토들을 인
터뷰하며 알아낸 사실이 있기 때문이다. 1등급 멘토들도 유명
한 강사의 강의를 많이 듣기는 했으나, 자신과 스타일이 맞지
않는 경우 과감하게 다른 강의를 찾았다. 그리고 자신에게 맞는
걸 찾으니 더 즐겁게 끝까지 공부했고, 좋은 결과를 얻었다.

한 예로, EBS 고등 영어영역 연계 교재는 정승익 선생님과
주혜연 선생님이 대표 강사로 강의를 한다. 그런데 물어보는 학

생마다 선호하는 강의가 달랐다. 기초가 부족하거나 동기가 부족한 학생의 경우에는 정승익 선생님 강의를 더 선호했고, 상위권을 유지하는 학생은 주혜연 선생님의 강의를 선호했다.

그 이유는 강의의 대상 학생과 강의의 특징에서 살펴볼 수 있다. 정승익 선생님 같은 경우는 영포자(영어 포기자)를 위해 항상 동기 부여하며 열정적으로 이끌어 가려고 노력한다. 반면 주혜연 선생님의 경우는 내용적인 측면 위주로 깔끔하고 완벽하게 강의를 한다.

이미 공부에 동기 부여가 된 학생들은 굳이 강의를 들으며 그런 말을 들을 필요가 없으니 군더더기 없는 주혜연 선생님 강의를 더 듣는다. 반면 기초도 부족하고 누군가한테 의지하며 공부하고 싶은 학생은 친절하고 쉽게 그리고 힘내라고 항상 응원하는 정승익 선생님 강의를 듣는 것이다.

박원빈 멘토의 경우에는 한 과목을 들을 때 배우는 내용이나 문제 유형에 따라 강의를 달리해서 선택적으로 들었다. 그 이유는 개념 설명에서 잘 맞았던 사탐 강의가 표를 설명하는 실전 문제 이해에는 적합하지 않았기 때문이다. 따라서 일부러 다른 강의를 찾아들었더니 이해가 더 쉬웠다고 한다.

이처럼 친구들이 다 듣는다고, 혹은 엄청 유명하다고 해서 나에게도 가장 잘 맞는 강의인 것은 아니다. 가장 좋은 강의는 자신에게 맞는 강의다. 강사 스타일이나 결이 자신과 비슷해서 강의를 좋아하게 되고, 도움이 되어 계속해서 들을 수 있어야 한다. 인강을 선택할 때는 이 점이 가장 중요하니 잊지 말자.

인강은 무조건
완강하는 게 정답인가요?

완강이라는 말은 강의의 내용을 처음부터 끝까지 빠짐없이 모든 강의를 듣는다는 말이다. 수험생들 사이에서는 'OO 강사 커리를 탄다'고 말하기도 한다. 이 말은 한 강사의 과목 커리큘럼(강의 구성)을 모두 듣는다는 뜻이다. 그런데 수능 만점을 위해서는 정말 완강이 정답일까?

바로 대답하자면 절대 그렇지 않다. 1등급 멘토들은 과목별로 심지어 과목에 있는 파트별로 자신이 필요한 부분 위주로 강의를 들었다. 탐구 과목의 경우에는 개념이 중요하다 보니 개념 강의는 완강을 하는 경우가 많긴 하다. 하지만 다른 과목은 정말 자신에게 필요한 부분을 중심으로 듣는 게 중요하다. 생각해보면, 자신이 이미 이해하고 있는 내용이라면 따로 강의를 듣지 않아도 좋은 성적을 받을 수 있지 않은가?

1등급 멘토 대부분은 국, 영, 수 과목의 경우엔 인강을 듣지 않고 스스로 기출문제를 더 풀면서 분석하고 자신의 것으로 만들려고 노력했다. 그리고 자신에게 필요한 어려운 문제 유형만 골라서 하는 강의만 신청해서 듣기도 했다. 수학 과목의 경우 4점짜리 문제만 모아놓은 강의가 있는데, 자신의 부족한 점을 채울 수 있으니 그런 강의를 적극적으로 활용했다. 특히 사탐의 경우에는 대부분 완강을 하는 편이지만 그것도 자신이 자신 있는 내용 부분의 강의는 제외하고 약한 부분 위주로 강의를 선택적으로 듣는 경우가 많다.

결론은 인강을 효율적으로 활용하려면 자신이 궁금한 부분, 잘 모르는 부분, 헷갈리는 부분 등 필요한 부분을 스스로 해결할 수 없을 때 들으라는 말이다. 1등급 멘토들은 자신이 무엇을 잘 아는지 모르는지 구분하기 때문에 이렇게 전략적으로 인강을 활용할 수 있었다.

오경제 멘토의 인강 고르는 꿀팁 전수

1. 오리엔테이션 강의를 들어본다.

오리엔테이션 강의를 꼭 들어보고 자신과 맞는 강의인지 확인한다. 보통 10분 내외의 짧은 영상으로 구성되어 있으니 빠르게 훑어볼 수 있다.

2. 꼭 1타(맨 상단에 있는 선생님) 강사의 강의를 수강할 필요는 없다.

온라인 강의 사이트 플랫폼에 있는 강사들은 기본적으로 검증된 사람들이니 신뢰하고 '자신에게 맞는' 강사를 선택한다.

3. 나와 비슷한 성적대, 공부 스타일을 가진 주변 친구들에게 물어본다.

만일 비슷한 성적대이거나 공부 성향이 비슷한 친구가 어떤 강사의 강의가 자기와 잘 맞는다고 하면, 그 강사에 대해 친구에게 더 자세히 물어보도록 한다.

4. 사설 인강의 가격이 부담된다면 EBS 강의를 적극 활용하자.

아무리 사설 인강 사이트 가격이 저렴해졌다지만, 교재비까지 계산하면 만만치 않다. 가격이 부담스러우면 EBS를 들어도 전혀 상관없다. 실제로 본인은 EBS '생활과 윤리' 개념 강의만 2월에 듣고, 꾸준히 복습하면서 기출문제-수능특강-수능완성 순으로 풀었더니 수능 날 만점을 받았다.

5. 강사의 정보를 확인할 때는 해시태그만 참고해도 좋다.

EBS 사이트에는 선생님별로 해시태그를 통해 특성을 간단히 설명해 놓았는데, 이것도 참고하면 좋다.

6. 인강 강사를 너무 자주 바꾸지 말자.

물론 본인과 정말 안 맞으면 바꿔야겠지만, 지나치게 자주 바꾸다 보면, 계속 처음부터 다시 시작해야 하니, 비효율적인 공부가 된다.

7. 결국 자기 하기 나름이다.

인강을 듣는 것은 공부하는 게 아니다. 개념 강의의 경우에는 잘 듣고 '스스로' 복습하기가 중요한 것이고 문제 풀이 강의의 경우에는 자신이 직접, 충분한 시간을 들여 풀어보고, 인강 선생님의 풀이와 비교하기가 중요한 것이다. 하루 종일 인강만 듣고, 스스로 문제를 풀어볼 생각은 하지 않는 친구가 있었는데, 결국 그 해 결과가 좋지 않아 재수했다.

나에게 가장 잘 맞는 공부 장소는?

공부하는 공간과
쉬는 공간을 분리하라!

수험생들이 많이 하는 실수 중 하나는 자신에게 최적화된 공부 환경을 만들지 못한다는 것이다. 또한 수험생이라고 언제 어디서나 공부만 하는 모습을 상상한다면 큰 오산이다. 그동안 뒤처진 걸 만회하려고 절박한 심정에 쉬지 않고 공부하는 사람도 있을 것이다. 하지만 쉬지 않고 달리기만 하는 공부 일정에 나중에는 힘들고 지쳐서 무너지게 된다.

공부 장소와 관련하여 1등급 멘토들이 목놓아 소리치는 말이 있다. 공부를 지속성 있게 하려면 자신에게 잘 맞는 공부 환경을 찾아야 하고, 쉬는 공간과 공부하는 공간을 분리해야 한다는 것이다. 쉽게 말해서 학교나 도서관 등의 장소에서는 공부만 해야 하지만, 편하게 쉬거나 잠을 자는 집에서는 쉬는 데 집중하라는 말이다.

1등급 멘토들은 대부분 공부해야 하는 장소에서는 쉬는 시간, 식사 시간에도 손에서 책을 놓지 않고 집중해서 공부하는 모습을 보인다. 그러나 집에 도착해서는 공부 스위치를 차단하고, 씻거나, 휴식을 취하거나, 잠을 잔다. 집이라는 공간은 철저하게 휴식을 취하는 공간으로 활용하는 것이다.

간혹 집에 가서도 공부하는 멘토도 있는데, 그런 경우는 하루 일정을 마무리하며 플래너를 쓰거나 피드백을 스스로 해보는 시간을 갖는 경우가 많았다. 시험 기간이나 수행평가 기간의 경우에는 잠을 자는 방이 아닌 거실이나 탁 트인 공간 등 쉬는 분위기가 아닌 공간에서 계속 공부하기도 했다.

만일 잠을 자는 방에서 공부한다고 가정해보자. 이 쉼을 위한 공간에는 침대가 있어서 언제든 누워서 쉬거나 잠을 청할 수 있다. 혹은 컴퓨터가 있다면, 유튜브 영상을 시청하거나, 연예인 관련 기사를 끊임없이 검색하거나, 게임을 하고 있거나, 스포츠 중계를 보고 있거나 하는 자신을 발견하게 된다. 이 사례들은 담임교사로서 공부 계획에 실패하는 학생들의 상황을 수집해 본 결과다.

이렇게 많은 유혹에 빠질 바에는 공부할 수 있는 공간에서 최선을 다해 공부하고, 쉬는 공간에서는 최선을 다해 쉬는 게 더 효율적인 공부 계획이라는 생각이 든다. 왜 그런 말도 있지 않은가. '잘 노는 사람이 공부도 잘한다.' 이 말은 아무래도 공부와 휴식을 분리함으로써 공부할 땐 공부에 더욱 집중하고, 놀고 난 후에는 다시 공부할 힘을 얻어서 더 열심히 공부하게 된다는 말처럼 들린다.

어설프게 공부한답시고 계속 책상에 앉아서 책을 붙잡고 있지만, 집중력 없이 공부한다면 효율이 매우 많이 떨어지는 공부가 될 것이다. 1시간 초집중해서 공부하는 사람과 8시간 동안 집중력 없이 흐리멍덩하게 공부하는 사람 중 누가 더 공부 효율이 높을까? 겨우 1시간 공부를 했다고 하더라도 집중력을 높여서 공부한 사람이 8시간 꾸역꾸역 공부했지만 기억에 남는 것 없이 시간을 보낸 사람보다는 당연히 효율적인 공부를 했다고 볼 수 있다.

고등학교 시절에 5시간 가까이 한 과목을 공부하고 시험 날 아침에 최종 복습하는데, 한 친구가 시험공부를 못했다며 중요한 것만 설명해달라고 부탁한 적이 있다. 그래서 30분 동안 집중해서 중요한 것 위주로 설명했다. 나도 도움이 되기는 했는데, 막상 시험 점수가 나오고 나서는 속이 뒤틀리는 일이 발생했다. 헷갈리는 문제가 나와서 2문제를 틀렸는데, 30분 동안 내가 핵심만 알려준 친구도 같은 점수를 받았기 때문이다. 이는 집중력 있게 중요한 것을 따져가며 공부해야 할 이유를 알려주는 좋은 사례라 할 수 있다.

공부하는 공간에서 집중력 있게 더 많은 시간을 늘려간다면 분명 좋은 결과를 얻을 수 있다고 생각한다. 할 때 하고 쉴 때 쉬는 기지를 발휘해야 한다는 말이다. 장선우 멘토도 가장 공부가 잘되는 곳은 학교 도서관이었고, 가장 공부가 안 되는 곳은 집이라 했다. 통학하려면 대중교통으로 40분이 걸리는 데도, 공부가 잘되는 환경에서 집중해서 공부하기 위해 주말에도 학교 도서관에 가서 공부했다.

자신이 생각하기에 공부가 잘 되는 곳은 꽉 막힌 독서실 책상이 아니라 사방이 트여 있는 도서관 형식의 공간이라는 걸 파악하고, 그런 장소만 골라서 공부하려고 노력했다. 그리고 집에서는 공부가 잘되지 않으므로, 집은 휴식의 장소로 활용하여 야간 자습이 끝나고 집에 왔을 때 쾌적하게 쉴 수 있는 환경을 조성하고 푹 쉬었다. 불가피한 이유로 집에서 공부하게 될 경우에는 막혀 있는 책상이 아니라, 부엌에 트여 있는 테이블에서 공부했고, 주로 몰입할 수 있는 개념 인강을 듣는 시간으로 활용하기도 했다.

이렇게 공부하는 공간과 쉬는 공간을 분리하는 방법은 오경제 멘토도 유튜브 〈영어멘토링TV〉 '진로를 찾아서' 인터뷰에서 강력하게 추천하는 방법이었다. 학교에서 혹은 학교 도서관에서 충실하게 공부했으니 집에서는 보상으로 자신이 하고 싶은 일을 편하게 하거나 푹 쉬었더니 다음날 공부를 해야 할 힘이 생겼다고 했다. 그러니 여러분도 꼭 공부하는 공간과 쉬는 공간을 구분해서 각각의 시간에 최선을 다하길 바란다.

가끔은 공부하는 장소를 바꿔보자
(매너리즘 극복법)

《공부는 절대 나를 배신하지 않는다》라는 책에서 수능 만점자 작가는 매일 같은 공간에서 공부하다 보니 심신이 지치길래 방법을 바꿔보기로 했다고 했다. 예를 들어, 졸리길래 복도에 나가서 공부했는데 생각보다 공부가 잘되어 가끔 공부가 안되면 그렇게 장소를 바꾸어서 계속 공부했다. 공부 환경에 때때로 변화를 주어 매너리즘을 극복할 수 있다는 이야기였다.

우연의 일치인지는 모르겠지만, 내가 근무하는 특목고에서 서울대에 진학하는 학생들의 특징을 확인할 수 있었다. 100%는 아니지만, 키다리 책상에 서서 공부하거나 복도 사물함 위혹은 창틀에서 쉬는 시간에도 장소를 바꿔가며 공부했던 다수의 학생이 서울대에 진학했다. 실제 왜 나와서 공부하느냐 물어봤더니 졸음도 깨고, 주의도 환기되어 공부에 지친 마음을 환기할 수 있다고 했다.

《의대생 공부법》책에서도 매일 반복되는 공부 루틴에 지쳤을 때 '같은 것을 다르게, 낯설게 하기' 전략으로 공부 장소를 바꿔가며 공부했다고 말했다. 기숙사의 학습실이나 방에서 주로 하던 공부를 밖에 나가서 하기 시작했고, 어떤 날은 건대입구역 인근에서, 어떤 날은 강남에서 공부했다고 말했다.

어떤 때는 독서실을 하루 끊거나 스터디 카페에 가기도 했다고 증언했다. 그렇게 공부 환경이 바꾸니까 기분이 확 달라졌다고 했다. 반면 방에서만 공부하다 보면 공부에 지쳐서 '왜 내가 이걸 이렇게 하고 있어야 하지?'라는 의문이 계속 들 수 있는데, 밖에 나가서 다른 사람들이 공부하는 것도 구경하고 새로운 환경에서 공부해보니 그런 의문들은 잘 떠오르지 않고 공부가 더 잘 되었다고 했다.

오경제 멘토도 이 부분에 대해서도 언급했는데, 매일 장소를 옮기면서 공부하라는 이야기는 아니었다. 다만, 가끔 한 번씩 공부하는 장소에 변화를 줄 필요가 있다는 말이었다. 시끄러운 카페에서 공부해보거나 하는 식으로 말이다. 이는 시험을 볼때의 심리적 안정감을 얻기 위해서라고 했다. 만일 시험장에서 맞은편 사람이 다리를 떤다거나 바스락거리는 소리를 낸다거나 하면 멘탈이 무너지기 십상이다. 하지만 이때 시끄러운 장소에서 공부해본 경험이 있다면, '난 이것보다 더 시끄러운 환경에서도 공부해 봤으니, 이 정도로는 문제가 안 된다.'라고 생각할 수 있다는 것이다.

이렇듯 장소를 옮겨가며 공부하는 건 다양한 혜택이 있다. 졸음을 깰 수도 있고, 주의를 환기해서 지루함에서 벗어날 수도 있고, 장소 매너리즘에서 벗어날 수도 있다. 게다가 새롭게 경험하는 시험장에서의 심리적 불안감을 줄이는 효과도 있다. 그러니 때로는 장소나 공간을 바꿔가며 공부해보길 바란다. 분명히 큰 도움이 될 것이다.

수능 시험 전에는
시험장 환경에서 공부하라

유가연 멘토는 시험장은 독서실이 아닌 학교라는 점을 깨닫고, 학교에서 집중해서 공부하는 것이 그만큼 더 중요한 것 같다고 생각했다. 왜냐면 책상, 의자, 환경 모두가 시험장이랑 가장 똑같은 곳이기 때문이다. 그래서 그녀는 학교에서 가장 많은 시간을 공부하고자 했고, 방학 주말 상관없이 무조건 학교에 가서 공부했다.

심지어 시험을 앞두고는 생활습관도 수능 시간대에 맞춰야 한다. 국어 시험 시작 시간대에는 국어 공부를 하고, 수학 시험 시작 시간대에는 수학 공부를 해야 한다. 평소에는 다르게 살다가 갑자기 수능 시험장에 간다고 몸이 갑자기 수능 시험 상황에 맞게 변화하는 것이 아니다. 적어도 고3 수능 200일 즈음 전부터는 자신의 모든 생활 리듬을 수능 시험장에 맞춰야 한다. 따라서 시험장과 가장 비슷한 환경인 교실에서 공부하는 게 큰 도움이 된다.

안타깝게도 수능이 다가올수록 교실에서 자습하는 인원수는 줄어든다. 그런데 역으로 생각해보면, 좋은 기회다. 정말 공부하려는 학생들만 남았으니 학습 분위기가 좋을 테고, 숨이 막히지 않는 쾌적한 환경에서 공부하니 집중력도 높일 수 있다. 수험생으로 가득한 그런 분위기는 아닐지라도 나머지 환경은 모두 시험장과 같은 상태이기 때문이다.

코로나 19로 인해 요새는 수능 시험장도 거리 두기가 철저하게 적용되어 빼곡하게 책상이 배열되어 있지 않다. 그리고 비말 차단용 칸막이를 사용하기에 미리 교실에서 책상에 설치해서 시험장 환경과 비슷하게 만들어 볼 필요도 있다. 실제 코로나가 생긴 해 수능을 준비하기 위해 실제 몇몇 수험생들은 그렇게까지 환경을 조성하는 걸 봤다. 나중에 물어보니 익숙한 환경이라 긴장도 덜 되었다고 했다.

공부할 때 환경을 최적화하는 것도 하나의 공부전략이다. 1등급 멘토들은 전략적으로 이 부분까지 고려했고, 성공적으로 공부도 입시도 해냈다. 강한 자가 살아남는 법이기도 하지만, 아무리 강한 자도 철저하게 준비한 자에게는 밀린다. 약자라고 할지라도 강한 자를 이길 수 있는 꼼꼼한 전략만 있다면 가능성이 있기 때문이다. 이렇게 장소나 공간과 같은 사소한 것도 챙길 정도라면 공부도 그만큼 세심하게 할 수 있지 않을까 하는 생각이 든다.

출제자의 의도를 파악해봐

누가 출제하는지가
중요하다

시험 문제는 누가 출제하느냐에 따라 달라질 수 있다. 따라서 내신 시험의 경우에는 시험 스타일이 천차만별이다. 반면 수능과 같은 공식적인 시험의 경우에는 출제자가 매해 조금씩 다를 수는 있어도 정해진 틀과 형식이 있기 때문에 거기에 맞춰서 출제된다. 내신이든 수능이든 시험 문제를 분석할 때 중요한 건 출제자가 어떤 의도를 가지고 문제를 냈는지 아는 것이다.

아무리 쉽거나 혹은 어려운 문제도 출제자가 의도한 바가 있기에 수험생으로서 그 의도를 간파하는 게 가장 중요하다. 그렇다면 어떻게 출제자의 의도를 알 수 있을까? 다행히도 수능 같은 경우는 처음 시행된 1994학년도부터 현재까지 그동안 출제된 기출문제가 있다. 또한 최신 경향을 반영한 최근 5개년 정도의 문제를 분석하면 시험 문제에서 무엇을 묻고자 하는지 파악할 수 있다.

아쉽게도 내신 시험의 경우에는 공식적인 시험이 아니라 각 학교별, 과목별, 교사별로 가르치고 평가하는 게 조금씩 다를 수 있다. 그래서 기회가 된다면 전년도 시험지를 구해서 문제를 분석하며 선생님 스타일을 빨리 파악할 필요가 있다. 시험지를 구하는 가장 쉬운 방법은 친한 선배한테 시험지를 물려받는 거다. 만일 그게 어렵다면 학교에서 공개하는 시험지를 살펴보는 것이다.

내가 근무하는 학교의 경우엔 시험 1~2주를 앞두고 작년에 출제된 시험지를 볼 기회를 제공한다. 혹은 다른 학교에서는 시험지를 홈페이지에 게시하기도 한다. 어찌 되었든 다양한 방법을 통해 꼭 내가 배우는 과목의 담당 교사의 문제 스타일을 파악하는 게 핵심이다.

의대생들이 쓴《의대생 공부법》책과 수능 만점자 30명의 특징을 다룬《1등은 당신처럼 공부하지 않았다》책 모두에서도 누가 시험 문제를 출제하는지 파악하는 것이 매우 중요하다고 강조한다. 학교 내신 시험의 경우에도 1년 내내 같은 선생님이 한 과목에 대해서는 계속해서 출제하기 때문에 첫 시험의 결과를 바탕으로 다음 시험을 대비할 수 있다고 한다.

예를 들어, 1학기 중간고사를 마치고 시험 분석을 해서 선생님이 추가로 필기하라고 강조했던 부분에서 서술형 문제가 많이 나온다거나 혹은 형광펜으로 칠하라는 문장에서 관련 문제가 나온다는 것을 알 수 있다. 이런 식으로 분석해두면, 다음 시험 공부를 할 때 모든 문장을 공부하기보다는 어느 부분에 더 초점을 맞춰야 할지 알 수 있어서 더욱 효율적으로 시험을 대비할 수 있다.

1등급 멘토들도 기출문제 분석이 얼마나 중요한지 잘 알고 있다. 그래서 위에서 말한 모든 방식을 활용하여 출제자의 의도를 꿰뚫으려고 노력한다. 무엇이 시험에 나올지, 어떤 형식으로 나올지, 어떻게 문제를 꼬아서 낼지 모든 시험 요소를 고려하여 공부하는 것이다. 이것이 곧 메타 인지다.

기존 자료가 없다면 경우의 수를 더 늘려라

운이 좋은 경우에는 출제하는 선생님의 스타일이 자신이 공부하는 방식과 비슷해서 큰 노력을 기울이지 않아도 좋은 결과를 얻기도 한다. 어떤 학생이 졸업 후에 찾아와서 대화를 나눈 적이 있었는데, 내가 처음으로 근무하던 해라 많은 학생이 나의 시험 문제 스타일을 파악할 수가 없었다고 했다. 그래서 갈피를 잡기가 어려워 고생했다고 했다. 그런데 운 좋게도 한 학생은 자신이 노력을 기울인 것에 비해 성적이 좋아서 의외였다고 했다.

나중에 곰곰이 생각해보니, 문제 스타일이 잘 맞았다는 걸 알았다. 특히 내가 문제 선지에 함정을 파는 방법이 자신이 공부하는 스타일과 비슷해서 함정에 빠지지 않았다고 한다. 반면 예상치 못한 함정에 허우적거리며 감점을 당한 다른 학생들은 난감해했다고 했다. 하지만 그런 학생들도 두 번째 시험에서는 내 시험 문제 스타일을 간파하고 좋은 성적을 받았다. 그래도 첫 시험에서부터 좋은 성적을 거둔 그 학생은 덕분에 특목고에서 내신 1등급을 받을 수 있었다.

물론 이런 운이 좋은 케이스 말고도 같은 내신 1등급을 받았던 학생의 경우에는 어떻게 시험이 나올지 몰라 거의 영어 지문을 다 외우거나 그동안 다른 선생님들의 스타일을 분석해두었기 때문에 경우의 수를 넓혀서 공부했다. 출제 방식이 명확하다면, 그 방식에 맞춰서 공부하는 게 가장 효율적이다. 하지만 출제 방식을 모른다면 경우의 수 범위를 더 넓혀서 다양한 관점으로 생각하면서 공부할 필요가 있다.

우리가 살면서 경우의 수를 늘리는 이유는 무엇일까? 성공 확률을 높이기 위해서다. 영화 〈어벤져스: 인피니티 워〉에서 시간을 지배하는 돌을 가진 닥터 스트레인지는 어벤져스 동료들과 악당 타노스와 싸워서 이길 수 있는 방법을 찾기 위해 미래를 내다봤다. 당시 그가 본 미래는 총 1400만 605개로, 이 중 단 한 가지 경우에만 타노스를 물리치고 승리할 수 있다는 결론을 내렸다.

이 정도까지의 노력은 아닐지라도 적어도 1등급 혹은 만점에 가까운 점수를 받기 위해 공부한다면 철저하게 경우의 수를 고려하며 공부할 필요가 있다. 적어도 자신이 공부한 내용이 어떤 문제로 나올지 예상해보면서 공부하라는 말이다. 특히 출제에 대한 기존 지식이 없는 경우라면 더욱 그렇다. 이 점을 명심하여 시험에 대비하자.

예상 문제를 만들어보라

내가 인터뷰한 멘토 중 몇몇은 시험 보기 전에 자신이 중요하다고 생각되는 내용을 바탕으로 예상 문제를 다양하게 만들어봤다고 했다. 심지어 진유석 멘토는 거의 강사가 출제하고 문제를 설명하는 수준까지 끌어올려서 공부했다고 말했다. 그렇게 공부하면 만점을 받을 수 있을 것 같다는 생각이 들었기 때문이라고 했다. 실제로 수능에서 철저하게 준비했던 과목은 만점을 받기도 했다.

오답 노트 혹은 점검 노트를 활용했던 1등급 멘토들은 시험이 끝날 때마다 어떻게 시험이 나왔는지 파악을 해두었기에 다음 시험을 준비할 때 유리했다. 일단 시험지에 나온 문제 유형에 맞게 자신이 공부한 내용을 바탕으로 예상 문제를 구상해본다. 한 세트로 끝내는 게 아니라 한 가지 내용을 가지고 여러 유형의 문제로 바꿔서 문제를 예상해보는 것이다.

과목마다 특성이 다르겠지만, 영어 과목 같은 경우는 지문마다 출제할 수 있는 유형이 정해져 있다. 실제 수능 출제위원들도 문제를 만들 때 지문에 나온 글의 특성에 맞추어 출제한다. 예를 들어, '지칭 추론' 문제의 경우에는 성별이 같은 등장인물이 2명 이상 나와야 한다. 그래야 지칭하는 사람을 구별하는 문제가 만들어진다.

아주 쉬운 문제 유형을 예로 들었지만, 고난도 어려운 유형문제 같은 경우에는 더 복잡한 과정을 거쳐 문제가 만들어진다. 한 문장씩 곱씹어가며 문장 간 연결이 얼마나 유기적으로 되어 있는지 여러 출제자가 토론하며 논리적 관계를 파악하기도 한다. 수능 문제의 경우에는 한 문제를 만들기 위해 자료 선정부터 선지 만들기까지 엄청 오랜 시간 토의를 거치기 때문에 완성도가 높을 수밖에 없다.

내신 시험 문제도 출제자와 검토자 간에 여러 시간을 들여서 여러 차례 검토하여 문제를 완성해간다. 그런데 검토할 때 가장 최초로 따져보는 건 문제에 쓰인 지문이 문제 유형에 맞게 출제되었는지 확인하는 것이다. 이렇게까지 자세히 출제 과정에 관해서 이야기하는 이유는 예상 문제를 만들 때 출제자의 입장이 되어보라는 거다.

경우의 수를 늘리라고 했다고 무분별하게 한 내용으로 여러 유형의 문제를 마구잡이로 만들면 안 된다. 그 내용으로 만들어질 수 있는 문제 유형을 예상해보라는 말이다. 실제 1등급 멘토들은 시험이 끝나고 나서 자신이 만든 문제와 실제 시험 문제를 비교해본다. 적중률이 얼마나 높았는지 확인하며 스스로 다시 점검하는 시간을 갖는다. 김예은 멘토의 경우에는 이 방법을 철저히 활용하여 외고에서 그 어려운 고3 1학기 영어 내신에서 두 과목 모두 100점을 맞았다.

누군가는 공부하는데 이렇게까지 해야 하나 싶기도 할 것이다. 물론 시간이 부족하다면, 불가능한 일일지도 모른다. 하지만 1등급 멘토들은 N회독 공부를 하며 이해와 암기의 과정을 거치고, 최종적으로는 예상 문제까지 만들어가며 시험을 대비한다. 공부의 끝판왕은 남을 가르칠 정도의 수준에 이르는 것이다. 남을 가르칠 정도라는 의미는 다른 말로 그 내용으로 유형에 맞는 출제가 가능하다는 말이다.

1등급 혹은 만점에 가까운 시험 점수를 받고 싶다면, 1등급 멘토들이 하는 방식을 꼭 따라 해 보기 바란다. 출제자의 의도를 파악하면서 공부하는 게 바로 그 방법이다. 자신이 직접 출제할 자신이 없다면, 아직 그 공부는 완성된 게 아닐지도 모른다. 아직 한 번도 이렇게 공부하지 않았다면, 이 책을 읽고 나서는 꼭 실천하고 차기 1등급 멘토로 거듭나길 바란다.

양날의 검을 가진 스마트폰 활용법

    디지털 시대에 필수 아이템인 스마트폰은 현재 없어서는 안 될 전자기기라 할 수 있다. 하지만 수험생들에게는 오히려 득이 아니라 독이 될 수 있다. 공부 시간을 많이 빼앗기는 가장 큰 이유 중 하나가 바로 스마트폰 사용에 따른 중독이었다. 아무리 공부를 잘하는 학생도 늦은 시간까지 게임하느라, 스포츠 경기 보느라, 유튜브 영상 보느라 손해 보는 일이 있었다.

    그들도 잠깐 메시지 확인한다고 스마트폰을 들여다보다가, 유튜브 영상 1개만 봐야지 했다가, 자신도 모르게 시간 가는 줄 모르고 화면 속에 빠진 자신을 발견하고 후회하곤 한다. 이 유혹은 누구에게나 강력한 것이라서 쉽게 이길 수 없다. 그래서 1등급 멘토들은 자신만의 방법으로 이를 이겨내고자 했다. 다양한 방법이 있지만, 요약해보니 2가지로 정리되었다. 지금부터 그 방법을 알아보도록 하자.

용도에 따라 전자기기를 구분하여 사용하라

1등급 멘토들이 스마트폰 중독의 유혹에 빠지지 않기 위해 가장 많이 찾은 방법은 2G 폰이라고 하는 폴더폰을 사용하는 거였다. 2G 폰은 인터넷이 안 되고 오직 통화나 문자 메시지 전송 용도로만 사용할 수 있다. 그래서 웹서핑을 하거나 유튜브로 영상을 보거나 할 수 없기에 자연스럽게 통제가 된다. 대신에 인터넷 강의를 듣거나 할 때는 인터넷이 되는 다른 기기를 마련하여 구분하여 사용했다.

김주연 멘토의 경우는 스마트폰과 태블릿 PC를 모두 가지고 있었는데, 사용 용도가 전혀 달랐다. 스마트폰은 스트레스를 풀거나 휴식용으로 사용했고, 큰 화면인 태블릿 PC는 인터넷 강의를 듣는 용도로 사용했다. 그래서 후자의 경우에는 강의를 듣는 용도 외에는 사용하지 않기 위해 오락용 어플을 단 하나도 설치해두지 않았다.

심지어 기본 설정으로 설치되어 있는 유튜브도 숨김 기능을 통해 사라지게 했다. 나아가 인터넷 강의를 들을 때는 헤드폰을 사용했고, 스마트폰을 사용하며 놀 때는 이어폰을 끼고 사용했다. 이렇게 확실하게 전자기기를 용도에 따라 구분 짓고 사용하였기 때문에 양날의 검을 가진 스마트폰을 적절하게 활용할 수 있었다.

장선우 멘토도 스마트폰을 굳이 2G 폰으로 바꾸지는 않았지만, PMP(인강만 담을 수 있는 휴대용 영상 플레이어 기기)를 사용하여 인터넷 강의를 들었다. PMP는 정말 자신이 받은 파일을 보는 것 외에는 아무 기능도 활용할 수 없어서 인터넷 강의 듣는 용도로 사용하기 좋다. 그리고 스마트폰은 아예 금지하기보다는 주로 집이나 자투리 시간에만 사용하며 휴식을 즐기는 것으로 사용하여 스트레스를 해소하곤 했다.

간혹 자율학습 감독을 할 때 자신이 볼 영상을 담아오지 못했다며 인터넷이 되는 장소로 이동해서 잠시 파일을 받고 와도 되는지 묻는 학생이 종종 있었다. 생각해보면 그 학생들도 공부하는 동안에는 인터넷 혹은 스마트폰을 사용하지 않으려고 했던 것 같다.

이렇게 용도에 따라 전자기기를 구분 지어 사용하는 것이 가장 효과적인 방법이라 할 수 있다. 사람의 의지로도 이겨낼 수 없을 때는 환경을 바꾸는 게 좋다. 우리는 주어진 환경에 따라 행동하기 때문이다. 공부 장소와 관련하여 이야기할 때도 공부 장소에는 누울 수 있는 침대가 없도록 하라고 한 것처럼, 스마트폰도 공부하는 환경에서는 사용을 최소화하라는 것이다. 그 첫 번째 방법이 바로 용도에 따라 전자기기를 구분해서 사용하는 것이다.

철저하게
스마트폰 사용 환경을 통제하라

사실 스마트폰이 주는 장점이 너무나 많기에 불편함을 감수하면서까지 사용하지 않기란 어렵다. 그래서 스마트폰을 사용했던 멘토들은 다양한 방법으로 최대한 환경을 통제하려 노력했다. 앞에서 말한 방법 외에도 다양한 방법이 있었기에 이를 공유하고자 한다.

오경제 멘토의 경우에는 자는 동안만 스마트폰을 충전하면, 종일 재충전하지 않고 하루를 버텼다고 한다. 그 이유는 배터리가 남아 있으면 스마트폰으로 계속 무언가를 하는 자신을 발견했기 때문이다. 야간 자율학습이 끝나고 집에 갈 때 배터리가 부족하면 급한 연락을 받거나 할 수 없으니 자연스럽게 학교 안에서 스마트폰 사용량이 줄어들게 되었다.

몇몇 멘토들은 자꾸 스마트폰을 사용하고 싶은 충동이 들면, 스마트폰을 방해금지 모드로 설정하고 타임랩스 동영상을 찍으며 공부하곤 했다. 이렇게 하면 공부한 자신의 모습이 기록된 영상을 보며 뿌듯함을 느낄 수 있을 뿐더러 타임랩스 영상을 찍는 동안 스마트폰을 만지지 않게 되는 효과가 있었다.

심지어 음악을 듣고 싶은데 스마트폰을 사용하면 통제가 어려우니 시대를 역행하여 mp3 플레이어에 음악 파일을 담아서 오는 경우가 있었다. 혹은 이어폰이 있으면 음악을 듣거나 영상을 보게 될 거 같아서 일부러 학교에는 이어폰을 들고 오지 않기도 했다.

어떤 멘토는 스마트폰 사용이 잦아지자 결단을 내리기도 했다. 스스로 통제가 안 되니 주변 사람들한테 자신이 스마트폰 사용 시간을 줄이지 못하면 벌칙을 받기로 했다. 어플 중에는 스마트폰을 사용하지 않는 시간을 측정해주는 것도 있기에 자신이 목표로 한 시간보다 더 많이 사용한 경우에는 벌금을 내거나 벌칙을 받았다.

이밖에도 스마트폰 사용 환경을 통제하기 위한 다양한 방법이 있을 것이다. 무엇보다 중요한 건 자신의 의지가 부족한 경우에는 꼭 통제 장치를 마련하라는 것이다. 통제 장치로도 안 되면 장소의 분리처럼 스마트폰 사용 환경의 분리도 효과가 있다. 만일 이것도 통하지 않는다면 수험생활을 하는 동안에는 스마트폰을 없애는 것이다.

수능 고득점을 받는 학생들은 스마트폰을 사용하지 않거나, 혹은 사용하더라도 학교든 집이든 쉴 때만 사용했다고 한다. 그 이유는 대부분 통제된 환경을 만들기 위해서라고 했다. 혹시 아직도 스마트폰의 노예로 살고 있다면, 이제는 결심해야 할 것이다. 공부에 방해되는 요소는 철저히 차단하고, 공부 시간을 확보하고 집중을 해야겠다고 말이다. 효율적으로 공부하는 1등급 멘토들처럼 말이다.

효율적으로 시험을 준비하는 방법

내신 시험공부는
3주 전부터 시작하라

내신 시험을 효율적으로 준비하기 위해서는 2주도 아니고 한 달도 아니고 왜 3주 전부터일까? 과학적인 근거가 있는 건 아니지만, 1등급 멘토들의 내신 시험공부 준비 기간을 일반화해본 결과로 알 수 있다. 멘토들의 말에 따르면, 2주는 조금 빠듯하고 한 달은 너무 느슨하기 때문이라고 한다.

유가연 멘토는 시간이 부족하다고 느끼면 마음이 불안해지고, 오히려 집중력이 떨어져서 공부 능률이 생기지 않는 것을 느꼈다. 그래서 최소한 3주 전에는 시험공부를 시작해야만 완전 학습을 해낼 수 있었다. 내신 시험 준비를 3주 전부터 시작했지만, 수행평가가 시험 2주 전까지 많이 몰려 있어서 사실상

3주 내내 시험공부를 하지는 못했다. 그래도 일찍 시험공부를 시작했기 때문에 수행평가를 하면서 틈틈이 시험에 필요한 공부를 할 수 있었다.

마찬가지로 다른 멘토들도 3주 전에 시작하는 걸 선호했고, 아무리 늦어도 2주 전에는 무조건 시험공부 모드로 전환했다. 최소한 5과목에서 9과목까지 치르는 내신 시험을 준비하기 위해서는 한 과목당 최소 이틀 이상의 시간을 마련했다. 일과 중에 혹시 자습을 주는 수업 시간이 있으면 최대한 그 시간을 활용하여 시험공부를 했다고 보면 된다. 3주간의 구체적인 시험공부 방법에 대해서는 잠시 후 자세히 다루겠다.

그런데 시험 하루 전에서야 처음 시험 볼 책을 펴보는 학생들도 있다. 이 부분이 1등급을 받는 멘토들과 일반 학생들의 가장 큰 차이점이다. 혹은 미리 준비하겠다고 한 달 전부터 시작하는 학생도 많이 봤다. 그런데 중간에 지쳐서 시험공부에 몰입하지 못하는 경우도 봤다. 결론적으로 시험공부의 핵심은 완전학습으로 가기 위해 암기에 얼마나 집중하느냐 차이이기에 너무 짧아도, 너무 길어도 안 되는 것이다.

나도 고등학교에 입학해서 내신 시험에서 충격을 받고, 다음 시험은 한 달도 넘게 미리 준비했는데, 오히려 역효과를 봤다. 미리 공부한 내용이 기억이 날 줄 알았는데, 막상 시험 전날 보니까 생소한 내용이 많이 있었다. 차라리 시험 날짜 가까이에 시험공부를 시작했더라면 어땠을까 하는 후회가 남았다. 그리고 방법도 틀렸기에 지금부터 자세히 1등급 멘토들의 3주 시험 공부 방법에 대해서 말해보겠다.

시험 기간에는 암기를 위한 공부를 하는 것이다 (3주 시험공부법)

처음에 공부는 90% 이해와 10% 암기로 나뉜다고 말했다. 이것을 시험공부에 적용하면 이렇게 해석할 수 있다. 평소에 하는 공부 90%, 시험을 준비하는 공부 10%로 바꿔서 생각할 수 있다. 다시 말하면, 평소 수업을 듣고 새로운 지식을 접할 때는 암기보다는 이해가 중요하다는 말이다.

그리고 이해한 내용을 정리하며 암기할 내용을 뽑아내는 과정이 바로 평소 공부라 할 수 있다. 반면 시험을 위한 공부는 평소에 만들어 놓은 암기용 자료를 가지고 시험 볼 때 까먹지 않고 모든 지식을 끌어낼 수 있도록 암기하는 것이다. 그래서 3주 동안 하는 시험공부는 평소 공부와 시험공부의 절충 기간 이라고 보면 되는데, 다만 암기에 더 집중하는 것이다. 최종 암기는 시험 전날에 해야 하기 때문이다.

다른 공부법 책들에서는 구체적으로 날짜별로 어떤 과목을 공부하는 게 좋은지까지 기술한 걸 봤다. 그런데 여러 책을 읽다 보니 정답은 없었다. 어떤 날에 무슨 과목을 공부하는 것보다 가장 중요한 것은 '모르는 것을 줄이자'는 마인드로 공부하는 것이 핵심이었다.

오경제 멘토도 인터뷰에서 이 부분을 강조했고, 아는 것을 늘려가는 공부 혹은 확장성 있는 공부는 내신에 도움이 되지 않는다고 말했다. 쉽게 말해, 끝없이 반복하되, '모르겠는 부분' 위주로 반복해야 한다는 말이다.

예를 들어, 외고의 경우에는 한 번 시험 볼 때 공부해야 할 영어 지문의 수가 300개가 넘는 경우가 있다. 사실상 정해진 시간 안에 이걸 다 볼 수 없다. 따라서 쉬운 지문은 어렵게 나올 수 있는 포인트만 체크해 놓고, 반복할 때는 그냥 넘어간다. 이런 식으로 공부해야 할 부분을 줄여가면 시험 전날에는 짧은 시간에 중요한 내용만 점검하며 볼 수 있다. 이렇게 시간을 줄일 수 있는 비결은 아는 부분은 넘어가고, 모르는 부분만 반복해서 보는 것에 있다.

이 방법은 사실 이 책의 서두에 소개했던 N회독 공부법이다. 장선우 멘토와 유가연 멘토도 시험공부를 3주 전부터 시작하면서 마지막 날에는 중요한 것을 추려놓고 암기에 몰입했다. 3주 전에는 1회독, 2주 전에는 2~3회독, 1주 전에는 4~7회독을 하면서 공부하는 것이다. 물론 자신이 자신 없는 과목에 대해서는 모르는 게 여전히 남아 있으니 회독 수가 늘 수밖에 없다.

3주간의 시간을 활용해서 시험공부를 할 때도 평소와 마찬가지로 어느 과목에 더 시간을 투자할지 판단해야 한다. 그래야 주어진 시간 동안 모든 과목을 고르게 다룰 수 있다. 여기서 오해하지 말아야 할 점은 모든 과목에 똑같이 시간을 투자하라는 게 아니다. 잘하는 과목은 적은 시간으로 빨리 완전 학습 수준에 이르게 하고, 못하는 과목에 더 시간을 투자해서 완전 학습 수준을 끌어올리라는 말이다.

시험 전날은 최종 점검하는 시간이다!

3주간 시험공부를 꾸준하게 할 수 있으면 이상적인 공부법이 맞다. 하지만 여러 이유로 불가능한 상황에 놓일 때도 있다. 그래서 1등급 멘토들은 시간이 촉박할 때 어떻게 시험공부를 했는지 그 경험을 공유하고자 한다. 적어도 시험 전날에 어떤 방식으로 공부했는지 알면 많은 도움이 되리라 생각한다.

아쉽게도 학생들은 시험 기간에 하루에 1개 이상의 과목을 본다. 그래서 하루 전에는 여러 과목을 공부해야 한다. 하루 전에 공부를 시작한다는 건 말도 안 되는 일이다. 혹시 준비가 부족했다면 이 말을 잊지 않았으면 좋겠다. 효율적인 시험공부법은 '선택과 집중'이다. 내신 시험공부 이야기로 풀어갔지만, 사실 수능이든 다른 시험에도 모두 해당하는 내용이므로 집중해서 읽어보길 바란다.

내신 시험에는 지엽적인 부분을 묻는 문제도 있지만, 시험이라는 건 중요한 내용을 우선으로 선별하여 출제된다. 시간이 부족하다면 만점이 목표가 아니라 최대한 자신이 맞힐 수 있는 문제를 맞히는 게 목표가 되어야 한다. 그렇게 공부하면 정말 효율적인 시험공부가 된다.

한 예로 오경제 멘토의 경우에는 고등학교 2학년 2학기 때 동아리 공연 준비로 무리해서 심한 감기에 걸려 시험 준비 기간에 공부를 전혀 할 수 없었다. 그래서 1주일 남기고 효율적인 공부법을 택했다. 시수가 많은 영어, 중국어, 국어 과목만 공부하고, 막상 시험 전날에는 1시수짜리 과목인 지구과학과 경제를 공부했다.

결과적으로는 시험 준비 기간은 짧았지만, 고등학교 생활에서 최고 성적을 받았다. 개인의 능력도 중요하겠지만, 그래도 여기에는 어떤 전략이 있었을지 한번 고민해볼 필요가 있다. 나는 개인적으로 두 가지 전략이 눈에 들어온다.

우선 앞에서 말한 대로 성적에 많은 영향을 주는 시수가 많은 과목인지 아닌지를 구분한 것이다. 시수라는 말은 일주일에 수업을 듣는 시간을 의미하고, 시수가 높을수록 등급이 떨어지면 평균 등급에 영향을 많이 줄 수 있다. 반면 시수가 적은 과목은 등급이 조금 낮아도 평균에는 적은 영향을 준다. 영어, 중국어, 국어를 1등급 받고, 지구과학과 경제를 5등급 받았어도 평균은 2점 초반대가 나올 수 있다는 말이다.

두 번째는 과목 특성을 고려한 점이다. 국어, 영어, 중국어와 같은 언어 과목은 짧은 시간에 암기한다고 성적이 금방 오르지 않는다. 기본기가 있어야 하고 그다음 단계로 올리면서 공부해야 한다. 반면에 지구과학과 경제는 탐구 과목으로 짧은 시간에 '암기'를 통해 점수를 올릴 수 있는 과목이다. 그렇기 때문에 시간은 없었지만, 오히려 좋은 성적을 받을 수 있었을 것이다.

만일 평소 공부가 잘 안 되어 있는 경우라면, 위의 사례를 본받아서 전략적으로 시험공부를 하는 것이 좋다. 하지만 이것도 미봉책에 불과하다. 그리고 만점 혹은 1등급을 기대할 수 없을지도 모른다. 따라서 시험을 대비하는 가장 좋은 방법은 시험 전날에는 그동안 이해와 암기의 과정을 최종적으로 정리하는 날로 두어야 한다는 것이다. 그동안 시험 전날에 시험 볼 내용을 끝내지도 못하고 시험에 임했다면 이제는 바꾸어야 할 때다. 방법을 알았으니 꼭 실천해보길 바란다.

정답을 놓치지 않으려는 전략

공부하면서 많이 아는 것과 시험을 잘 보는 건 확실히 다르다. 나는 지적 호기심이 많은 편이라 하나를 배우면 이것저것 찾아보는 습관이 있다. 그래서 남들보다 더 자세히 아는 편이다. 그런데 시험을 보면 내가 아는 것에 비해서 점수가 안 나오는 편이었다. 다양한 이유가 있겠지만, 시험 볼 때 전략 없이 그냥 바로 문제를 풀려고 했던 태도가 큰 문제였다고 생각한다.

1등급 멘토들은 시험을 보는 순간에도 초고도의 집중력을 보인다. 그리고 숲과 나무를 잘 구분할 줄 안다. 즉, 시험지 전체를 두고 전략을 세우며 보기도 하고 한 문제마다 어떻게 정답에 접근할지 계획을 세울 줄 안다는 말이다. 어떻게 보면 그 마지막 한 끗 차이가 결국 1등급인지 아닌지를 가르는 것 같다. 이번 꼭지에서는 시험에서 정답을 놓치지 않기 위해서는 어떤 전략으로 시험에 임해야 할지 그 부분에 대해서 언급할 것이다.

어떤 문제부터 풀 것인지
정하라

1등급 멘토들이 시험지를 받으면 공통으로 하는 행동이 있다. 1번부터 끝번까지 1~2분 정도 어떤 문제가 나왔는지, 배점은 어떻게 분배되었는지 확인하는 것이다. 그 후 순서를 정해 한 문제씩 격파해 나간다. 참고로 그들은 자신이 해결하기 쉬운 문제부터 빠르게 해결하고, 어려운 문제에 시간을 더 투자하여 고민하면서 고득점 혹은 만점에 가깝게 점수를 받으려고 노력한다.

이후 과목별 공부법에서 자세히 다루겠지만, 주요 과목을 예로 다뤄보겠다. 수능 수학영역은 2점, 3점, 4점짜리 문제로 구성되어 있는데, 대부분 1등급 멘토들은 2점과 3점짜리 빠르게 해결하고 남은 시간에 4점짜리 문제와 싸운다. 진유석 멘토의 경우에는 수학 시험 100분 중 30분 안에 27문제를 다 풀고, 3문제를 70분 동안 풀었다고 했다. 참고로 조금 예전이라 지금처럼 3점짜리에 준킬러 문항이 거의 없었고, 오직 초고난도 세 문제만 출제되었기 때문에 그랬다.

수능 국어영역은 보통 문학, 비문학, 문법으로 나뉘는데 1등급 멘토들은 자신이 잘할 수 있는 파트부터 해결하고 나머지 어려운 파트를 해결했다. 점수로 나눈 건 아니지만, 자신에게 유리한 문제부터 접근했다는 게 핵심이다. 수능 영어영역을 풀 때도 연계 교재에 전혀 나오지 않았던 새로운 지문인 비연계 문항은 마지막에 푸는 경향을 보였다. 혹은 장문 독해 문제가 난도가 높지는 않지만, 마지막에 시간이 없을 때 풀면 압박감을 느껴서 미리 풀고 시작하는 경우도 있었다.

참고로 이렇게 하면 시간 배분도 적절하게 할 수 있고, 멘탈 관리도 가능하다. 처음부터 어려운 문제를 붙잡고 있으면 시간이 흘러가기 때문이다. 그러면 시간이 촉박해지니 남아 있는 쉬운 문제도 틀릴 수 있다. 그래서 1등급 멘토들은 쉬운 문제부터 공략하고, 간혹 잘 안 풀리는 문제에 봉착하면, 일단 별표를 쳐두고 넘긴다. 그리고 다시 되돌아와서 남은 시간에 차분하게 문제를 해결하려고 노력한다.

이처럼 1등급 멘토들은 처음에 숲을 먼저 보고 나서, 전략적으로 나무를 하나씩 베어갔다. 그래서 숲에 있는 나무를 모두 베어낼 수 있었고, 좋은 결과를 얻었다. 그들은 시험 문제를 쉬운 것부터 하나씩 해결하면서 점수를 적립해간다는 마인드로 접근한다. 어떻게 보면 탑을 쌓는 방식과 같다고 볼 수 있다. 그렇게 하다 보면 자연스럽게 좋은 결과로 이어지게 된다. 그러니 혹시 그동안 문제지를 받자마자 바로 문제를 풀었다면, 이제는 1등급 멘토들의 방식을 배우고 따라 해보길 바란다.

사소한 실수를
줄이는 방법을 알자

생각보다 실수로 시험 문제를 틀리는 경우가 종종 있다. 첫 번째는 발문을 정확히 읽지 않아서 생기는 실수다. 발문에서 '옳은 것'과 '옳지 않은 것'을 구분하지 않고 무작정 문제에 달려들다 보면 하는 실수가 많은 편이다. 이를 해결하기 위해서는 발문에 모양을 표시해서 제대로 인식하도록 할 필요가 있다. '옳은 것'에는 동그라미, '옳지 않은 것'에는 세모를 쳐서 정답과 반대로 고르지 않도록 해야 한다.

예를 들어, 옳은 것을 고르라고 했는데, 1번 선지가 옳지 않은 것이면 더 이상 읽지 않고 정답으로 고르는 경우도 생길 수 있다. 반대로 옳지 않은 것을 고르라고 했는데, 첫 번째로 읽었던 선지가 옳은 내용이면 또 실수로 문제를 틀리게 된다. 참고로 '않은'이라는 부정어에는 밑줄도 쳐 있으니 사소해도 밑줄이 있는지도 확인하며 발문을 읽어야 한다.

발문과 관련하여 또 주의해야 할 점이 있다. 예를 들어 수학 과목에서 '단, ~'과 같은 조건과 '양수 A'와 같이 발문에 있는 조건을 제대로 읽어야 한다. 수학의 경우에는 문제에서 구하려고 하는 것에 동그라미를 치거나 미지수로 두면 이런 사소한 실수를 줄일 수 있다.

두 번째는 선지를 정확하게 읽고 잘 표시를 해두는 것이다.

결국 정답을 고르는 건 정답과 오답이 있는 선지를 잘 파악하는 것이다. 영어 과목의 경우에는 키워드 하나가 틀려서 오답인 경우도 있으니 주의 깊게 읽어야 한다. 그리고 선지에 O, X 표시를 해서 명확하게 소거하는 방법을 사용하도록 한다.

만일 이렇게 선지에 표시를 해두지 않으면 정답을 적을 때 다시 선지를 읽어야 하는 경우도 발생한다. 그리고 이렇게 해두면, 나중에 시험지를 검토할 때도 빠르게 정답 유무를 확인할 수 있다. 단, O, X 표시도 실수하지 않도록 유의해야 한다. 간혹 처음 표시한 것만 믿고 정답으로 옮겼다가 틀리는 경우가 생기기 때문이다.

세 번째는 정답을 정확하게 옮겼는지 확인하는 것이다. 시험지에 정답을 정확히 체크하는 건 당연하고, 시험지에 적어둔 답을 답안지에 옮길 때도 조심해야 한다. 가끔 정답을 잘못 적거나 밀려 쓰거나 할 수 있기 때문이다. 내신 최상위권이었던 한 학생은 가채점할 때는 100점이었는데 실제 점수는 70점대가 나와서 왜 그런지 답안지를 확인했더니 중간에 번호 하나를 건너뛰고 밀려 써서 오답으로 처리되었다. 이렇게 답을 다 맞히고도 점수를 못 받는 것만큼 안타깝고 후회스러운 일은 없다.

그래서 1등급 멘토들은 답안지를 제출하기 전에 시험지에 있는 답과 답안지에 적힌 답이 일치하는지 확인하는 작업을 꼭 거친다. '꺼진 불도 다시 보자.'라는 속담처럼, 정답을 정확하게 적었는지 여러 차례 검토할 필요가 있다. O, X 표시를 하면서 선지를 구분하는 것은 정답을 체크한 시험지에도, 이를 옮겨 적는 답안지에도 모두 해당한다.

종종 공부를 잘하는 학생들도 이런 사소한 실수를 하는 경우를 많이 봤다. 그렇게 한번 크게 데고 나면 다음 시험부터는 철저하게 사소한 실수를 줄이려고 노력한다. 그런데 그 대가가 너무 크다. 이미 엎지른 물을 주워 담을 수 없는 것처럼, 실수로 망쳐버린 성적도 되돌릴 수 없기 때문이다. 그러니 큰 대가를 치르지 않기 위해서는 사소한 실수를 줄일 수 있도록 미리 인지하고 노력해야 한다.

어려운 문제를 만났을 때도
해결하는 방법이 있다

우리는 익숙하지 못한 상황에 놓이면 당황한다. 만일 이를 시험을 보는 상황이라고 가정해보면, 어려운 문제 즉 우리가 잘 모르고 익숙하지 않은 내용이 나왔을 때 당황하는 것이다. 그리고 대부분은 정답을 고를 때 자신이 알고 있는 것과 최대한 연결 지어서 정답을 찾으려고 한다. 이는 심리학에서는 '확증 편향'이라고도 하는데, 자신에게 가장 익숙한 선지를 정답으로 정해놓고 합리화를 한다.

이런 경우 오답을 고를 확률은 매우 높다. 그래서 정답을 찾기 위해서는 이와 반대로 접근해야 한다. 그것은 자신이 잘 알고 있는 내용을 통해 정답이 아닌 걸 제거하는 방식이다. 하나씩 제거한다고 해서 일명 소거법이라 부른다. 소거법은 사실 시험을 볼 때 정답을 찾기 위해서는 꼭 활용해야 하는 전략이다.

그리고 정답은 문제 안에 있다는 사실을 잊지 말아야 한다.

간혹 우리가 익숙한 내용이 나왔다고 지문을 읽지도 않고 문제를 푸는 경우가 있는데, 소재는 비슷해도 내용은 다르게 흘러갈 수 있어서 지문을 자세히 읽지 않으면 오답을 고를 수 있다. 운 좋게도 함정에 빠지지 않았지만, 지문 내용이 익숙하지 않으니 난감하다.

공부 잘하는 학생들도 실제 이런 상황에 놓이는 경우가 있다. 그런데 그들은 나름 슬기롭게 해결하고자 노력한다. 1등급 멘토들뿐만 아니라《공부는 절대 나를 배신하지 않는다》저자인 수능 만점자도 비슷하게 이 부분을 말했다. '적자생존'이라는 언어유희를 들었는데, 기가 막힐 정도로 공감되어 글로 남겨본다.

적자생존은 '적자. 생존을 위해서는'이라는 말의 줄임말로, 모르겠으면 그냥 자신이 이해한 것을 자신만의 언어로 요약해서 적어보라는 말이다. 문제에 나온 내용이 무슨 말인지 몰라서 패닉에 빠지지 말고, 일단 키워드를 적어 놓으라는 말이다. 그러면 실제 정답을 찾을 때 도움이 된다고 했다.

대표적으로 국어나 영어 지문의 경우에는 생소한 주제가 문제로 나올 때가 있다. 하지만 분명한 건 정답은 지문에 있기에 위의 내용을 요약하고 아래 선지와 비교하면 결국 겹치는 부분이 정답이 된다. 어떤 과목이든 지문에 나온 어휘와 선지에 나온 어휘가 뜻은 같지만 다른 어휘로 표현되기 때문이다. 이 점을 잊지 않는다면, 어려운 문제를 만나도 조금이나마 해결책을 마련할 수 있을 것이라 믿는다.

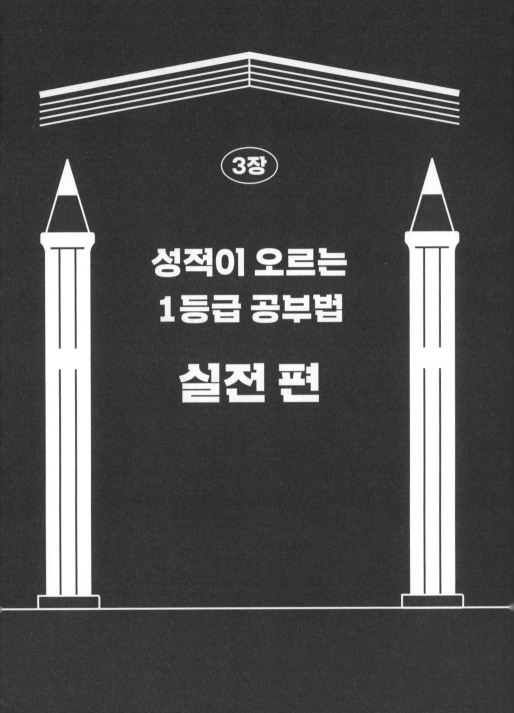

3장

성적이 오르는
1등급 공부법

실전 편

<국어>
1등급 공부법

    2022학년도 수능부터 국어도 선택과목이 생기면서 전략을 달리해야 하는 건 사실이다. 하지만 공부의 본질은 변하지 않는다. 국어는 보통 문학, 비문학, 문법 영역으로 나뉘기 때문이다. 이 세 가지 영역별 실전 1등급 공부법을 포함하여 국어 공부의 핵심에 대해서까지 알아볼 것이다. 나아가 사례를 통한 전략적인 국어 공부법까지 함께 알아보도록 하자.

문학에서 외울 것은
두 가지다

개념어를 모르면
문제를 풀 수 없다

문학에서 개념어가 활용된 선지가 나오기 때문에, 이 개념어를 모르면 문제를 풀 수가 없다. 그만큼 문학 공부에서 개념어는 필수사항이라는 뜻이다. 다만 '개념어-정의'만 알고 있어서는 안 된다. 반드시 '예시'를 함께 머릿속에 두어야 한다. 예를 들어, '은유'에 대해 단순히 '원관념=보조관념'의 형식으로 표현하는 것이라고 정의만 기억할 것이 아니라, '내 마음(원관념: 비유되는 대상)은 호수(보조관념: 비유할 때 사용하는 대상)' 등 해당 개념이 쓰인 살아있는 예시를 머릿속에 떠올릴 수 있어야 시험장에서 그 용어가 기억이 난다.

참고로 다음 형광펜으로 칠한 부분이 개념어의 예시다. 만일 개념어를 알지 못하고, 이 문학 문제를 풀려고 한다면 도저히 이해가 되지 않을 것이다. 따라서 문학에서 사용하는 개념어를 꼭 숙지할 수 있도록 노력해야 한다.

22. (가)와 (나)의 공통점으로 가장 적절한 것은?

① 자연물의 속성에 주목하여 교훈적 의미를 전달하고 있다.
② 설의적 표현을 통해 추구하고자 하는 삶의 태도를 제시하고 있다.
③ 먼 경치에서부터 가까운 곳으로 시선을 옮기며 심리의 변화를 드러내고 있다.
④ 화자가 자신을 객관화하는 표현을 내세워 내적 갈등에 대한 공감을 유도하고 있다.
⑤ 계절을 드러내는 시어를 사용하여 시기에 부합하는 자연의 모습을 구체화하고 있다.

출처: 2022학년노 고3 6월 모의평가 국어영역 22번 문항

1등급 멘토들은 개념어에 대한 '예시'를 많이 가지고 있는 것이 중요하다고 생각한다. 위 사진과 같이, (가)와 (나)의 표현상 공통점을 물어보는 문제는, 결국 '개념어에 대한 예시 2개'를 제공하는 학습 자료이다. 따라서 이런 문제가 나오면 반드시 이후에 자신이 모르는 개념어를 노트에 정리해야 한다.

노트 한 페이지 맨 위에 개념어 하나(예: 은유)를 쓰고, 이후 문제를 풀거나 작품을 공부하면서 예시를 아래에 쭉 써 내려가는 방식으로 정리한다. 그러면 나중에는 자신만의 '개념어 사

전'이 만들어진다. 이는 자신이 모르는 개념어 정리를 효과적으로 할 수 있을 뿐더러, 심리적으로 '난 어떤 개념어 문제가 나와도 풀 수 있어'라는 안정감도 얻을 수 있다.

고전 문학에서만 사용되는 어휘를 정리하고 익히자

문학에는 현대 문학도 있지만, 고전 문학도 포함된다. 고전 문학의 주제는 자연 친화, 임금에 대한 충심 등으로 비슷한 주제가 반복되어 나온다. 따라서 고전 문학에 사용되는 어휘도 비슷비슷하다. 자주 나오는 기본적인 고전 문학 몇 개(한 번쯤은 들어 봤을 '관동별곡' 등)를 선정한 후, 현대어 해설을 보지 않고도 해석할 수 있을 때까지 여러 번 읽어보는 것이 좋다. 이렇게 하면 우선은 고전 문학을 볼 때 낯선 어휘들에 긴장하지 않을 수 있고, 궁극적으로 자주 나오는 어휘들을 해석할 수 있게 된다.

참고로 모든 고전 문학 어휘를 외울 수는 없다. 따라서 실제로 문제를 풀 때는 모르는 단어가 나와도 문맥으로 해당 단어의 의미를 추론하는 감각이 어느 정도 필요하다. 예를 들어, '이화우(배꽃의 비) 흩날리는 날'에서 '이화우'를 몰라도 (1) '우(雨)'와 (2) 뒤의 '흩날리는'에서, '이화우'가 최소한 '비처럼 내리는 것이고, 무언가 흩날리는 것'임은 파악할 수 있다. 모의고사를 풀 때 이렇게 낯선 어휘를 맥락을 통해 파악하는 연습도 하는 것이 좋다. 어차피 수능에서도 모르는 어휘가 하나 이상은 반드시 나올 것이기 때문이다.

1등급 멘토들은 고전 시가 역시 '예시를 확보하는 것'이 중요하다고 생각해서, '단어-단어의 뜻-작품에서 쓰인 예'를 같이 정리한다. 단순히 단어의 뜻뿐만 아니라, 그 단어가 어떤 맥락(정서)에서 쓰이는지도 파악할 수 있어 효과적이다.

단어	뜻	예문
ᄀᆞᆶ	가을	어느 ᄀᆞᆶ 이른 ᄇᆞᄅᆞᆷ매 - 월명사 '제망매가'
가시다	변하다	임 향한 일편단심이야 가실 줄이 있으랴 - 정몽주 '단심가'
가없다	끝없다	누인개국 하시어 복년이 가없으시니 - 정인지 외 '용비어천가'
강호	강과 호수/자연	강호에 병이 드니 미친 흥이 절로 난다 - 맹사성 '강호사시가'
곶	꽃	대동강 아즐가 대동강 건너편 고즐여 - '서경별곡'
괴다	사랑하다	어루는 듯 괴는 듯 놈의 업슨 님을 만나 - 조위 '만분가'

출처: 고전 시가 어휘 노트 정리 예시 by 오경제 멘토

비문학은 구조도,
선지와 내용 매치가 핵심이다

구조도 그리기는 정보를
입체적으로 파악하기 위함이다

구조도를 그리는 목적은 글을 평면적으로 읽기보다는, 정보의 위계를 느끼면서 입체적으로 읽기 위함이다. 평면적으로 단순하게 쭉 읽어 가면 다 읽고 나서 '내가 뭘 읽은 거지?' 하고, 기억이 휘발되기 쉽다. 정보의 위계를 파악하면서 읽어야 기억에 잘 남는다.

구조도를 그리는 방법은 하나로 정해진 것이 아니다. 자신이 잘 알아볼 수 있게, 되도록 문장이 아닌 단어 위주로 정리하는 것이 좋다. 중요한 것은 해설지에 구조도 예시가 수록된 책을 구해서, 해설지의 구조도와 본인이 그린 구조도를 비교하고, 자신의 구조도를 수정해나가는 방식으로 구조도 그리는 감을

PCR: DNA 증폭

↑

주형 DNA
(이중 가닥 DNA)

표적 DNA

프라이머
(단일 가닥 DNA)

DNA 중합 효소: DNA 복제
(단일 가닥 → 이중 가닥)

1993년 노벨 화학상은 중합 효소 연쇄 반응(PCR)을 개발한 멀리스에게 수여된다. 염기 서열을 아는 DNA가 한 분자라도 있으면 이를 다량으로 증폭할 수 있는 길을 열었기 때문이다. PCR는 주형 DNA, 프라이머, DNA 중합 효소, 4종의 뉴클레오타이드가 필요하다. 주형 DNA란 시료로부터 추출하여 PCR에서 DNA 증폭의 바탕이 되는 이중 가닥 DNA를 말하며, 주형 DNA에서 증폭하고자 하는 부위를 표적 DNA라 한다. 프라이머는 표적 DNA의 일부분과 동일한 염기 서열로 이루어진 짧은 단일 가닥 DNA로, 2종의 프라이머가 표적 DNA의 시작과 끝에 각각 결합한다. DNA 중합 효소는 DNA를 복제하는데, 단일 가닥 DNA의 각 염기 서열에 대응하는 뉴클레오타이드를 순서대로 결합시켜 이중 가닥 DNA를 생성한다.

출처: 2022학년도 고3 6월 모의평가 국어영역 14~17번 문항

갈고 닦는 것이다.

특히 아래 있는 구조도를 그릴 때 고려해야 할 사항을 알아두면 더욱 빠르게 지문을 파악할 수 있다. 이는 마치 산에 오를 때 정해진 코스를 파악한 후에 오르는 것과 같기 때문이다. 어디로 가야 할지 모르면, 시간도 오래 걸리고 체력도 고갈된다. 하지만 길을 알고 찾아갈 때는 시간과 노력 모두 줄일 수 있다.

비문학 구조도 그릴 때 고려해야 할 사항

1) 반대 상황 가정

실업률 감소의 결과에 관한 내용 → 실업률이 증가하면 어떻게 될까? (반대 상황 가정)

2) 비례/반비례 관계 파악

이 관계는 항상 문제로 나오니 주목하면서 읽기

3) 두 가지 차이점 비교

차이점뿐만 아니라 무엇을 기준으로 차이가 생기는지 파악

4) 과거 이론 관련 글로 시작

다음 내용은 현재 이론과 비교할 가능성 고려

비문학을 공부할 때 고려해야 할 사항이 한 가지 더 있다. 비문학 공부도 당연히 기출문제로 공부하는 게 좋다는 것이다. 하지만 기출문제로는 충분한 연습을 하는 데 한계가 있다. 이를 극복하기 위해, 1등급 멘토들은 비문학 지문을 꾸준하게 공부하기 위해서 노력했다. 물론 새로운 지문을 만나도 구조도를 그려가며 빠르고 정확하게 내용을 파악하려고 했다. 멘토들이 사용했던 인터넷 사이트가 있어서 소개해 본다.

출처: 인터넷 사이트 '마닳' (https://madal.co.kr)

'마닳'이라는 인터넷 사이트에는 (회원가입 후) 하루에 하나씩 정리할 수 있는 무료 비문학 지문을 받을 수 있는 곳이 있다. 매일 아침 시간에 20분 정도 투자해서 하루에 비문학 지문 하나씩 구조도 그리는 연습을 하면 좋다. 멘토 몇몇은 아침 시간에 집중이 잘 안 될 때 하기 좋은 활동이었다고 말했다.

1등급 멘토들은 구조도를 그릴 때 우선 지문 전체의 대주제를 잡고 문단별 소주제를 직접 생각해본다. 그리고 개념 간 연결 관계에 대해 생각해본다. 그 후 간결하면서도 명료한 구조도를 그리는 연습을 하면, 길고 복잡한 비문학 지문도 분석하기 쉬워진다고 증언했다. 그러니 꼭 구조도를 그리는 연습을 게을리하지 않길 바란다.

선지와 지문을 정확하게 매치하라

비문학 문제를 틀리는 가장 큰 이유 중 하나는, 선지의 특정 단어를 놓치거나 잘못 이해했기 때문이다. 따라서 선지 다섯 가지에 관한 내용을 본문에서 찾아서 표시하는 과정이 반드시 필요하다.

국어를 포함하여 어떠한 시험문제에서도 지문에 없는 말을 선지에 정답으로 두지 않는다. 그건 오류가 있는 문제다. 특히 비문학 지문의 경우에는 사실적 정보를 담은 글이기 때문에 유추하기보다는 더욱 사실 확인을 하는 문제라 볼 수 있다. 다시 쉽게 말하자면, 정답은 지문 어딘가에 꼭 존재한다는 말이다.

게다가 어휘는 다르지만, 같은 의미의 어휘가 선지에 쓰일 수 있기에 이 점 또한 유의해야 한다. 간혹 지문에서 같은 의미를 나타내는 어휘를 찾지 못해서 답을 찾지 못하는 경우가 있다. 그러면 정답을 찾아 헤매다 시간도 낭비하고, 점수도 얻지 못하는 결과로 이어진다.

사실 선지와 지문 내용을 매치하는 과정은 구조도를 그리는 과정의 연장선이라 할 수 있다. 비록 선지의 순서가 지문에 있는 내용 흐름과 똑같은 순서로 배열되지는 않더라도, 구조도를 통해 금방 내용을 찾아낼 수 있기 때문이다. 지문 전체를 이

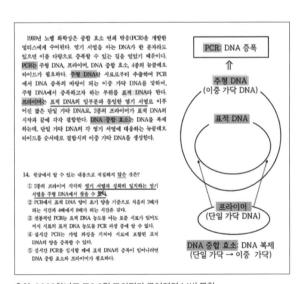

출처: 2022학년도 고3 6월 모의평가 국어영역 14번 문항

해하기 위해 구조도를 그리는 것이기도 하지만 문제를 맞히기 위해서도 구조도가 필요한 것이다. 따라서 구조도를 그릴 때부터 키워드를 정확히 파악하는 것이 중요하고, 이를 선지와 매치시킬 때 잘 활용해야 할 것이다.

문법은 일단 한 번 끝내 놓으면 쉬워진다

1등급 멘토들은 문법같이 암기가 필수적인 분야는 짧은 기간 내에 전체 범위를 한 번 공부하고, 이후에 개념을 계속 N회독해 나가는 것이 좋다고 말한다. 사실 문법은 암기할 개념이 많기 때문에 전체 범위를 한 번 끝내기가 어렵다. 그래도 무엇을 공부해야 하는지 알기에 무분별한 공부는 아니라는 것이다.

모든 과목이 그렇지만, 한꺼번에 모든 내용을 완벽하게 익힐 수는 없다. 국어 과목의 문법 파트도 마찬가지다. 대신 1등급 멘토들은 이왕 할 거면 빨리 1회독 하는 걸 추천한다. 범위가 넓으니 '나는 효율적인 공부를 하고 있다'는 마음가짐을 갖고 공부에 임하는 것이 중요하다고 말한다.

'한국어의 방대한 언어 규칙을 딱 한 달 혹은 두 달 만에 정리할 수 있어!'라는 긍정적인 마음가짐을 가지고 하면 좋다. 이런 식으로 정확한 기간을 정하고, 책을 완독하거나 강의를 완강하면 된다. 이후에는 기출 문제를 통해 필요할 때마다 부족한 개념을 채우거나, 틀린 부분을 정리하면서 관련된 개념을 노트에 정리해두고 한꺼번에 볼 수 있도록 하는 것이 좋다. 이렇게 문법 파트를 빨리 잡아두라는 이유는 최근 3개년 수능 국어 오답률을 보면 TOP 10 안에 언어(문법) 영역이 계속 등장하기 때문이다. 심지어 2021학년도 수능의 경우에는 오답률이 80%인 문제가 2문제나 출제되기도 했다. 어려운 영역을 미리 잡아두면 수능 국어 고득점 혹은 1등급에 도달하기 더 쉬워진다.

순위	2021 학년도			2020 학년도			2019 학년도		
	번호	오답률(%)	영역	번호	오답률(%)	영역	번호	오답률(%)	영역
1	14	80	언어	40	75.8	독서	31	80.8	독서
2	11	79.9	언어	14	71.3	언어	42	70.5	독서
3	18	66.8	독서	29	69.3	독서	15	68.2	언어
4	37	66.7	독서	41	65.7	독서	28	67.8	독서
5	28	65.5	독서	26	65	독서	29	64.4	독서
6	27	64.9	독서	19	56.6	독서	30	62.4	독서
7	36	62.9	독서	27	56.3	독서	13	61.7	언어
8	29	57.9	독서	12	56	언어	40	61.5	독서
9	34	57.2	독서	39	53.5	독서	19	60.2	독서
10	13	54.9	언어	42	53.2	독서	41	57.7	독서

출처: 진학사 입시전략연구소

실제로 몇몇 멘토들은 고1 때 문법 개념을 딱 두 달 잡고 다 끝냈다고 한다. 학교 수업과 EBS 인터넷 강의를 병행하며 개념을 하나씩 해결했다. 그렇게 개념을 한번 훑으며 정리한 후, 고2, 고3 때는 문제를 풀고, 몰랐던 부분을 고1 때 정리했던 노트에 추가하는 방식으로 공부했다. 남들은 고3 때 부랴부랴 어려운 유형인 문법을 잡느라 고생하고 시간을 쏟는데, 미리 해두면 이렇게 큰 도움이 된다. 그리고 추가적인 부분만 체크하면서 공부하면 되니까 부담도 없고, 다양한 예외 규칙을 더 많이 정리할 기회가 생긴다. 이렇게 공부했던 1등급 멘토들은 수능 때 문법 5문제를 거의 10분 만에 풀 수 있었다. 그래서 문법 공부는 한 번에 몰아서 일찍 공부하는 것이 중요하다고 말하는 것이다.

▍ 국어 문법 공부를 해야 하는 이유

2022학년도부터 수능 국어영역은 선택과목이 생기면서 '언어와 매체'와 '화법과 작문'으로 나뉜다. 45문항 중 11문제가 선택과목에서 출제가 되는데 문법에 해당하는 '언어' 영역은 기존과 동일하게 5문항이 출제된다. 그리고 선택과목으로 바뀌면서 수험생들은 어떤 과목을 선택하는 게 자신에게 더 도움이 될지 고민할 것이다.

전문가들은 '언어' 영역의 경우 문학, 비문학과는 다르게 충분한 개념의 이해와 암기가 있다면 완벽히 대비할 수 있는 분야라고 한다. 따라서 암기에 자신이 있는 수험생이라면 '언어와 매체' 과목을 선택하는 것을 추천한다. 어떤 지문이 활용될지 모르는 '화법과 작문'과 달리 문법은 어느 정도 정해진 범위와 틀이 있기 때문이다.

나아가 '언어와 매체'가 '화법과 작문'보다 표준점수[01]가 더 높게 나올 거라고 예상한다.(현재 책을 쓰는 시점은 2022학년도 수능을 앞두었기 때문에 예상한다고 표현했다.) 따라서 실제 수능 시험에서는 언어와 매체를 선택하는 비율이 더 높아질 수도 있다. 중요한 것은 표준점수를 높게 받기 위한 전략으로 언어와 매체를 선택하는 것이 나쁘지 않다는 것이다.

다만 언어와 매체는 상위권 학생들이 많이 응시할 것이라는 걸 염두에 두어야 한다. 고3 때 갑자기 선택과목을 '언어와 매체로' 바꿀 경우, 문법 공부에 더 많은 시간을 할애함으로써 문학과 비문학 독서 공부 시간이 줄어들 수 있다는 점도 무시할 수 없다. 그래서 문법 공부를 할 것이라면 미리 하는 것이 좋다.

언어 영역(문법 파트) 출제 유형의 이해

2022학년도 수능부터는 언어 영역(문법 파트)은 35~39번 문항으로 출제된다. 최근 기출로 나왔던 문제 유형은 음운론02, 문장론, 형태론03, 국어사에서 한 문제 출제되며 기타 유형이 출

01 대학수학능력시험 점수를 매길 때 응시영역과 과목의 응시자 집단에서 해당 수험생의 상대적인 위치나 성취 수준을 나타내기 위해 산출하는 점수로, 전체평균을 100으로 놓고 분포시킨 상대점수다.

02 음운론: 언어 전달의 체계 내에서 이루어지는 기능이란 관점에서 언어음성을 연구하는 학문

03 형태론: 단어의 형태 변화와 그 구성을 연구하는 학문

현할 때도 있고, 형태론(이나 문장론)에서 한 문제 더 나올 때도 있다. 문법을 공부할 계획이라면 이 부분에 대해서 간단히 정리하고 가보도록 하자.

1) 음운론

음운의 변동을 묻는 한 문제가 고정적으로 출제된다. 음운 변동의 종류(교체, 탈락, 첨가, 축약)와 음운 변동과 단순 연음의 구분을 물어본다. 게다가 변동 횟수까지 물어보는 문제가 가장 어렵다고 할 수 있다.

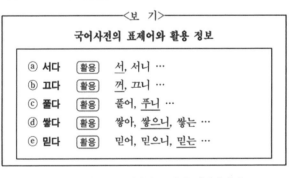

36. [A]를 바탕으로 <보기>의 ⓐ~ⓔ의 밑줄 친 부분을 이해한 내용으로 적절하지 <u>않은</u> 것은?

―――<보 기>―――

국어사전의 표제어와 활용 정보

ⓐ **서다** [활용] <u>서</u>, 서니 …
ⓑ **끄다** [활용] <u>꺼</u>, 끄니 …
ⓒ **풀다** [활용] 풀어, <u>푸니</u> …
ⓓ **쌓다** [활용] 쌓아, <u>쌓으니</u>, 쌓는 …
ⓔ **믿다** [활용] 믿어, 믿으니, <u>믿는</u> …

① ⓐ : 탈락이 나타나고 그 결과가 표기에 반영되었다.
② ⓑ : 탈락이 나타나고 그 결과가 표기에 반영되었다.
③ ⓒ : 탈락이 나타나고 그 결과가 표기에 반영되었다.
④ ⓓ : 교체가 나타나지만 그 결과가 표기에 반영되지 않았다.
⑤ ⓔ : 교체가 나타나지만 그 결과가 표기에 반영되지 않았다.

출처: 2022학년도 고3 6월 모의평가 국어영역 36번 문항

2) 문장론(통사론)

문장론(통사론)에서는 문장의 구조 및 문법 범주04에 관한 문제가 출제된다. 홑문장과 이어진 문장, 안은 문장 파트에서 나온다. 주로 킬러 문장은 안은 문장에서 나온다. 나아가 각문장에 포함된 문장 성분 및 수를 물어보는 문제도 출제된다.

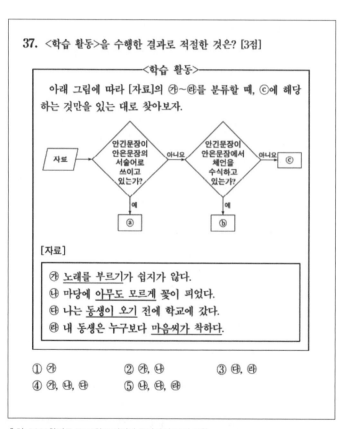

출처: 2022학년도 고3 6월 모의평가 국어영역 37번 문항

3) 형태론

형태론에서는 품사, 형태소, 단어 등이 출제된다. 참고로 2017학년도 수능부터 긴 지문과 묶여 출제되는 경우가 늘어나고 있다.

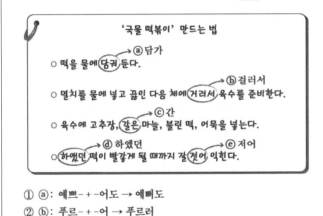

출처: 2021학년도 수능 국어영역 13번 문항

---

04 문법 범주: 종결 표현, 피사동 표현, 부정 표현, 높임 표현, 시간 표현 등을 포함한다.

4) 국어사

중세와 현대 국어의 비교 혹은 근대와 현대 국어를 비교하는 내용이 출제된다. 주로 긴 지문으로 구성되어 있거나 중세 국어에 쓰인 짧은 지문과 학습 자료 등이 보기로 출제된다. 보통 두 문제 세트로 문법 비문학에서 첫 문항이 형태론, 둘째 문항이 국어사로 출제되곤 한다.

---

15. <보기>의 ㉠과 ㉡에 들어갈 말로 적절한 것은?

─────────〈보 기〉─────────

학 생: 현대 국어와는 달리 중세 국어의 'ㅔ', 'ㅐ'가 이중 모음이었다는 근거가 궁금해요.

선생님: 'ㅔ', 'ㅐ'로 끝나는 체언과 결합하는 조사의 형태가 무엇인지 (가)를 참고하여 (나)를 살펴보면 알 수 있단다.

(가)

체언의 끝소리	조사의 형태	예
자음	이라	지비라[집이다]
단모음 '이'나 반모음 'ㅣ'	Ø라	스싀라[스싀(사이)이다] 불휘라[불휘(뿌리)이다]
그 밖의 모음	ㅣ라	젼칠라[젼츠(까닭)이다] 곡되라[곡도(꼭두각시)이다]

(나)

수(今)은 이제라[이제이다], 下(하)는 아래라[아래이다]

학 생: (가)의 ┌─ ㉠ ─┐에서처럼 (나)의 '이제'와 '아래'가 └─ ㉡ ─┘ 형태의 조사를 취하는 것을 보니 'ㅔ', 'ㅐ'가 반모음 'ㅣ'로 끝나는 이중 모음이었음을 알 수 있어요.

	㉠	㉡
①	지비라	이라
②	스싀라	Ø라
③	불휘라	Ø라
④	젼칠라	ㅣ라
⑤	곡되라	ㅣ라

출처: 2021학년도 수능 국어영역 15번 문항

5) 기타 문법

의미론 및 사전 해석이나 외래어 표기법 등이 종종 출제된다. 사전 해석에서는 국어사전이 나오며 그 사전을 얼마나 잘 해석할 수 있는지를 평가한다. 용언의 경우 서술어의 자릿수를 많이 물어보는 편이다. 수준 자체는 어렵지 않지만 시간 잡아먹기 딱 좋은 유형으로 나올 때도 있고, 나오지 않을 때도 있다.

15. <보기>의 [A]에 들어갈 말로 적절한 것만을 있는 대로 고른 것은?

―――――――――――――< 보 기 >―――――――――――――

학생: 선생님, 자기 소개서를 써 봤는데, 띄어쓰기가 맞는지 가르쳐 주시겠어요? 헷갈리는 부분을 표시해 왔어요.

> 양로원에 가서 봉사 활동을 했습니다. 사실 그 시간에 ㉠봉사 보다는 게임을 하고 싶었습니다. 그저 작은 일을 ㉡도울 뿐이었는데 ㉢너 밖에 없다며 행복해하시는 어르신들의 말씀을 들을 ㉣때 만큼은 마음이 뿌듯해졌습니다.

선생님: 한글 맞춤법에 따르면, 문장의 각 단어는 띄어 써야 하지만, 조사는 예외적으로 그 앞말에 붙여 쓴단다.

학생: 아, 그럼 [A] 은/는 앞말에 붙여 써야 하는군요.

① ㉠의 '보다', ㉢의 '밖에'
② ㉡의 '뿐', ㉢의 '밖에'
③ ㉡의 '뿐', ㉣의 '만큼'
④ ㉠의 '보다', ㉡의 '뿐', ㉣의 '만큼'
⑤ ㉠의 '보다', ㉢의 '밖에', ㉣의 '만큼'

출처: 2021학년도 고3 6월 모의평가 국어영역 15번 문항

문해력의 핵심은
개념의 틀을 확보하는 것이다

　국어공부에서 가장 중요한 건 문해력을 통해 빠르고 정확하게 정답을 찾는 것이다. 문해력은 글을 읽고 이해하는 능력인데, 이는 개념의 틀(스키마)을 갖추었느냐 아니냐와 관련이 있다. 여기서 개념의 틀(스키마)이란 정보를 통합하고 조직화하는 인지적 개념 또는 틀을 말하며, 스키마는 '도식'이라고도 불린다. 우리는 이 도식을 통해 새로운 정보를 이해하는 것이다. 쉽게 말해, 외부의 새로운 지식을 자신이 알고 있는 내부의 지식과 연관 지어 이해하려고 하는 것이다.

　따라서 글을 읽고 이해하는 능력인 문해력이 있다는 말은 이 스키마를 활용하여 빠르고 정확하게 새로운 지식을 이해할 수 있다는 것과 같다. 그렇다면 어떻게 해야 문해력을 기를 수 있을까? 이 부분은 앞에서 말했으니, 수능 국어영역을 공부할 때 필요한 부분에 대해서 깊게 이야기해 보도록 하자.

다양한 '개념의 틀'을 확보하자

비문학 파트에서 이미 구조도 그리기의 중요성에 대해서 강조했다. 그 이유는 구조도를 많이 그리다 보면 공통적인 '개념의 틀'이 머릿속에 각인되는데, 이 '개념의 틀'이 있으면 글을 이해하는 속도가 매우 빨라지기 때문이다. 이해는 내 개념의 틀에 새로운 개념을 포섭하는 것이다. 따라서 기출 문제와 같은 양질의 지문으로, 꾸준히 구조도를 그리면서 '사고의 틀'을 많이 갖춰나가야 한다.

사실 구조도를 그리는 건 내가 이해한 내용을 요약해서 구조화하거나 표로 나타내 보는 것이다. 이 과정에서 개념을 이해하는 방법을 깨닫게 된다. 달리 말해보자면, 논리적 사고력을 기를 수 있는 것과 동일하다. 그 이유는 글의 내용을 이해하면서 다양한 관계를 파악해야 하기 때문이다.

이 관계라는 것은 단순히 'A는 B이다(A=B).'라는 간단한 구조도 될 수 있고, 'A는 B에 속하지만, B는 A에 속하지 않을 수 있다.'라는 복잡한 구조가 될 수도 있다. 이렇게 다양한 글을 통해 우리가 이해한 것을 그림으로 떠올릴 수 있으면 사실 구조도를 그릴 필요가 없다. 하지만 우리의 기억에 한계가 있으니 간단하게 표시를 하며 구조도를 그려보는 것이다.

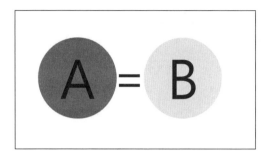

'A는 B이다(A=B).'

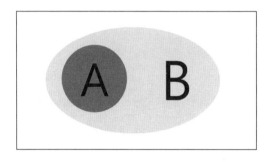

'A는 B에 속하지만, B는 A에 속하지 않을 수 있다.'

실제 수능 지문을 보면 말장난 같지만, 이 관계가 복잡하게 나열되어 있다. 이것을 글로 보고 있으니 계속 그 말이 그 말 같고 헷갈리기만 한다. 그래서 글을 머릿속에 구조화해야 하고, 그걸 쉽게 하려면 개념의 틀을 확보해야 한다. 가장 좋은 방법은 기출문제를 통해서 지문의 내용이 어떻게 흘러가는지 혹은 그 내용을 통해 개념이 어떤 관계를 맺고 있는지 확인하는 것이다.

기출문제를 분석하다 보면, 자연스럽게 다양한 개념의 틀이 있다는 걸 인식하게 된다. 하나둘씩 개념의 틀이 생겨나면서 새로운 글을 만나도 그 틀에 맞춰서 글을 읽게 되니까 속도가 빨라지고 이해력도 높아진다. 선지에 쓰인 문장도 마찬가지로 수험생이 얼마나 정확하게 글을 이해했는지 묻고자 쓰인 문장이기에 개념의 틀만 잘 갖추고 있으면 선지가 옳은지 아닌지 금방 알 수 있다.

이렇듯 글을 읽고 개념의 틀에 맞게 글을 이해하고 있는지 묻는 게 수능 국어영역이다. 따라서 구조도를 그리든, 표를 그리든, 갖가지 방법을 활용하여 다양한 개념의 틀을 확장해나가야 할 것이다. 그러면 분명 어떤 새로운 지문이 나오더라도 개념의 틀에 맞게 빠르게 이해하고 정확하게 정답을 찾을 수 있을 것이다.

양질의 배경 지식을 미리 쌓아두자

이미 알고 있겠지만, 문해력에서 빼놓을 수 없는 것은 바로 독서다. 그 이유는 우리가 아는 내용, 즉 배경 지식이 있으면 그만큼 이해력이 올라가기 때문이다. 그것이 곧 독해력이고 문해력이다. 실제 1등급 멘토들은 방법은 달라도 어린 시절 임계점 05을 넘긴 독서 경험이 있었다. 그런데 만일 독서 경험이 부족하다면, 늦었더라도 효율적인 독서를 해야 할 것이다.

막상 고등학생이 되어 독서량을 늘리려고 한다면, 다른 과목을 공부할 시간이 부족해질 것이다. 그래도 적은 시간이라도 투자하여 꾸준하게 글을 읽는 시간을 가질 필요가 있다. 이왕이면, 자신이 부족한 분야에 대한 배경 지식을 습득하려는 노력이 필요하다.

시간을 단축하고 싶다면, 구조도를 노트에 정리해 놓고, 이 노트를 배경 지식 노트로 활용하면 좋다. 특히 '질량, 통화량' 등 각 분야에서 사용되는 기본적인 용어에 관한 정리도 하면 좋다. 다음에 비슷한 지문을 읽을 때 낯선 어휘가 적어질 테니 쉽게 당황하지 않을 수 있기 때문이다.

1등급 멘토들은 자신이 약한 분야에 대해서 집중 독서를 하거나 관련 글(지문)을 찾아가며 배경 지식을 쌓고자 노력했다. 특히 문과로서는 수학, 경제, 과학 분야의 글이 어렵다고 느껴서 일부러 그 분야의 글을 찾아서 읽고 정리하는 시간을 가졌다. 비록 똑같은 지문이 시험에 출제되지는 않지만, 그래도 비슷한 분야 혹은 소재가 나오면 익숙함으로 인해 긴장하거나 당황하지 않고 문제를 풀 수 있었다. 한 마디로 배경 지식을 쌓는 게 큰 도움이 된다는 말이다.

화법과 작문의 경우에는 일상적인 소재가 나오기 때문에

---

05 임계점: 물질의 구조와 성질이 바뀔 때의 온도나 압력을 말하며, 변화를 위해서는 일정 시간이 필요함을 강조하며 비유해서 쓰는 표현이기도 하다.

배경 지식 없이도 쉽게 문제를 풀 수 있다. 물론 지문이 길어서 긴 글을 읽는 것이 익숙하지 않다면 문제를 풀면서 적잖이 당황스러운 시간을 보낼 수 있다. 그래서 선택과목을 정할 때, 자신이 암기에 더 유리한지(언어와 매체 선택) 긴 글을 읽는 것이 더 유리한지(화법과 작문 선택) 판단해야 한다.

하지만 비문학 지문의 경우는 생소한 내용이 나오면 문제를 틀릴 가능성이 있다. 물론 사고의 틀을 최대한 활용하여 글의 내용을 구조화하고 자신의 언어로 바꿔서 정리하며 문제를 푼다면 문제를 해결할 수는 있을 것이다. 그래도 사고의 틀이라는 건 결국 자신이 가진 기존 지식, 즉 배경 지식을 활용하기 때문에 배경 지식의 중요성을 강조하는 것이다.

가능하다면 이해하기 어려운 지문도 분석해보면서 구조화해보고, 거기에 나온 어려운 용어를 정리해보길 바란다. 그렇게 하다 보면, 자연스레 분야별 자주 등장하는 개념을 접하게 되고, 비슷한 개념이나 용어를 만나도 유추하는 힘을 기를 수 있는 것이다. 아래 예시를 통해서 배경 지식이 왜 도움이 되는지 살펴보자.

예를 들어, 경제학 혹은 마케팅 분야에서 자주 등장하는 '파레토 법칙'은 사회 현상의 80%는 20%로 인해 발생한다는 경험 법칙이다. 이 법칙에 대해서 수험생이 어느 정도 이해하고 있다고 가정해보자. 그리고 최근에 '파레토 법칙'을 반박하는 '롱테일 법칙'에 대한 새로운 지문을 만났을 때 어떻게 정보에 접근할 것인지 살펴보자.

파레토 법칙을 알고 있다면, 상위 20% 제품은 초기에 높은 매출을 기록하는 베스트셀러를 의미한다는 걸 알 것이다. 그리고 롱테일 법칙은 이를 반박하는 것이라고 했으니 상위 20%가 아니라 하위 80%가 중요하다는 걸 유추해낼 수 있다.

실제 롱테일 법칙은 파레토 분포에서 우측으로 긴 꼬리를 갖고 있는 80%에 해당하는 제품을 의미한다. 그리고 롱테일은 단기적으로 적은 매출량을 나타내지만, 장기간 긴 꼬리를 합산하면 상당한 매출량이 된다는 것을 의미한다.

전통적인 마케팅에서는 물리적인 판매 공간이 필요해서 히트 상품(상위 20%)을 선반의 가장 좋은 자리에 진열하게 되고 틈새 상품(하위 80%)은 전시 공간에서 밀려날 수밖에 없었다. 하지만 인터넷 시대가 도래하면서 공간에 제한을 받지 않고 소비자가 필요한 상품을 손쉽게 검색할 수 있게 되었다. 따라서 오랫동안 소홀히 취급되었던 틈새 상품(하위 80%)은 기업의 누적 매출 증대에 매우 중요한 역할을 하게 되었다.

지금 혹시 위의 내용을 읽으며 파레토 법칙과 롱테일 법칙에 대해서 알게 되었는가? 만일 그렇다면, 다른 분야의 글을 읽으면서도 지금 했던 방식을 그대로 활용하여 배경 지식을 이용해보자. 배경 지식이 있으면 왜 생각의 틀을 확장하기 좋은지 알게 될 것이고, 결국 수능 국어영역 성적에도 영향을 미친다는 걸 깨닫게 될 것이다.

국어영역 문제를 풀 때는
순서를 정하라

　수험생마다 문제를 푸는 방법은 다르다. 사실 정답이 있는 건 아니다. 자신에게 가장 잘 맞는 방법이 정답이라고 볼 수 있지 않을까? 실제 국어 문제를 풀 때 보면, 어떤 문제는 지문을 먼저 읽는 게 더 좋고, 어떤 문제는 선지를 먼저 읽고 푸는 게 도움이 된다. 그리고 꼭 문제를 번호 순서대로 풀 필요도 없다. 1등급 멘토들은 문제를 풀 때 어떤 방식을 적용하는지 한번 살펴보자.

　우선 이 책 2장의 〈정답을 놓치지 않으려는 전략〉에서 다뤘듯이 정답을 맞히기 위해서는 문제 푸는 순서를 정해야 한다. 핵심은 자신이 풀기 쉬운 난도부터 접근하는 거였다. 그런데 국어 과목에서는 조금 더 깊게 들어가서 문제 푸는 순서에 관해서 이야기할 것이다.

　특히 문학 문제를 풀 때는 번호 순서대로 푸는 것보다, 자신이 문제를 풀기 전 '몇십 초'만 투자해서 문제를 푸는 자기만의 순서를 정하는 것이 효율적이다. EBS의 한 강사는 이걸 '고수의 10초'라고 부르기도 한다. 물론 지문을 빠르게 읽고, 정확한 답을 찾아내는 것도 중요하지만 고수는 이 10초 동안에 어떤 순서로 문제에 접근할지 고민하는 것이다.

예를 들어 2022학년도 6월 모의평가 18번부터 21번 지문에 나온 문제를 푸는 방법을 살펴보자. 고수는 우선 21번 문제에 딸린 보기는 지문을 읽는 데 유용한 배경 지식이 될 것이니, ⟨보기⟩부터 읽을 것이다. 지문 마지막 부분에 [A]가 나오고, 18번 문제에서 바로 [A]에 대해서 물어보니까 지문을 읽자마자 18번 문제를 푼다. 그리고 ⟨보기⟩를 보고 지문을 읽었으니, 바로 21번 문제 선지로 간다. 19번과 20번은 지문의 특정 부분에 대해 물어보고 있으니, 지문을 읽는 도중에 푼다. 이렇게 자신만의 풀이 순서를 만들고 지문을 읽으면, 문제를 훨씬 효율적으로 풀 수 있다는 것이다.

이 방법이 좋은 이유는 방금 같이 해봐서 알 것이다. 시간을 최소한으로 사용하면서 지문과 선지를 읽고 문제를 풀 수 있다. 게다가 앞에서 말한 문해력을 최대한 동원하는 방식이 된다. 조금이라도 지문 내용에 익숙해지려고 ⟨보기⟩의 내용을 먼저 읽으며 배경 지식을 먼저 쌓고, 차근차근 다음 단계의 문제로 접근하는 것이다.

문학뿐만 아니라 비문학과 화법과 작문 지문도 이와 비슷한 방법을 활용하여 문제 푸는 순서를 정하면서 풀면 도움이 된다. 국어 같은 경우에는 한 지문에 여러 문제가 출제되기 때문에 더욱 문제 푸는 순서를 먼저 고민하고 접근하는 게 좋다. 그동안 혹시 항상 국어영역을 풀 때 시간이 부족한 사람이라면 이 방법을 활용하여 시간을 단축해보길 바란다.

출처: 2022학년도 고3 6월 모의평가 국어영역 18~21번 문항

4등급에서 1등급으로 올린
기출문제 공부법

멘토 사례
윤아영 멘토

윤아영 멘토는 수능을 두 달 앞둔 9월 모의평가 국어영역에서 4등급을 받았다. 하지만 포기하지 않고 자신의 잠재력을 믿고서 수능 전날까지 하루도 빠짐없이 수능 및 모의평가 기출문제를 1개씩 풀었다. 그리고 결국 수능에서는 1등급을 받을 수 있었다. 그 비결은 무엇이었는지 살펴보자.

첫 번째 혼자서 공부하려고 했다는 점이다. 국어 실력이 부족했지만, 따로 유명한 강사의 인강을 듣지는 않았다. 수능까지 시간이 얼마 남지 않기도 했지만, 강의를 들으며 공부하는 스타일이 자신과 맞지 않았기 때문이다. 오히려 기출문제를 풀면서 스스로 자신의 약점을 찾아갔다.

일단 답안지를 보지 않고 스스로 이해하려고 노력했다. 만일 지문이 이해 안 되었다고 하더라도 그냥 일단 읽었다. 그리고 시간을 정해놓지 않고 이해할 때까지 계속 읽고 다시 문제를 풀었다. 여러 차례 시도해도 정말 모른다고 판단이 되어서야 답안지를 보고, 자신이 이해한 것을 확인도 하고, 부족한 점을 채웠다.

두 번째 수능 문제와 유사한 기출문제를 풀었다는 점이다. 수능을 출제하는 한국교육과정평가원에서는 6월과 9월 모의평가도 주관하여 출제한다. 실제 시험에 나오는 유형과 출제자의 의도를 파악하기 위해 교육청에서 주관하는 전국연합평가나 사설 모의고사 문제보다는 평가원 기출문제를 풀었다는 것이다.

한 달 정도 시간이 흐르니 영역별로 어떻게 문제가 출제되는지 알 수 있었다. 게다가 선지를 구성하는 방식도 알게 되어 무엇이 오답이 될지 혹은 정답이 될지도 예측할 수준까지 오르게 되었다. 비록 지문은 새로운 게 출제되더라도 글의 전개 방식이나 논리적 관계가 반복되는 걸 깨달으면서 사고의 틀을 적용하여 지문을 이해하는 능력도 향상되었다고 했다.

세 번째는 최대한 수능 시험 시간에 맞춰서 문제를 풀려고 노력했다는 점이다. 윤아영 멘토는 70일 정도를 하루도 빠짐없이 국어영역 기출문제를 풀었는데, 가능하면 8시 40분부터 10시까지 시간을 확보하여 실전처럼 문제를 풀려고 노력했다. 학교에서는 수능이 가까워져서 일부 수업 시간에 진도를 나가지 않아서 자습이 가능한 날에는 이 방법을 사용했다.

시험 시간에 맞춰서 문제를 풀기가 어려운 경우에도 어쨌든 80분이라는 시간이 끊기지 않게 하려고 노력했다. 아까도 말했지만, 한 달 정도 루틴이 형성되니 국어 문제를 푸는 80분이 그리 부담되는 시간이 아니었다. 실제 수능 시험장에서도 이 루틴 덕분에 긴장하지 않고 편안하게 시험을 치를 수 있었다.

이 세 가지 특징 외에도 각 영역별로 자신만의 공부 방법을 찾아갔다. 문학은 작품이 반복되어 나오니까 오답 노트를 작성하며 작품을 정리했다. 다음에도 똑같은 작품이 활용되니까 다시 보는 게 의미가 있다고 생각해서였다. 비문학은 사실 윤아영 멘토가 가장 취약했던 영역이라 기출문제 외에도 추가 문제집을 풀었다.

추가 문제집을 선정하여 푼 이유는 비문학 지문은 결국 시험에서는 새로운 지문이 나오니까 연습을 하기 위해서였다. 특히 자신이 약한 주제(과학, 경제 등) 위주로 공부했다.

마지막으로 문법은 정말 다 외웠다고 한다. 아무리 자신이 문제를 맞혔더라도 다시 써가며 외우려고 노력했다. 내가 정답을 맞혔어도 진짜로 아는 건지 아닌지, 내 것이 아닌 것 같다는 느낌이 들면 그랬다고 했다. 특히 시험에 나온 문법 예외 사항들은 외우지 않으면 틀리기 때문에 따로 노트에 정리해가면서 대비했다. 여기서 잠깐 계산을 해보면 기출문제를 최소 70개 풀었으니 문법 5문제씩만 정리해도 대략 350문제를 정리한 셈이다.

사실 윤아영 멘토는 수시 위주로 입시를 준비하고 있었는데, 결과가 좋지 않아서 갑자기 정시를 준비한 케이스다. 그래서 9월 모의평가 이후 남은 70일이 소중했고 간절했다. 다행인 건 전략적으로 자신이 가장 약했던 국어영역의 점수를 올리기 위해 자신의 잠재력을 믿고, 정면돌파를 했다는 점이다. 두 달 반 만에 국어 4등급에서 1등급까지 올린 이 사례가 누군가에게 방법적인 측면에서도 도움이 되기를 바라고, 강력한 동기 부여를 주는 사례이길 바라본다.

<수학>
1등급 공부법

2022학년도 수능 수학영역은 수학I, 수학II를 공통과목으로 하며, 확률과 통계, 미적분, 기하 중 한 과목을 선택할 수 있다. 수학영역은 전체 30문항 중 공통과목에서 22문항(각 11문항), 선택과목에서 8문항으로 구성되어 있다. 참고로 단답형(주관식) 문항은 공통과목 22문항 중 7문항을, 선택과목 8문항 중 2문항을 단답형으로 출제한다.

통합형 수능으로 바뀌면서 선택과목에 대해서 고민이 많겠지만, 무엇보다 중요한 건 자신이 잘하는 과목을 선택하고, 진학하고자 하는 학과에서 요구하는 선택과목을 미리 확인 후 학습하는 것이다. 이과생의 경우에는 더욱 이 부분을 잘 확인해야 한다.

안타깝게도 통합형 수능(2022학년도)이 시행되는 2021년 3월 서울시 교육청 모의고사에서 수학 1등급은 94% 이상이 이

2022학년도 수능수학									
공통 (수학1, 수학2)					선택 (확률과 통계, 미적분, 기하 중 택1)				
객관식 (1~15번)			단답형 (16~22번)		객관식 (23~28번)			단답형 (29~30번)	
2점	3점	4점	3점	4점	2점	3점	4점	3점	4점
1 ~ 2번	3 ~ 8번	9 ~ 15번	16 ~ 19번	20 ~ 22번	23번	24 ~ 27번	28번	없음	29 ~ 30번

공통(22문항): 74점 / 선택(8문항): 26점

과생, 수학 2등급도 이과생이 83%를 차지해서 문과생들에게 불리한 게 아니냐는 우려의 목소리가 있다. 그런데 걱정만 한다고 해결되는 건 아니니 어떻게든 위기를 극복하고 기회로 만들 필요가 있다고 생각한다. 이 책에 나오는 1등급 멘토들의 공부법이 조금이나마 도움이 되길 바라며 계속 이어가도록 하겠다.

기존 수학 시험지는 초고난도 킬러 3개 문항을 제외하고는 금방 풀 수 있는 문제로 구성되어 있었다. 그래서 1등급 멘토 중에는 30분 이내에 27문제를 해결하고, 나머지 70분 동안 3문항을 해결하는 전략을 쓰기도 했다. 하지만 최근 문제들을 보면 3점짜리 문항에도 준킬러 문항이 있어서 이 방법을 쓰지는 못한다. 오히려 다행인 건 손도 못 대는 문제가 나오는 게 아니라 대비하면 충분히 1등급에 도달할 수 있으니 희망적이라는 것이다.

참고로 수학은 개념 공부와 문제 풀이의 과정이 중요하다.

그리고 수능 시험에서 요구하는 수학적 능력에 대해 알 필요가 있다. 수학은 우선 문제 해결의 기본 수단인 기본적인 계산 능력과 전형적인 문제 해결 절차인 알고리즘 구사 능력을 길러야 한다. 그리고 문제 상황에서 수학적으로 해석하고 분석하는 능력을 함양하기 위해 수학의 기본 개념, 원리, 법칙의 이해 능력을 길러야 한다.

이런 것들을 인용하여 문제를 해결하기 위해 '일반적인 성질로부터 특수한 성질을 연역하기', '반례 찾기', '관찰 등을 통해 유사성을 유추하기', '상황을 단순화하거나 특수화하여 규칙성 찾아보기' 등의 수학적 추론 능력을 길러야 한다. 여러 가지 수학적 개념, 원리, 법칙을 종합적으로 적용하는 문제, 다른 교과 상황을 소재로 한 수학 문제, 수학을 적용하는 다양한 실생활 문제 등이 출제되니 이 점을 명심하자.

난도에 따라 공부법이 있다

수능 시험에서 수학영역은 배점이 2점, 3점, 4점으로 나뉜다. 쉽게 말해 배점에 따라 상, 중, 하 레벨로 나뉜다는 말이다. 2점짜리 문제의 경우는 기본 개념만 알아도 공식을 활용하여 문제를 해결할 수 있다. 3점짜리 문제부터는 여러 개념이 혼합되어 나오기도 하고, 최신 경향은 수학적 사고력을 요구하는 준킬러 문항이 존재한다. 끝으로 4점짜리 문제는 좀 더 복잡한 사고력을 필요로 하는 고난도 문항으로 결국 수학 1등급의 여부는 4점짜리 문제를 해결할 능력이 되느냐 아니냐에 달렸다.

1등급 멘토들은 일단 2점짜리 문제를 풀 때는 빠르게 풀되 계산 실수를 줄이는 것이 가장 중요하다고 말한다. 그리고 2점짜리 문제는 가장 낮은 난도의 문제이기 때문에 틀리지 않아야 한다고 생각한다. '돌다리도 두드려보고 건너자'라는 속담을 기억하는 것이 핵심이다.

수포자(수학 포기자)의 경우에는 2점짜리 문제도 해결하지 못하는 경우가 있다. 이런 경우에는 중학교 때 배우는 수학 개념부터 다시 공부하는 것이 필요하다. 실제 다양한 공부법 책에서도 수학이 어려운 경우 중학교 때 배운 기본 수학 개념이 잡히지 않아서 다음 단계로 넘어가지 못했다고 했다. 고등학교 때 중학교 교재를 보는 게 절대 부끄러운 일이 아니니 2점짜리 문제에서도 틀린다면 꼭 중학교 수학 개념 중 자신이 모르는 파트가 있는지 없는지 확인해보길 바란다.

2점짜리 문제를 틀리지 않게 되면 이제는 3점짜리 문제로 넘어가야 할 시기다. 그런데 2점에서 3점짜리로 넘어가면서는 또 다른 벽에 부딪히게 될 것이다. 위에서도 잠깐 언급했지만, 기본 개념으로 풀리지 않는 문제가 등장한다. 그래서 3점짜리 문제부터는 자신이 익힌 수학 개념을 다양하게 응용할 수 있는지 아닌지가 관건이다.

많은 수험생이 착각하는 것 중 하나는 수학을 공식 암기 위주의 과목이라고 생각하는 것이다. 물론 암기가 기본이 되어야 하지만, 수학적 사고 능력에서 요구하는 건 개념 이해력과 더불어 어떻게 그 개념을 끌어와서 사용할 수 있는지를 묻는 응용력이다. 그런데 이 응용 단계도 못가서 개념 이해에서부터 어렵다고 느끼고 포기한다.

하지만 이 글을 읽는 독자라면 이제는 마음을 바꾸길 바란다. 만점을 바라는 게 아니라 1등급을 위한 방법을 제시할 것이기에 1등급 멘토들이 했던 방식을 따라 해보면서 자신의 실력을 향상해서 1등급 단계까지 올라가길 바란다. 실제 수학 1등급을 받았던 멘토 중에서 3점짜리 문제에서 한계를 느낀 경우가 많다. 그들도 그런 경험이 있었지만, 극복했고 4점짜리 문제까지 정복하면서 1등급을 받았으니 용기를 내보길 바란다.

그럼 다시 마음을 잡았으리라 믿고 3점짜리 문제에 관해서 더 자세히 이야기해 보겠다. 3점짜리 문제도 사실 기본 개념을 묻는 문제가 많다. (사실 4점짜리 문제도 결국 개념 싸움이다) 대신 조금 더 어려운 개념 정도라고 보면 된다.

3점짜리 문제를 자주 틀리던 유가연 멘토는 이를 극복하기 위해 3점짜리 문제만 모아놓은 문제집을 사서 빠르게 풀었다. 덕분에 평소 해왔던 실수를 잡고 부족한 개념이 무엇인지 파악할 수 있었다. 본격적으로 수능 수학 공부를 하기 전, 기초 개념이 좀 흔들린다고 생각하는 학생의 경우 3점짜리 문제집을 하나 사서 풀어볼 것을 추천한다.

지금까지 2점짜리와 3점짜리 문제를 해결하기 위한 이야기를 해봤다. 둘 다 공통점이 있다. 간단히 정리하면 개념을 이해하면서 문제를 푸는 것이다. (개념과 문제 풀이 비중을 어떻게 두어야 하는지는 다음 꼭지에서 자세히 다루겠다) 그리고 쉽게 풀리는 문제가 많으나 계산 실수를 하는 경우가 많다는 점이다. 3점짜리까지는 해볼 만하니까 포기하지 않고 개념을 잡아가며 공부해보길 바란다.

사실상 수험생들이 무너지는 곳은 4점짜리 문제라고 보면 된다. 문제를 아무리 많이 풀어도 4점짜리를 따로 공략하지 않으면 정복이 어렵기 때문이다. 특히 가장 어려운 문제가 출제되는 30번 문항의 경우 주관식 문제로 오답률이 97%가 나올 정도로 어렵다. 하지만 1등급 멘토들은 전략적으로 4점짜리 문제를 잡기 위해 노력했고, 결국 만점 혹은 1등급에 안정적으로 안착했다.

1등급 멘토들이 말하는 4점짜리 문제 공부법은 정확한 개념 이해와 이를 문제 풀이 과정으로 연결시키는 연습을 전략적으로 하는 것이다. 우선 4점 문제는 기출문제 풀이를 통해 4점 문제의 흐름을 파악하는 것이 중요하다. 4점 문제를 접하며 해당 문제와 연결된 개념이 무엇이고, 왜 그렇게 풀이 과정이 이어지는지 완벽히 이해한 후 해당 풀이 과정을 머릿속에 입력시키는 반복 풀이 과정이 중요하다.

3점짜리 문제들은 깊이 고민하지 않아도 외우고 있는 공식에 대입하면 대부분 풀린다. 그러나 난도가 올라갈수록 4점짜리 대부분은 문제를 보자마자 풀 수는 없다. 수학적 사고력을 발휘해 풀이에 필요한 아이디어를 떠올려야 풀 수 있다. 그래서 인터넷 강의 중에는 4점짜리 문항을 푸는 방법만 모아놓은 것도 있다.

실제 멘토들은 4점짜리 문항을 정복하기 위해서 인터넷 강의든 고난도 문항이 수록된 문제집이든 가리지 않고 섭렵하여 고난도 문항을 정복해냈다. 4점짜리 문제에서 요구하는 수학 도구(수학 공식 등)를 따로 정리하면서 상황에 따라 어떻게 그 수학 도구가 이용되는지 파악하며 공부했다. 다시 말해, 시험에 나오는 개념, 원리, 법칙 등의 알고리즘을 파악하는데 따로 시간을 들였다는 말이다.

그리고 어떤 방식으로 문제를 푸는지도 아래 예시를 통해 한번 확인해보길 바란다. 1등급 멘토는 이렇게 철저하게 문제를 분석하면서 위에서 말하는 수학 도구를 찾으려 노력했다. 3점짜리 문제와 4점짜리 문제의 난도의 차이를 비교하며 확인해보자.

1) 3점짜리 문제 예시

> **5.** 다항함수 $f(x)$에 대하여 함수 $g(x)$를
>
> $$g(x) = (x^2 + 3)f(x)$$
>
> 라 하자. $f(1) = 2$, $f'(1) = 1$일 때, $g'(1)$의 값은? [3점]
>
> ① 6 ② 7 ③ 8 ④ 9 ⑤ 10

출처: 2022학년도 고3 6월 모의평가 수학영역 5번 문항

'다항함수' → 실수 전체에서 연속, 미분 가능. **(개념)**

$g'(x) = 2xf(x) + (x^2+3)f'(x)$ **(곱의 미분법 공식)**

$g'(1) = 2f(1) + 4f'(1)$

$f(1)=2, f'(1)=1$이므로 대입하면 답은 8

→ 3점 문항은 간단한 개념과 공식만 알고 있으면 바로 적용해서

풀 수 있는 문제가 많다.

출처: EBSi 홈페이지 기출문제 해설

2) 4점짜리 문제 예시

> **22.** 삼차함수 $f(x)$가 다음 조건을 만족시킨다.
>
> > (가) 방정식 $f(x)=0$의 서로 다른 실근의 개수는 2이다.
> > (나) 방정식 $f(x-f(x))=0$의 서로 다른 실근의 개수는
> > 3이다.
>
> $f(1)=4$, $f'(1)=1$, $f'(0)>1$일 때, $f(0)=\dfrac{q}{p}$이다. $p+q$의
> 값을 구하시오. (단, p와 q는 서로소인 자연수이다.) [4점]

출처: 2022학년도 고3 6월 모의평가 수학영역 22번 문항

조건 (가) → '방정식의 서로 다른 실근의 개수'= 함수 그래

프와 x축과 만나는 서로 다른 교점의 개수를 의미. 즉, $y=f(x)$

와 $y=0$이 서로 다른 두 교점에서 만난다는 뜻. (개념)

x축과 서로 다른 두 점에서 만나는 3차함수의 그래프는 극

댓값 혹은 극솟값 중 하나가 0이 되는 그래프이다. 그렇다면 조

건 (가)를 충족하는 그래프의 형태에는 총 4개가 존재하게 된

다. (개념 적용)

조건 (나) → 조건 (가)를 토대로 $f(x)=0$의 서로 다른 두 실

근을 α, β라 하면 조건 (나)는 $x - f(x) = \alpha$ 또는 $x - f(x) = \beta$에서 서로 다른 실근의 개수가 3이라는 의미가 된다. 즉, $y = f(x)$와 $y = x - \alpha$ 또는 $y = x - \beta$이 서로 다른 세 교점에서 만난다는 뜻이다. (개념 적용)

이를 바탕으로 조건을 만족하는 함수 $f(x)$의 그래프 형태를 조건 (가)를 만족하는 4개의 후보 중에서 추려내야 한다. 그 다음은? $f(1) = 4$, $f'(1) = 1$, $f'(0) > 1$ 조건도 같이 활용하여 함수 $f(x)$를 정확히 추론해내야 한다. (풀이 아이디어 생각해내기)

→ 4점 문항은 개념을 문제 조건에 맞게 적용하고, 이를 통해 스스로 풀이 아이디어를 생각해내야 하는 문제가 많다.

출처: EBSi 홈페이지 기출문제 해설

개념보다 문제 풀이 비중이
더 높아야 한다

수학은 다른 과목에 비해 개념이 적은 대신 응용이 많은 과목이다. 즉, 문제를 푸는 게 그만큼 중요한 과목이다. 대부분의 수학문제집은 개념과 함께 그 개념을 확인할 수 있는 문제로 구성되어 있다. 수학은 결국 문제 풀이 싸움이기 때문에 개념을 익힐 때도 문제로 직접 풀어보며 익히는 것이 좋다.

문제 풀이보다 개념에만 집중하는 경우에는 성적이 오르지 않을 수도 있다. 개념 이해가 중요하다고 강조하니까 문제는 거의 안 풀고, 자신의 노트에 개념을 정리하는 수험생들이 있는데 이는 비효율적인 수학 공부 방법이다. 이는 마치 이론은 잔뜩 배워놓고서 실전에 활용하지 않는 경우와 같다.

자격증만 있으면 업무를 완벽하게 해낼 수 있을까? 그렇지는 않다. 그 분야에서 직접 일을 해 봐야 한다. 수학 공부도 이와 마찬가지로 개념을 공부하고서 직접 문제를 풀어보지 않으면,

다양한 상황의 문제에 맞게 개념을 적용하지 못하게 된다. 그래서 실전 문제 풀이가 중요하다는 것이다.

교과서에 나온 개념만으로도 충분하다는 말도 있는데, 이는 문제 풀이를 병행한다는 조건이 꼭 붙어야 한다. 문제를 풀면서 추가로 개념을 이해하는 상황이 발생하기 때문이다. 그렇다고 기본 개념이 중요하지 않다는 말은 절대 아니다. 밥을 먹을 때 다양한 반찬을 먹어야 건강해질 수 있는 것처럼, 다양한 문제를 풀어봐야 개념을 더욱 단단하게 만들 수 있는 것이다.

간혹 개념이 아무리 중요해도 문제 풀이가 더 중요하다고 말하면, 아무 생각 없이 '양치기'하는 문제 풀이에 빠지는 경우가 있다. 이런 상황에 빠지는 건 금물이다. 문제 풀이를 무작정 많이 하기보다는 응용에 초점을 맞춘 공부를 해야 한다. '왜 이 문제를 풀어야 하는가?', '어떤 능력을 기르기 위해서인가?', '왜 틀렸는가?', '무슨 개념이 부족해서인가?' 등의 생각을 하면서 문제를 풀어야 한다.

다시 말해, 문제가 요구하는 수학적 '능력'을 분석해야 한다는 것이다. 표면적인 문제의 모습이나 유형이 중요한 게 아니라, 기저에 있는 수학적 진리를 찾는 것이 중요하다. 여기서 말하는 수학적 진리가 바로 개념이고, 개념에 들어 있는 수학적 원리와 법칙을 의미한다.

예를 들어, 등차수열의 개념은 그리 많지 않다. 실제 문제집에서 찾아본 등차수열 관련 개념은 다음 페이지에 이어지는 내용이 거의 전부라 할 수 있다. 물론 추가적인 증명이나 예시를 통한 설명이 나와 있는 경우가 많지만, 핵심 개념은 이 정도가 끝이라는 말이다. 사회, 역사 등 타 과목에 비해 확실히 개념의 양이 적다.

등차수열의 뜻과 일반항

(1) 등차수열의 뜻: 첫째항부터 차례로 일정한 수를 더해 만들어지는 수열을 등차수열이라 하고, 더하는 일정한 수를 공차라고 한다.

(2) 등차수열의 일반항: 첫째항이 a, 공차가 d인 등차수열 $\{a_n\}$의 일반항 a_n은 $a_n = a + (n-1)d$ $(n=1,2,3\cdots)$

등차중항

세 수 a, b, c가 이 순서대로 등차수열을 이룰 때, b를 a와 c의 등차중항이라고 한다.

이때 b가 a와 c의 등차중항이면 $b-a=c-b$이므로 $2b=a+c$, 즉 $b=\dfrac{a+c}{2}$ 가 성립한다. 역으로 $b=\dfrac{a+c}{2}$이면 $b-a=c-b$이므로 b는 a와 c의 등차중항이다.

등차수열의 합

(1) 첫째항이 a, 제 n항이 1인 등차수열 $\{a_n\}$의 첫째항부터 제 n항까지의 합 S_n은

$$S_n = \frac{n(a+1)}{2}$$

(2) 첫째항이 a, 공차가 d인 등차수열 $\{a_n\}$의 첫째항부터 제 n항까지의 합 S_n은

$$S_n = \frac{n\{2a + (n-1)d\}}{2}$$

수열의 합과 일반항 사이의 관계

수열 $\{a_n\}$의 첫째항부터 제 n항까지의 합을 S_n이라 하자. $S_1 = a_1$이고, 2 이상인 자연수 n에 대하여 $S_n = a_1 + a_2 + a_3 + \cdots a_{n-1} + a_n = S_{n-1} + a_n$이므로

$$S_1 = a_1,\ S_n - S_{n1} = a_n (n \geq 2)$$

출처: 2022학년도 EBS 수능특강 수학영역 수학 I

하지만 수학에서는 개념만 보고 바로 문제를 완벽히 풀어내기란 쉽지 않다. 아래 문제를 한번 확인해보자.

등차수열 $\{a_n\}$의 첫째항부터 제 n항까지의 합을 S_n이라 하자. 모든 자연수 n에 대하여 $S_{2n} - S_{2n-1} = 4n + 3$일 때, $(a_{10} + a_{12} + a_{14} + a_{16} + a_{18}) - (a_1 + a_3 + a_5 + a_7)$의 값은?

출처: 2022학년도 EBS 수능특강 수학영역 수학 I 81쪽 7번

개념만 간신히 익히고 문제를 본 학생들은 처음에 당황할지도 모른다. 분명 개념에서는 S_n에 대해서만 배웠는데, 갑자기 아래 문제에서는 S_{2n}이 등장했기 때문에 어떻게 풀어야 할지 헤맬 수도 있다. 하지만 천천히 생각해보면, $S_n - S_{n-1} = a_n(n \geq 2)$이 므로 여기에 n 대신 $2n$을 대입하면 $a_{2n} = 4n + 3$이라는 걸 알 수 있다.

그런데 여기서 또 다른 문제에 봉착한다. $a_{2n} = 4n + 3$에서 $n = 1$부터 차례로 대입하기 시작하면 a_2, a_4와 같은 짝수항밖에 나오지 않는다. 문제를 풀기 위해서는 홀수항의 값도 알아야 하는데 말이다. 그럼 어떻게 해야 할까?

공차를 구하면 된다. 위 식에 따르면 $a_2 = 4 \times 1 + 3 = 7$, $a_4 = 4 \times 2 + 3 = 11$이다. 등차수열 a_n의 공차를 d라 하면 $a_4 - a_2 = (a_1 + 3d) - (a_1 + d) = 4$이고, $2d = 4$, 즉 $d = 2$라는 걸 알 수 있다. 또한 $a_1 + d = 7$이므로 이제 $d = 2$를 대입하면 $a_1 = 5$라는 것까지 파악할 수 있다. 그럼 이제 문제를 다 풀 수 있게 된다.

이처럼 수학은 개념을 꼼꼼히 본다고 해서 이를 모두 문제에 바로 적용하기란 쉽지 않다. 개념을 바탕으로 좀 더 확장된 사고를 발휘해야 문제를 풀 수 있기 때문이다. 확장된 사고는 다양한 문제를 풀어봄으로써 기를 수 있다. 사실 앞에서 다룬 문제도 개념이 응용된 정도가 그리 큰 문제는 아니다.

실전에서는 처음 보기엔 손도 못댈 정도로 개념을 어떻게 활용해야 할지 모르겠는 문제들이 많다. 따라서 문제를 많이 풀면서 이러한 문제들에 적응하는 것이 필요하다. 다만 개념을 익히자마자 무조건 어려운 문제를 풀기보다는, 응용의 정도가 약한 기본 문제부터 시작해서 점차 난도를 높여가는 것이 적절하다. 단계별로 문제를 많이 풀어보면서 개념을 적재적소에 응용하는 법을 기르고 사고력을 확장할 수 있다.

실제 시중에 파는 많은 수학 문제집들이 개념 제시와 함께 단계별로 난도를 높인 문제들로 구성되어 있는 경우가 많다. 그렇기 때문에 수학에서 문제집을 푸는 것이 중요하다고 말하는 것이다. 상대적으로 시간이 많은 방학을 활용해 나에게 맞는 문제집 몇 권을 찾아 풀어보자. 물론 학교에서 지정하는 부교재(문제집)가 있다면 이를 집중적으로 풀어보는 것이 좋다. 문제집을 풀다 보면 나에게 부족한 문제 유형이 무엇인지도 알게 되고, 또 이를 보완할 수 있다.

이런 식으로 개념 이해 후 문제를 풀다 보면 분명 비슷한 점을 찾을 수 있다. 그렇게 문제 풀이를 통해 자신만의 문제 풀이 매뉴얼을 만드는 것이 필요하다. 그러면 문제를 맞닥뜨렸을 때 당황하지 않고 손을 움직이게 해준다. 자신이 만든 매뉴얼 내용을 바탕으로 조금이라도 시도하다 보면 문제를 풀 수 있는 아이디어가 보이기 때문이다.

예를 들어, 문제를 풀다 보면 앞서 다룬 2022학년도 고3 6월 모의평가 22번과 같이 함수 $f(x)$에 대한 방정식에서 서로 다른 실근의 개수를 구하라 하는 문제가 4점짜리 문항에서 자주 출제된다. 이러한 문제를 풀 때, 방정식의 서로 다른 실근의 개수는 곧 함수에서 서로 다른 교점의 개수를 구하라는 의미로 해석하고 바로 그에 맞게 함수 그래프를 직접 그려본다는 매뉴얼을 기억해두면 좋다.

22번 문제의 (가) 조건은 곧 $y=f(x)$와 $y=0$이 서로 다른 두 교점에서 만난다는 의미이므로, 삼차 함수의 극댓값 혹은 극솟값이 0이 되는 그래프를 그려야 할 것이다. (이렇게 생각만 하는 것과, 직접 그래프를 그려보는 것은 매우 다르다! 문제를 풀 때는 손으로 어떻게든 끄적여봐야 한다는 것은 바로 이런 이유 때문이다.)

---

22. 삼차함수 $f(x)$가 다음 조건을 만족시킨다.

> (가) 방정식 $f(x)=0$의 서로 다른 실근의 개수는 2이다.
> (나) 방정식 $f(x-f(x))=0$의 서로 다른 실근의 개수는 3이다.

$f(1)=4$, $f'(1)=1$, $f'(0)>1$일 때, $f(0)=\dfrac{q}{p}$이다. $p+q$의 값을 구하시오. (단, p와 q는 서로소인 자연수이다.) [4점]

출처: 2022학년도 고3 6월 모의평가 수학영역 22번 문항

그래서 그래프는 다음과 같은 네 가지 경우 중 하나가 될 것으로 예상할 수 있다.

1) 극댓값이 0인 경우

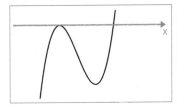 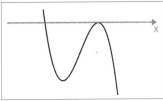

2) 극솟값이 0인 경우

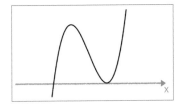 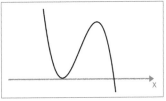

자신이 직접 문제 풀이 유도과정을
설명할 수 있어야 한다

우리가 공부하면서 가장 많이 하는 착각은 다른 사람이 가르치는 내용을 듣고, 보면서 내가 공부하고 있다고 생각하는 것이다. 누군가 수학 문제 풀이를 해주는 것을 보기만 하는 것은 절대 내 기억에 남지 않는다. 손으로 직접 푸는 문제가 결국 실력으로 남게 되니, 문제를 제대로 많이 풀어보는 것이 중요하다.

수학에서 대충대충 푸는 '문제 풀이'는 금물이다. 언제나 내가 문제를 정확히 풀었는지 점검하는 것이 중요하다. 문제의 답을 맞혔다고 해서 문제를 완벽히 '이해'한 것은 아니기 때문이다. 그리고 직접 본인이 풀이 유도과정을 설명해보는 것이 좋다.

문제에서 요구하는 능력과 개념과 이를 응용해 풀이하는 과정까지 자신이 선생님이라 가정하고 수업하듯 설명해보는 것이다. 설명하다 보면 풀이 과정 중에서 애매했거나 잘 이해하지 못했던 부분을 파악할 수 있다. 설명 과정에서 부족했던 부분은 다른 자료를 찾아보거나 본인이 스스로 이에 대해 고민해보면서 보완할 수 있다.

그런데 본인이 완벽하게 풀이 유도과정을 설명했다고 하더라도, 어려운 4점 문항의 경우 며칠 정도가 지나면 그 풀이를 까먹는 경우가 많다. 문제를 푸는 과정에서 해설을 참고하며 풀이를 익히다 보면 내가 이 문제 풀이를 '외우기만' 한 건지, 아니면 완전히 '이해'를 한 건지 파악하기가 힘들다.

그럴 때는 '일정 기간을 두고 나중에 다시 풀기' 방법을 활용하면 좋다. 문제를 풀고 난 후 풀이 설명 과정에서 유독 헷갈렸던 문제에 대해서는 포스트잇으로 일주일 뒤 날짜를 적어놓고, 일주일 뒤에 다시 그 포스트잇이 붙어 있는 문항으로 돌아가 풀이 유도과정을 다시 스스로 설명해본다. 완벽하게 설명할 수 있으면 그 포스트잇을 떼고, 미흡한 부분이 있었다면 다시 일주일 뒤 날짜를 적어놓는다. 이런 식으로 완벽하게 풀이를 설명할 수 있을 때까지 반복하는 것도 좋은 방법이다.

이처럼 스스로 문제 풀이 유도과정을 살펴보며 개념과 문제를 확실히 이해했는지 꼼꼼하게 확인하는 것이 필요하다. 혹시 설명이 막힌 부분이 있거나 논리적 비약이 심하다고 느껴지는 부분이 있다면 그건 안다고 생각했으나 실제로는 이해하지 못한 부분이다. 다음 예시를 통해 한번 살펴보자.

등차수열 $\{a_n\}$에 대하여 $\sum\limits_{k=1}^{5}(a_{2k}+a_{2k+2})=104$일 때,

$\sum\limits_{k=1}^{5}a_{2k+1}$의 값은?

출처: 2022학년도 EBS 수능특강 수학영역 수학 l 98쪽 5번

이 문제에 대한 풀이 과정을 스스로 설명할 때, 풀이 과정에서 이 개념을 왜 활용해야 하고, 어떻게 활용하면 되는지 다 설명할 수 있어야 한다.

등차수열 $\{a_n\}$에서 → 공식 적용 근거 (등차수열이니까 '등차중항' 개념을 활용할 수 있다!)

$a_{2k}+a_{2k+2}=2a_{2k+1}$ ('등차중항' 공식)

→ 왜? a_{2k+1}은 a_{2k}와 a_{2k+2}의 등차중항이니까! ('등차중항' 개념)

$$\sum_{k=1}^{5}(a_{2k}+a_{2k+2})=\sum_{k=1}^{5}2a_{2k+1}$$

$= 2\sum\limits_{k=1}^{5}a_{2k+1}$ → 왜? 합의 기호 Σ의 성질을 이용한 것! ('Σ의 성질' 개념)

$\sum\limits_{k=1}^{5}(a_{2k}+a_{2k+2})=104$ 이므로

따라서 $\sum\limits_{k=1}^{5}a_{2k+1}=52$

고난도의 경우는
정확한 개념 이해에서 갈린다

쉬운 문제는 개념을 세세하게 몰라도 공식 적용만 하면 풀수 있는 경우가 많다. 반면에 고난도 문제는 개념을 정확하게 알아야 풀이 아이디어를 떠올릴 수 있는 경우가 대부분이다. 따라서 고난도 문제를 잘 풀기 위해서는, 평소에 공식을 공부할 때도 '암기'를 하는 것이 아니라 유도과정을 통해 '이해'를 할수 있어야 한다.

단순히 공식을 암기하다 보면 해당 공식의 전제조건 등을 까먹기 쉽다. 그래도 유도과정을 통해 공식을 '이해'한 사람이라면 공식의 조건이나 범위 등을 까먹지 않을 수 있다. 이러한 세부 조건들을 모두 알고 있어야, 고난도 문제를 풀 때 어떤 공식을 가져와서 어떻게 써야 할지 그 아이디어를 생각해낼 수 있는 것이다.

고난도 문제는 개념을 한 단원에서만 가져오는 것이 아니라, 여러 단원과 연결하여 가져오는 경우도 많다. 따라서 고난도 문제에 대비하기 위해서는 처음부터 개념 공부를 할 때 꼼꼼히 하는 것이 중요하다. 그래야 문제에 적용해야 할 개념이 꼬이거나 헷갈리지 않는다. 또한 수학 과목에서도 목차를 알아두는 것이 도움이 되고, 각 단원 간 개념을 비교, 대조하며 공부하는 것도 좋은 개념 공부 방법이다.

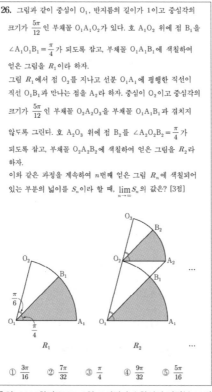

26. 그림과 같이 중심이 O_1, 반지름의 길이가 1이고 중심각의 크기가 $\dfrac{5\pi}{12}$인 부채꼴 $O_1A_1O_2$가 있다. 호 A_1O_2 위에 점 B_1을 $\angle A_1O_1B_1 = \dfrac{\pi}{4}$가 되도록 잡고, 부채꼴 $O_1A_1B_1$에 색칠하여 얻은 그림을 R_1이라 하자.

그림 R_1에서 점 O_2를 지나고 선분 O_1A_1에 평행한 직선이 직선 O_1B_1과 만나는 점을 A_2라 하자. 중심이 O_2이고 중심각의 크기가 $\dfrac{5\pi}{12}$인 부채꼴 $O_2A_2O_3$을 부채꼴 $O_1A_1B_1$과 겹치지 않도록 그린다. 호 A_2O_3 위에 점 B_2를 $\angle A_2O_2B_2 = \dfrac{\pi}{4}$가 되도록 잡고, 부채꼴 $O_2A_2B_2$에 색칠하여 얻은 그림을 R_2라 하자.

이와 같은 과정을 계속하여 n번째 얻은 그림 R_n에 색칠되어 있는 부분의 넓이를 S_n이라 할 때, $\lim\limits_{n \to \infty} S_n$의 값은? [3점]

① $\dfrac{3\pi}{16}$ ② $\dfrac{7\pi}{32}$ ③ $\dfrac{\pi}{4}$ ④ $\dfrac{9\pi}{32}$ ⑤ $\dfrac{5\pi}{16}$

출처: 2022학년도 고3 6월 모의평가 수학영역 미적분 26번 문항

문제풀이)

$$S_1 = \frac{1}{2} \times 1^2 \times \frac{\pi}{4} = \frac{\pi}{8}$$

$\angle O_1 A_2 O_2 = \frac{\pi}{4}$ 이므로 삼각형 $O_1 A_2 O_2$에서 사인법칙에 의하여

$$\frac{\overline{O_2 A_2}}{\sin \frac{\pi}{6}} = \frac{\overline{O_1 O_2}}{\sin \frac{\pi}{4}}, \quad \frac{\overline{O_2 A_2}}{\frac{1}{2}} = \frac{1}{\frac{\sqrt{2}}{2}}$$

$$\overline{O_2 A_2} = \frac{1}{\sqrt{2}}$$

따라서 닮음비는 $1 : \frac{1}{\sqrt{2}}$ 이므로 넓이의 비는 $1 : \frac{1}{2}$ 이다.
즉, 구하는 극한값은 첫째항이 $\frac{\pi}{8}$ 이고,
공비가 $\frac{1}{2}$ 인 등비급수의 합이므로

$$\lim_{n \to \infty} S_n = \frac{\frac{\pi}{8}}{1 - \frac{1}{2}} = \frac{\pi}{4}$$

정답 ③

출처: 2021학년도 고3 6월 모의평가 수학영역 미적분 26번 문항 해설

미적분의 '등비급수' 개념과 수학1의 '사인법칙' 개념을 모두 알아야 풀 수 있는 문제이다. 이외에도 삼각형의 넓이, 닮음비 등 고등 수학 이전의 개념도 복합적으로 등장했다.

사인법칙 개념

삼각형 ABC의 외접원의 반지름 길이를 R이라 하면

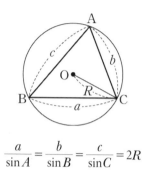

$$\frac{a}{\sin A} = \frac{b}{\sin B} = \frac{c}{\sin C} = 2R$$

(참고) 삼각형 ABC에서 $\angle A, \angle B, \angle C$ 의 크기를 각각 $A, B,$ C로 나타내고, 이들 대변의 길이를 각각 a, b, c로 나타내기로 한다.

등비급수 개념

(1) 등비급수의 뜻

첫째항이 $a(a \neq 0)$이고 공비가 r인 등비수열 $\{ar^{n-1}\}$에 대하여 급수

$$\sum_{n=1}^{\infty} ar^{n-1} = a + ar + ar^2 + \cdots$$

을 첫째항이 a이고 공비가 r인 등비급수라고 한다.

(2) 등비급수의 수렴과 발산

첫째항이 $a(a \neq 0)$이고 공비가 r인 등비급수 $\sum\limits_{n=1}^{\infty} ar^{n-1}$은

① $|r| < 1$ 일 때, $\sum\limits_{n=1}^{\infty} ar^{n-1} = \dfrac{a}{1-r}$

② $|r| \geq 1$ 일 때, 발산한다.

한 가지 팁을 더하자면, 전문가의 도움을 받는 것이다. 다양한 강사들이 일명 수학의 '킬러 문항'을 대비하기 위한 많은 전략과 필수 개념 포인트 등을 알려주고 있다. 심화 개념 강의 혹은 좀 더 실력이 있는 학생이라면 킬러 문항 대비 강의 등을 통해 고난도 문제에 대비할 것을 추천한다.

1등급 멘토 중 4점짜리에 나오는 개념과 수학 도구에 대한 이해가 부족해서 1등급을 받지 못한 경우도 있었다. 아무리 열심히 공부해도 1등급이 안 나오자 허탈한 마음이 들기도 했다고 한다. 하지만 킬러 문항 대비 강의를 들으며 노하우를 깨닫고 나서는 차근차근 4점짜리 문항을 정복했고, 결국 만점에 가깝게 수학 1등급을 받았다고 한다. 이 부분에 대한 자세한 이야기는 멘토 사례 부분에서 하도록 하겠다.

많은 1등급 멘토들은 수학 과목을 선행학습하는 경우가 많다. 그 이유는 수학은 정확한 개념 이해와 많은 문제 풀이까지 요구하기 때문에 들여야 하는 시간이 많기 때문이다. 학교 진도에 따라 개념을 정확히 배움과 동시에 문제 풀이까지 섭렵하는 건 분명히 쉽지 않은 일이다. 따라서 수학은 일정 기간 앞당겨

서 선행학습을 하는 것이 나쁘지 않다고 생각한다.

그렇다고 지나치게 선행학습을 하라는 말은 아니다. 본인의 상황에 따라 미리 예습한다고 생각하면 좋겠다. 시간은 유한하지만, 해야 할 것이 많기 때문이다. 그래도 1등급 멘토들이 말하는 효율적인 선행학습 시기를 한 학기 전으로 본다. 상대적으로 여유가 있는 중학교 3학년 때 고등학교 수학을 접하며 개념을 훑어볼 것을 추천한다. 고등학교에 진학하고 나서는 주로 방학을 활용하여 다음 학기에 배울 수학 내용을 집중적으로 학습하면 도움이 된다.

가끔 1등급 멘토 중에는 선행학습을 하지 않은 경우가 있었는데, 이 경우에는 약간 뒤처지는 느낌을 받았다고 한다. 반면 한 학기 정도 미리 공부해둔 멘토의 경우, 이전에 배웠던 것을 공부한다는 심리적 안정감을 느꼈다고 한다. 허나 중요한 건 선행학습을 했다는 사실보다는, 개념에 익숙해지고 문제를 많이 풀었다는 것이다. 즉, 선행학습을 했으니까 잘하는 것이 아니라, 선행학습을 통해 개념을 여러 번 익히고 문제도 더 많이 풀어봐서 잘하는 것이라는 말이다.

고난도 문제는 자신이 직접 문제 풀이식을 수립해야 하는 문제가 많다. 이런 경우 목적을 갖고 문제를 바라봐야 한다. 백지상태에서 끄적거리는 것이 아니라, 문제에 적합한 식을 가져와 문제에 맞게 조건을 변형하는 것이다. 식의 수립 전 단원을 먼저 떠올리고 그 단원에 맞는 식을 가져오는 방식으로 접근해야 한다. 해당 문제에 써먹을 수 있는, 수학자들이 약속한 개념과 공식이 분명 있을 것이기 때문이다.

결론적으로, 고난도 문제도 결국 개념 이해가 필수적이다. 그렇기 때문에 수학 1등급이 되고 싶다면 공식을 단순 암기하는 것에 그치는 것이 아니라 공식과 관련된 개념, 그리고 유도 과정까지 완벽히 이해해야 한다. 더불어 한 단원, 한 개념 안에서만 머무르는 것이 아니라 여러 개념을 통합해서 이해해야 한다. 이게 바로 고난도 문항을 정복하는 길이라는 걸 잊지 말자.

수학 1등급은
100점이 아니어도 괜찮아

　매번 그런 건 아니지만, 평균적으로 수학 1등급은 가형은 92점, 나형은 88점인 경우가 많다. 다시 말해, 100점을 받지 않더라도 1등급을 받을 수 있다는 말이다. 다만 2022학년도 통합수능부터는 확률과 통계, 미적분, 기하로 선택과목이 나뉘면서 예상 등급컷이 과목별로 다르다. 한국교육과정평가원 주관 2021년 6월 모의평가 예상 등급컷은 확률과 통계는 90점, 미적분은 85점, 기하 86점 정도로 본다. 평가원 시험 성적은 원점수 (100점 만점 중 실제로 받은 원점수)는 나오지 않고 표준점수 (전체평균을 100으로 놓고 분포시킨 상대점수)가 나오기 때문에 대략적인 예측 점수이다.

　어찌 되었든 100점이 아니어도 1등급이 나올 수 있다는 게 요지다. 그래서 1등급 멘토들은 매우 전략적으로 수학 점수를 따고자 계획을 세운다. 이미 점수대별로 어떻게 공부해야 할지

수학

등급	원점수			표준점수	백분위
	확률과통계	미적분	기하		
1	90	85	86	134	96
2	79	75	76	126	89
3	69	65	66	118	76
4	56	53	54	108	60
5	34	31	33	91	40
6	18	16	18	79	22
7	13	11	13	75	10
8	9	8	9	72	5

출처: EBSi 홈페이지 풀서비스

알았으니 구체적으로 시험을 볼 때 어떤 전략을 세우는 게 좋을지 고민해볼 필요가 있다. 결국에 1등급이냐 아니냐의 문제는 4점짜리 문제를 정복했느냐 아니냐의 문제에 달려 있기 때문이다.

기존 수능 수학 시험의 경우엔 이과의 경우에는 대략 4점짜리 3문제, 문과의 경우엔 4문제를 틀리면 1등급을 받을 수 있었다. 현재도 기존에 수학 나형을 선택했던 문과생의 경우엔 확률과 통계를 주로 하니까 90점만 받으면 되겠지만, 기존에 수학 가형을 선택했던 이과생의 경우엔 미적분을 선택한 경우 85점, 기하를 선택한 경우 86점을 받으면 되었다.

결과적으로 기존이나 현재나 100점은 아니라도 1등급은 나올 수 있다는 말이다. 물론 수학이라는 과목 자체가 어려워서 많은 학생이 수학 공부를 위해 많은 시간을 투자하는 건 사실이다. 그리고 만점이 아니지만 1등급을 받기에도 쉽지 않은 과목이다. 게다가 문과생의 경우엔 통합 수능 수학 시험에서 1등급을 받기가 더 어렵다고 한다.

실제 2021년 6월 모의평가에 응시한 수험생의 성적을 분석해 선택과목별 수학 1등급 비율을 추정했더니 확률과 통계는 4.3%, 미적분은 86.3%, 기하는 9.5%로 나왔다. 수학에서 1등급을 받은 수험생 중 95% 이상은 이과생이었다는 의미다. 앞으로 어떻게 조율이 될지 모르겠지만, 낙담만 하고 있어서는 안 된다고 생각한다. 문과생이라도 만점이 아니어도 1등급을 받을 수 있으니 끝까지 포기하지 않고 해봐야 하지 않을까?

조금이라도 논쟁이 있을 만한 부분이라 언급을 해봤으나 핵심은 만점은 아니더라도 1등급을 받기 위한 전략적인 공부를 해봐야 한다는 것이다. 그리고 1등급 멘토들의 전략을 공유하고자 한다. 지금과는 조금 다른 상황이긴 했어도 그들은 어떻게 1등급을 받을 수 있었을까? 그 핵심을 파악하라는 말이다.

공통적으로 수학 1등급을 받았던 멘토들은 마지막 어려운

4문제를 해결하기 위해 더 많은 시간을 투자했다. 기존 수학 시험의 경우엔 객관식 20, 21번과 주관식 29, 30번이 고난도 문항이었다. 그래서 이 4문제를 잡기 위해 촌철살인으로 수학 공부에 매진했다. 그전에 더 전략적인 건 이 4문제를 잡기 전까지 나머지 문제를 다 맞힐 수 있도록 노력했다는 게 포인트다.

실제 수능을 6일 남기고 수능 최저를 맞추고자 수학 공부 벼락치기를 했던 한 멘토는 비록 1등급을 받지는 못했지만, 짧은 기간 안에 엄청난 성적향상을 보였다. 전략은 다름 아닌 자신이 풀지 못하는 문제는 과감하게 포기하는 거였다. 일단 4점짜리 문제 중 고난도는 버리고, 나머지 4점짜리를 최대한 해결하려고 노력했다. 하루에 모의고사 3개씩 풀면서 풀 수 있는 문제를 조금씩 늘려가려고 노력한 점이 유효했다.

그의 말에 따르면 어려운 문제를 푸는 데 쓸 시간을 모두 자신이 풀 수 있는 난도의 문제에 투자했다고 했다. 내가 맞힐 수 있는 문제만 다 맞히자는 마음가짐으로 공부했던 것이다. 결과적으로, 수능 시험 날에도 같은 방식으로 문제를 풀어서 원하는 등급을 받았고 수능 최저를 맞출 수 있었다. 벼락치기가 필요한 상황에서 냉정하게 내 위치를 파악하고, 내 위치(실력)만큼의 점수 달성을 위해 노력한 결과가 아닌가 하는 생각이 든다.

2021년 6월에 실시한 새 수능 유형을 분석해보면, 선택과목보다 공통과목에서 변별하려는 듯하다. 수학 전문가들도 선택과목에서 어렵게 나오는 주관식 29, 30번 문항보다 공통과목의 객관식 14, 15번 중 하나와 주관식 20, 21번이 고난도였다고 평가한다. 다시 말해, 선택과목도 중요하지만 수학의 초석이 되는 공통과목에 더 충실히 해야 한다는 말이다.

그리고 전략을 조금 바꿔서 29, 30번을 마지막에 푸는 것보다는 공통과목에서 고난도 유형을 나중에 푸는 전략을 펼치는 것이 시간 관리 측면에서도 유리할 것이다. 하지만 1등급을 받기 위한 전략의 핵심은 같다. 자신이 해결 가능한 문제를 먼저 풀고, 나중에 남은 시간에 어려운 문제를 푸는 게 만점은 아니더라도 최대한 문제를 많이 해결할 수 있고 1등급에 가까운 공부법인 것이다.

6월 모의평가에서는 아직 시험 범위가 모두 반영된 것이 아니라서 쉽게 단언하기가 어렵지만, 지금 배운 전략을 꼭 활용하길 바란다. 나중에 만일 선택과목 문제에서 더 고난도 문제가 나온다고 가정해본다면 위에서 언급한 공통과목 객관식 14, 15번 문제 중 하나, 주관식 20, 21번, 그리고 선택과목 주관식 29, 30번은 남겨두고 쉬운 문제부터 해결하는 방법을 써보길 바란다. 이 전략을 통해 만점에 가까운 실력을 쌓아가게 된다면, 수학 1등급에 충분히 도달할 수 있을 것이다.

3등급에서
1등급으로 올린 공부법

멘토 사례
박원빈 멘토

고3 첫 모의고사에서 수학 3등급을 받았던 박원빈 멘토는 충격에 휩싸였다. 그동안 모의고사에서 안정적으로 2등급 이상 유지를 해왔기 때문에 3등급을 받고 위기를 느꼈다. 막상 채점을 해보니 계산 실수도 더러 있었다. 계산 실수만 안 했어도 충분히 2등급을 받았을 텐데 하는 아쉬움이 계속 있었다.

계산 실수도 있지만, 답을 옮겨 적을 때 잘못된 답을 적은 문제도 있어서 다음 시험부터는 이 부분에 대해서는 실수하지 않아야겠다고 다짐했다. 그 이유 중 하나는 글씨를 깨끗하게 쓰지 않았던 것도 있었기에 실수를 없애기 위해 세운 전략은 바로 문제를 풀 때 글씨를 또박또박 쓰는 거였다. 그리고 정답은 다른 색깔로 체크해서 눈에 잘 띄게 했다. 덕분에 계산 실수나 정답을 잘못 체크하는 등의 사소한 실수는 줄일 수 있었다.

그리고 100점이 아니더라도 1등급을 받겠다는 신념 하나로 전략을 세워서 문제를 풀었다. 앞에서 언급했지만, 객관식 고난도였던 20, 21번과 주관식 고난도 29번, 30번을 못 풀겠다는 생각이 들면 건들지 않는 게 낫다고 생각했다. 차라리 그 시간에 다른 문제 계산을 검토했고, 덕분에 실수를 줄여서 아깝게 점수를 버리지 않게 되었다. 문과였기 때문에 이렇게 해서 안정적으로 2등급이 나왔다.

하지만 목표는 1등급이었기 때문에 4점짜리 고난도 문항을 잡기 위해 노력했다. 3월 모의고사 이후로 6월 평가원 모의평가 때까지 고난도 유형 관련 강의를 찾아 들으면서 개념도 정리하고, 고난도 유형에 나오는 수학 도구를 정리하는 시간을 가졌다. 인터넷 강의를 들을 때도 한 강사의 강의를 풀커리(1년짜리 커리큘럼)로 듣기보다는 강사별로 필요한 강의만 발췌해서 공부했다.

특히 4점짜리 문항을 전문으로 가르치는 강의가 큰 도움이 되었다고 한다. 수학 문제는 결국 정해진 개념을 활용하여 고난도 문항이 만들어지기에 정해진 수학 도구가 반복된다는 걸 깨달았다고 한다. 그렇게 조금씩 고난도 문항들을 정복해가게 되었고, 평가원에서 주관하는 6월 모의평가와 9월 모의평가에서는 1등급이 안정적으로 나오지 않더라도 4점짜리 문제에 손을 댈 수 있었다.

그렇게 수능 날까지 포기하지 않고 4점짜리 문제를 하나씩 해결해가며 실력을 키웠고, 결국엔 수능 때는 안정적인 1등급을 받을 수 있었다. 수학 3등급에서 1등급까지 끌어 올릴 수 있었던 비결을 인터뷰하며 물었을 때 위에서 말한 방법도 중요하지만, 수학은 특히 스스로 문제를 해결하는 요령을 터득하는 게 중요하다고 말했다.

　어려운 문제를 풀기 위해서는 필요한 수학 도구(개념, 원리, 공식 등)를 끌어내기 위해 1시간 넘게 문제 풀이 과정을 고민하는 경우가 많았다고 한다. 그렇게 시간을 들인 만큼 스스로 문제를 해결하는 경험을 하게 되고, 고민한 만큼 수학적 사고력이 생겨서 나중에 자신이 경험한 것과 비슷한 문제가 주어지면 답을 찾아갈 수 있게 된다고 한다. 어떻게 보면 박원빈 멘토의 수학 공부법은 앞에서 말했던 모든 공부법을 녹여낸 방법이라 할 수 있다.

\<영어\>
1등급 공부법

영어 과목은 2018학년도 수능부터 4년간 절대평가를 실시해왔다. 하지만 절대평가라고 해도 1등급을 받는 건 쉽지 않아 보인다. (2021학년도 수능은 코로나로 인해 제외) 특히 2022학년도 수능은 EBS 연계율이 50%로 축소되고, 직접 연계가 아닌 간접 연계가 되는 상황이라 더욱 1등급에 대한 준비를 철저히 할 필요가 있다.

그동안 EBS 교재 연계율은 70%로 그중 똑같은 지문이 그대로 나오는 직접 연계는 독해 28문항 중 7문항 정도였다. 45문항 중 7문항이라는 점을 고려하면 직접 연계 비율이 높지는 않더라도 익숙한 지문을 통해 시험을 보는 동안 시간을 단축할 수 있는 장점이 있었다. 하지만 앞으로는 간접 연계만 될 예정이라 수능 시험에서 EBS 연계교재에 나온 똑같은 지문을 찾을 수는 없을 것이다.

따라서 더욱 기본에 충실해야 하고, 간접 연계 및 비연계 문항에 대비하여 1등급을 받을 수 있도록 해야 한다. 어휘, 구문, 독해, 문법 등 수능 영어 시험은 필수로 요구하는 능력이 있다. 언어적인 능력도 중요하지만, 문제를 풀기 위해서는 논리적 사고력도 필요하다. 수능 영어영역의 어려운 문제들은 영어 원어민들이 풀어도 틀리는 문제라고 할 정도기 때문이다.

우리도 한국어로 된 지문을 읽고 문제를 푼다고 할지라도 모르는 분야가 나오거나 난해한 문제라면 틀릴 수 있는 것과 같다. 우리말도 아닌 영어로 된 글을 읽고 사고력을 동반해야 하니 더욱 어렵지 않을까? 게다가 문제에 나오는 지문을 보면 다양한 분야의 어려운 내용이 나온다. 때로는 논문에 쓰인 글도 활용되기에 철저한 준비가 필요하다.

그렇다고 1등급이나 만점을 받지 못할 정도는 아니다. 영어를 언어라는 관점에서 보면 끝이 없지만, 수능 영어 시험이라는 관점에서는 분명한 공부법이 있기 때문이다. 외국에 살다가 온 영어를 잘하는 수험생들도 수능 시험 유형에 맞게 문제 푸는 연습을 하는 이유도 거기에 있다. 실제 시험을 위한 공부를 해야 수능 영어도 1등급이 나온다는 점을 명심해야 한다. 그러면 지금부터 1등급 멘토들의 공통적인 영어 학습법에 대해서 차근차근 경험을 공유해가며 알아보도록 하자.

수능에 나오는 어휘를
문맥에 맞게 공부하라

집을 지을 때 가장 기초가 되는 건 집을 지을 재료다. 쉽게 말해 초가집을 짓는다면 볏짚이, 통나무집을 짓는다면 통나무가, 벽돌집을 짓는다면 벽돌이 필요하다는 말이다. 집 종류를 영어 시험에 비유한다면 각 시험에 나오는 재료는 다르다는 말이다. 고로, 수능을 준비하는 수험생들은 수능에 나오는 기출 또는 빈출 어휘를 중심으로 공부해야 할 필요가 있다.

실제 1등급 멘토 중에는 어린 시절부터 영어 노출도 빨랐고, 수준 높은 어휘를 공부하는 경우가 많았다. 이미 영어 임계점을 한참 넘어선 경우엔 그렇게 공부하는 것이 부담되거나 쓸모없지 않았다. 하지만 지나치게 수준 높은 어휘를 외우는 건 수능 공부할 때는 별로 도움되지 않는 경우도 많았다. 고등학교에 입학해서 계속 어휘를 접하지 않으면 잊어버리기 때문이다.

대신 수능에 나오는 어휘 위주로 학습한 경우에는 효과가 좋았다. 반복되는 어휘를 학습하면서 다음에도 비슷한 어휘가 지문에 나오는 경우 그 뜻을 알 수 있기 때문이다. 집을 짓는 데 적절한 재료를 쓰니까 집을 더 잘 지을 수 있었다는 말이다. 단 1등급 멘토들은 단순히 어휘와 우리말 뜻을 1:1 매칭해서 외우지 않았다는 점에 주목해야 한다. 수능 지문에는 문장의 상황에 따라 뜻이 달라지는 어휘가 자주 등장하기 때문이다.

예를 들어, 'appreciate'라는 단어는 실제 수능에서는 다양한 의미로 쓰인다. 우선 어휘 사전에 나온 뜻을 먼저 살펴보자. 그리고 실제 수능 시험과 비슷하게 출제되는 모의고사 시험에 나온 어휘를 상황에 따라 해석한 것을 확인해보자.

---

appreciate 미국·영국 [əˈpriːʃieɪt] 🔊 영국식 🔊 ⛓ ★★
1. 동사 진가를 알아보다[인정하다]
2. 동사 고마워하다, 환영하다
3. 동사 (제대로) 인식하다 (=realize)

출처: 옥스퍼드 영한사전

위에 적힌 뜻을 살펴보면, 1. 진가를 알아보다, 인정하다, 2. 고마워하다, 환영하다, 3. (제대로) 인식하다, 이해하다 이렇게 3개의 뜻으로 적혀 있다. 단어는 하나지만 문맥에 따라서 다르게 해석될 수 있다는 말이다. 그런데 단순히 영어 어휘와 우리말을 1:1로 매칭해서 외운다면 오히려 해석하면서 혼란만 가중된다. 따라서 꼭 예문을 통해 문맥상 어떻게 쓰이는지 확인하며

공부해야 한다.

1. 진가를 알아보다, 인정하다

The more you appreciate life, the more reasons you have to celebrate it.

여러분이 삶의 좋은 점을 더 많이 인정할수록, 삶을 찬미해야 할 이유도 더 많다.

출처: 2019학년도 고3 10월 전국연합평가 20번 문항

2. 고마워하다, 환영하다

We appreciate your feedback.

귀하의 피드백에 감사드립니다.

출처: 2017년 고3 3월 전국연합평가 18번 문항

3. (제대로) 인식하다, 이해하다

A map of the London Underground, for example, is a representation of the Underground layout that helps us appreciate how it works and where it goes.

예를 들어, 런던 지하철 지도는 그것이 어떻게 운행되고 어디로 가는지 우리가 이해하도록 도와주는 지하철 지면 배치도의 표상이다.

출처: 2017년 고3 4월 전국연합평가 31번 문항

만일 아직 기초 어휘가 약한 경우라면, 영어 과목 1등급을 받았던 멘토들의 비결을 참고해보길 바란다. 그들의 비결은 '빨리, 많이' 해두는 것이었다. 고등학교에 입학하기 전 중학교 3학년 겨울방학 때 미리 어휘 학습을 하는 것이다. 물론 이게 꼭 정답은 아닐 수 있지만, 공통적인 특징이 있기에 도움이 되는 방법이라 생각한다.

우선 수능 기출 어휘를 담은 어휘책을 하나 선정한다. 어떤 책이 좋냐고 묻는다면, 예문이 잘 쓰인 책을 찾는 게 중요하다. 그 이유는 앞에서 말한 것에 근거가 있다. 하지만 최초 1회독 때는 수능에 자주 나오는 어휘를 눈에 익히기 위해 단어와 뜻만 빠르게 읽는 방법을 시도해보는 것이 좋다.

우선 아는 단어는 체크하고, 모르는 단어는 '단어-뜻'을 읽고 체크하지 않고 넘어가면 된다. 이때 한꺼번에 많이 읽는 것이 중요하다. 예를 들어, 단어장에 2500단어가 수록되어 있다면, 하루에 1250단어 정도는 읽어야 한다. 단순히 모르는 단어를 '읽는' 것이기 때문에, 집중해서 읽으면 생각보다 오래 안 걸린다. 40~50분 정도 이렇게 읽어 가다 보면, 체크한 어휘의 수가 많아지니 하루에 읽는 시간도 점점 줄어들 것이다. 한 달만 이렇게 해 나가도 단어장을 15번 볼 수 있다. 두 달만 읽으면, 30번 보게 되고, 체크 안 된 어휘가 없어진다.

이 방법을 추천하는 이유는 시간 대비 효율성 때문이다. 그리고 처음 수능 어휘와 친해지는 과정이라고 보면 된다. 하지만 이렇게 어휘 학습을 끝내고 나면 처음에 언급한 대로 꼭 문맥에 맞게 어휘의 뜻을 알아가려고 노력해야 한다. 처음부터 이 방법을 언급하지 않은 이유도 계속 이런 맹목적인 어휘 암기 단계에서 벗어나지 못할 수도 있다는 걱정 때문이었다.

그렇게 한 권의 어휘책에서 자신이 모르는 단어가 없다고 생각되면, 그 후부터는 헷갈리거나 잊어버린 단어 위주로 예문을 통해 익히는 것이다. 혹은 전에는 몰랐던 어휘를 새로 만날 때마다 따로 자신만의 어휘 노트를 정리해야 한다. 그때도 중요한 건 꼭 예문을 함께 적어두어야 한다. 단순히 '영어-우리말 뜻'만 적어두면 다음에 다른 뜻으로 쓰인 문장을 만났을 때 해석에 오류가 생길 수 있기 때문이다.

끝으로, 1등급 멘토들의 어휘 공부법 중 하나는 모르는 어휘를 익히는 데 게을리하지 않았다는 데 있다. 특히 자투리 시간 활용 능력이 뛰어났다. 모르는 어휘가 생기면 포스트잇에 어휘와 뜻, 그리고 예문을 적어두고 수시로 볼 수 있는 곳에 붙여두고서 읽었다. 그렇게 자신의 단어로 만들어지면, 떼어내고 새로운 어휘를 계속 정복해나갔다.

물론 지문에 모르는 어휘가 나와도 문제를 풀고 정답을 맞힐 수 있다. 하지만 어휘 때문에 정확하게 해석되지 않을 때의 답답함을 견디기가 힘들다. 혹은 어휘 때문에 선지에 나온 정답을 고르지 못할 때도 있다. 특히 내신 시험의 경우엔 수능과 달리 선지에 어려운 어휘가 나오기도 하기 때문이다.

영어에서 가장 기초가 되는 어휘 학습은 100번을 말해도 부족하지 않다. 앞으로 다룰 구문, 독해, 문법적인 부분도 중요하지만 아무리 뒷단계의 것을 잘한다고 해도 어휘 하나를 몰라서 해석이 안되는 경우가 생길 수 있기 때문이다. 혹시 그동안 영어 어휘 공부를 게을리 했다면 반성하고 1등급 멘토들의 비법을 한번 따라해보기를 바란다.

독해를 빠르고 정확하게 하려면
'구문'을 학습하라

많은 수험생들이 착각하는 것 중 하나는 어휘만 많이 알면 독해를 잘할 수 있다는 것이다. 물론 어휘를 많이 알면 어느 정도 뜻을 유추해내서 문제를 풀 수 있다. 그러나 어느 순간 한계에 부딪혀서 자신의 성적이 오르지 않는 걸 보게 될 것이다. 수능 영어 1등급은 어휘만으로는 받을 수 없는 시험이기 때문이다. 그렇다면 독해를 잘하기 위해서는 어떻게 해야 할까?

어휘 학습이 집을 짓는 데 쓸 재료를 구하는 과정이라면, 독해는 실제 집을 짓는 과정이라고 볼 수 있다. 집을 짓기 위해서는 재료를 정해진 위치에 놓고 차곡차곡 쌓으며 완성해야 한다. 다시 말해, 어휘를 기본으로 하여 문장을 해석하고 전체 지문의 글을 이해하는 과정이라는 것이다.

어휘가 모여서 글이 되고 글이 모여서 문단이 되는 걸 당연히 알 것이다. 따라서 어휘 학습에 이어 문장 분석 및 글 이해에 대한 이야기를 하고자 한다.

아무리 어휘를 많이 알아도 문장 구성 성분을 이해하지 못하면 정확하게 문장의 뜻을 파악할 수 없다. 지금 말하려고 하는 건 문법과도 관련이 있지만, 입시 영어에서는 '구문'이라고 부르는 것이다. 구문은 문장에 자주 쓰이는 하나의 패턴이라고 볼 수 있다. 예를 들어 접속사 종류로 'B as well as A'라는 구문이 있다. 이는 'A뿐만 아니라 B도'라고 해석되는 구문으로 핵심은 A부터 해석해야 한다는 것이다.

이러한 패턴의 수는 무려 200개가 넘는다. 수능 10개년이 넘는 기출문제를 분석하며 예문이 여러 개 있는 구문만 모아도 200개가 나왔기 때문에 잘 알고 있다. 만일 이해가 잘 되지 않는다면, 천 개가 넘는 문장을 분석해 놓은 '구문'에 있어서 유명한 책인 '천일문'을 한번 찾아보길 바란다. 그런데 왜 독해를 잘하기 위해서는 구문을 공부해야 할까? 그 이유는 다음과 같이 2가지가 있다.

첫째, 문장을 읽고 해석하는 시간을 줄일 수 있다. 구문은 패턴이 있기에 어휘 근처에 함께 따라오는 단어를 예측할 수 있기 때문이다. 어휘 학습에서 예를 들었던 'The more you appreciate life, the more reasons you have to celebrate it. (여러분이 삶의 좋은 점을 더 많이 인정할수록, 삶을 찬미해야 할 이유도 더 많다.)' 문장에서는 'the 비교급, the 비교급' 구문을 찾을 수 있다.

'~하면 할수록, ~하다'라는 뜻을 가지고 있는 걸 알 수 있고, 앞에 'the 비교급'이 나오니까 콤마 뒤에 'the 비교급' 형태가 한 번 더 나올 거라는 걸 예측할 수 있다. 이렇게 '구문'을 많이 알수록 빠르게 문장을 해석하고 지나갈 수 있기 때문에 구문을 공부해야 하는 것이다.

둘째, 정확하게 해석할 수 있기 때문이다. 언어를 말하거나 쓰는 사람은 그 규칙에 따라 표현하고, 언어를 듣거나 읽는 사람은 그 규칙에 맞게 해석한다. 그런데 그 규칙을 알지 못하면 엉뚱하게 해석하게 되기에 구문 학습을 통해 규칙을 공부하는 것이다.

· 예를 들어, 'You can substitute margarine for butter in this recipe.(당신은 이 조리법에서 버터를 마가린으로 대체할 수 있다.)'라는 문장을 해석할 때 구문을 알지 못하면 거꾸로 '마가린을 버터로 대체할 수 있다.'고 해석할 수 있다. 하지만 'substitute B for A'라는 구문을 알고 있다면, 위에서 해석한대로 올바르게 문장을 이해할 수 있다. 이 문장이 정답을 찾는 데 핵심이 되는 문장이었다고 하자. 마가린과 버터를 거꾸로 해석한다면 문제를 틀릴 수밖에 없지 않을까?

1등급 멘토들도 빠르고 정확하게 문장을 읽고 해석하기 위해서 '구문' 학습을 게을리하지 않는다. 대부분 영어 수업에서는 이런 '구문'과 같은 패턴 표현을 많이 배우고 필기한다. 어휘 학습과 마찬가지로 아는 것은 빠르게 넘기고, 모르는 구문 위주로 해서 뜻을 꼭 알아야 한다. 특히, 구문이 문장에서 어떻게 쓰였는지를 잘 확인해야 한다. 수능에 나오는 문장은 수식어가 한 문장 안에 다양하게 나와서 문장 분석을 어렵게 하기 때문에 더욱 주의해서 예문을 살펴보며 공부해야 한다.

실제 수능 지문에서는 아래와 같이 한 문장이 엄청 길다. 참고로 아래 문장은 실제 출제되었던 모의고사 지문에서 가져온 문장이다. 수식어를 잘 파악하면서 문장에 쓰인 구문을 찾아내고 활용해야 한다. 또한 구문 표현도 다양한 형태로 바뀔 수 있기 때문에 문장이 충분히 바뀔 수 있다는 사실을 인지해야 한다. 아래 예문에서도 구문 표현이 현재 진행형으로 쓰인 걸 확인할 수 있고, 'in the recycling center'라는 수식어가 있어서 'labor'과 'energy and huge machines'의 관계를 찾는 것도 쉽지 않다.

We're simply substituting labor in the recycling center for energy and huge machines used to extract new materials in remote places.

(우리는 먼 지역에서 새로운 자재를 추출하기 위해 사용된 에너지와 거대한 기계들을 재활용센터의 노동력으로 대체하고 있을 뿐이다.)

그런데 만일 구문 표현조차 모르고 있다면, 이런 문장은 손도 댈 수 없는 문장이 될 것이다. 문제를 풀기 위해 한 문장씩 읽

어야 하는데 해석은커녕 문장 분석조차 못 하고 있으니 수능 영어가 어려울 수밖에 없다. 분명한 건 '구문' 학습을 하면서 다양한 예문을 통해 응용하며 문장을 읽어내는 능력을 기를 필요가 있다는 것이다. 이 점을 명심하면서 구문 학습을 게을리하지 않기를 바란다.

문법은 수능이든 내신이든
세세하게 따로 공부하라

수능 영어에서 문법 관련 문항은 29번 '어법 추론'으로 1문제가 출제된다. 그래도 거의 항상 3점짜리 고난도 문제로 분류된다는 건 기정사실이다. 수능 영어영역에서 1등급을 받으려면 고난도 3점짜리 문제를 3개 정도 틀려야 하는데, 결과는 주로 간접 쓰기영역(순서 추론, 무관한 문장, 문장 삽입, 요약 등)을 비롯하여 어법 추론과 어휘 추론 유형을 틀리느냐 아니냐에 달려 있다.

수능에서는 1문제가 출제된다고 하지만, 내신에서는 말이 달라진다. 내신 시험에서는 어법 문제가 많이 출제되고 있는 현실이고, 변별을 위해서 더욱 어려운 문법을 활용하여 문제가 출제된다. 그래서 영어에서 좋은 내신 등급을 받는 1등급 멘토들은 문법 공부를 게을리하지 않는다. 그리고 사소한 문법 사항이라도 놓치지 않고 분석하고 정리하는 자세를 보인다.

N회독 공부와 더불어 3색 펜을 활용하여 공부하는 방법에 대해서 앞에서 언급했다. 이 3색 펜 공부법은 영어 학습을 할 때는 조금 특이하게 활용할 수 있다. 검정색 펜으로는 추가 정보를 필기하고, 파란색으로는 주제를 나타내는 중요한 문장을 표시하고, 빨간색으로는 문법으로 변형되어 나올 부분에 체크를 하며 공부하는 것이다. 실제 이 방법은 1등급 멘토들이 주로 활용하는 영어 공부법이었다.

이 방법이 효율적인 이유는 N회독 공부할 때 어법 문항으로 변형 출제될지 아닐지 판단할 수 있기 때문이다. 참고로 어법 포인트를 알고 공부하면, 한 문단(지문)에서 문장 간 적절한 간격을 두고 다른 세 문장에서 똑같지 않은 어법 유형으로 바꿀 수 있는 포인트가 있는지 확인할 수 있다.

확실하게 수능은 선지에 문법 요소가 다른 걸 낸다. 그런데 내신은 그런 규칙이 정해져 있지 않아서 같은 문법 요소라도 반복될 수 있다. 따라서 최소한 세 군데 이상에서 문법 문제로 물어볼 포인트가 보이면 공부할 때 '어법 추론'이라고 지문에 적는다. 그러면 시험 기간이 다가왔을 때는 그렇게 체크해둔 어법 유형 변형이 가능한 지문을 다시 확인하며 공부할 수 있기에 시간을 절약할 수 있다.

다음 페이지에 보이는 지문은 2021학년도 수능에 나온 독해 지문으로 공부할 때 문법 포인트를 확인해볼 수 있다. 더 많이 체크할 수도 있겠지만, 실제 시험에 나오는 것처럼 다섯 군데 문법 요소가 다른 부분을 굵은 빨간색 글씨로 바꾸고 밑줄을 쳐봤다. 그리고 핵심이 되는 문장을 파란색으로 바꿔봤다. 실제 공부할 때도 이런 식으로 표시하며 공부하고, 지문 위에 간단히 내용 요약과 어법 추론 문제 가능성 여부를 적어두는 것이다.

People don't usually think of touch as a temporal phenomenon, but it is every bit as time-based as it is spatial. You can carry out an experiment to see for ① yourself. Ask a friend to cup his hand, palm face up, and close his eyes. Place a small ordinary object in his palm – a ring, an eraser, anything will do – and ask him ② to identify it without moving any part of his hand. He won't have a clue other than weight and maybe overall size. Then tell him to keep his eyes ③ closed and move his fingers over the object. He'll most likely identify it at once. By ④ allowing the fingers to move, you've added time to the sensory perception of touch. There's a direct analogy between the fovea at the center of your retina and your fingertips, both of ⑤ which have high acuity. Your ability to make complex use of touch, such as buttoning your shirt or unlocking your front door in the dark, depends on continuous time-varying patterns of touch sensation.

출처: 2021학년도 수능 영어영역 29번 문항

문법에 관해서 이야기하고 있으니 앞에 있는 지문의 문법 사항을 어떻게 정리하는지 보여주려 한다. 우선 ①번은 '재귀대명사'를 묻기 위해 밑줄을 쳤다. '재귀대명사'를 통해 출제자가

묻고자 하는 건 바로 '주어와 목적어의 일치' 여부다. 문맥상 문장 맨 앞에 있는 'You'와 밑줄 친 'yourself'의 관계를 파악하는 것이다. 문맥상 주어와 전치사의 목적어가 일치하는 게 옳은 걸 알 수 있다.

②번은 앞에 'ask'라는 동사가 있어서 목적(격)보어 자리에 'to 부정사'를 쓰는 게 옳다는 걸 알 수 있다. ③번은 능동과 수동을 물을 수 있다. 참고로 능동과 수동 파트는 어법 문제에서 빠지지 않고 나오는 유형으로 대상에 따라 -ing(능동)와 -ed(수동) 형태를 묻는 문제가 출제된다. 문맥상 '눈을 감은 채로' 있어야 해서 능동이 아닌 수동 표현인 'closed'가 오는 것이 옳다.

④번은 전치사 'by' 다음에 '동명사'가 오는지 묻는 유형으로 'allowing'이 오는 것이 옳다. 끝으로 ⑤번은 최신 유형 중 자주 출제되는 문법 요소다. 최근 기출문제를 살펴보면 문법 요소가 여러 개 융합된 것이 자주 출제된다. 밑줄에는 'which'만 체크되어 있지만, 고려사항은 여러 가지다.

우선 관계대명사가 쓰였으니 앞에는 선행사가 와야 하고, 뒤에는 불완전한 문장이 와야 할 것이다. 문맥상 앞에 어휘들을 받아서 설명할 수 있고, 뒤에 주어가 없으니 불완전한 문장이 맞다. 이렇게 쉽게 분석해도 되지만, 내신 시험에서는 변형 문제가 나오기에 다른 사항도 고려해야 한다. 예를 들면, 'both of which' 대신에 'and both of them'으로 바뀌어서 출제 가능하다는 말이다.

여기서 포인트는 콤마(,) 뒤에 새로운 문장을 구성할 때 '접속사'가 있으면 'them'처럼 '대명사'가 와야 하고, 접속사가 없으면 접속사 역할을 대신하는 관계대명사가 와야 한다는 출제 포인트를 알아야 한다는 것이다. 이렇게 문법적인 요소를 세세하게 알고 있지 않으면, 만날 감으로 문법 문제를 풀다가 틀릴 수밖에 없다. 1등급 멘토들은 문법 요소를 체크하고, 실제 출제될 방향까지 예측하면서 공부한다는 것을 꼭 기억하자.

국어 과목에서도 문법을 공부할 때, 불규칙 표현 같은 건 따로 정리해서 외워야 한다고 했다. 영어도 마찬가지로 이런 규칙이 있는 것도 있지만, 정해진 표현을 외워서 풀어야 하는 문제가 나오기도 한다. 예를 들면, '(be) used to' 시리즈가 이에 해당된다. 단순히 형태를 보고 뜻을 외우면 되는 게 아니라 문맥에 맞게 형태가 정확하게 쓰였는지 해석하면서 풀어야 하는 문제이기 때문이다.

---

1. used to-v '~하곤 했다'
   (과거에는 습관처럼 했지만, 지금은 안 하는 상태)
2. be used / to-v '~하기 위해서 사용되다'
   (수동 + to-부정사 혼합 표현)
3. be(get) used to-ing '~하는데 익숙하다'
   =be(get) accustomed to-ing '~하는데 익숙하다'

앞에 있는 표현을 통해 어법 유형을 출제할 수 있다. 문맥 상 뜻에 맞는 걸 고르는 문제로 말이다. 실제 빈도 있게 출제되는 표현이니까 이번 기회에 익혀두는 걸 추천한다. 보통 준동사(동사가 아닌 수식어) 형태를 묻는 문제로 뒤에 'to-v(to부정사)' 혹은 'v-ing(동명사)'가 오는지 묻는 유형이다. 이렇듯 영어 문법은 정해진 규칙을 아는지 모르는지 출제자의 의도를 파악하며 공부하는 것이 바람직하다.

그렇게 하면, 해석하지 않고도 선지를 하나씩 해결할 수 있다. 물론 앞에 있는 유형처럼 해석해야지만 풀리는 문제도 있기는 하다. 분명한 건 아는 만큼 보인다고, 문법 요소를 익힌 대로 문법 문제를 풀든, 독해를 하든 빠르게 문장을 분석할 수 있어서 도움이 된다는 사실이다. 그래서 1등급 멘토들이 공부할 때 계속해서 문법 요소를 체크하며 공부하는 것임을 알기 바란다.

영어의 핵심은
재진술(paraphrasing)이다

영어 문제를 풀 때 선지에는 지문에 있었던 단어가 그대로 나오면 좋겠지만, 현실은 그렇지 않다. 선지에는 다른 단어나 문장이지만 같은 의미를 나타내는 표현이 정답인 경우가 많다. 그런데 많은 수험생은 이 점을 인지하지 못하고, 자꾸만 출제자의 함정에 빠진다. 다행히 영어의 핵심은 재진술(paraphrasing)이라는 걸 명심하면 그 함정에서 나올 수 있으니 지금부터 재진술이라는 게 무엇인지 한번 알아보도록 하자.

사전에 찾아보면 'paraphrase'는 '다른 말로 바꾸어 표현하다(재진술)'라는 뜻으로 나온다. 왜 영어에서는 왜 이 재진술이 중요한 것일까? 그 이유는 영어는 반복을 싫어하기 때문이다. 그래서 지문 자체에서도 같은 의미를 표현해도 다른 어휘를 사용하고, 다른 표현을 활용한 것을 알 수 있다. 게다가 시험문제에서는 선지에서 다시 다른 어휘나 표현으로 바꿔서 유추하도록 하니까 사고력이 필요한 것이다.

무조건이라는 말은 없지만, 재진술이 무엇인지 알고 이를 적용하여 영어지문과 선지를 보는 시각을 가지면 분명히 영어 실력 향상 또는 성적 향상까지도 기대해볼 수 있다. 1등급 멘토 들도 안정적으로 수능 영어를 1등급 받느냐 못 받느냐는 이 재 진술을 잘 파악하느냐 아니냐에 달려 있다는 걸 안다. 그래서 지문에 자신이 이해한 핵심 어휘로 표시하면서 읽어나간다.

백문불여일견(百聞不如一見)이라고 직접 한번 예시를 들 어서 설명해보도록 하겠다. 우선 재진술 중 기본이 되는 '대의 파악' 유형을 먼저 살펴보자. 이 유형은 글 전체의 핵심 주제를 파악하는 유형이다. 그중 가장 고난도라고 불리는 2021학년도 수능 영어영역 24번 '제목' 문제를 살펴보자. 제목 문제는 지문 에서 말하고자 하는 요지를 더 축약해서 재진술하는 선지를 고 르는 문제라서 깊게 생각하고 접근해야 한다.

People don't usually think of **touch** as a **temporal** phenomenon, but it is every bit as time-based as it is spatial. You can carry out an experiment to see for yourself. Ask a friend to cup his hand, palm face up, and close his eyes. Place a small ordinary object in his palm – a ring, an eraser, anything will do – and ask him to identify it without moving any part of his hand. He won't have a clue other than weight and maybe overall size. Then tell him to keep his eyes closed and move his fingers over the object. He'll

---

most likely identify it at once. By allowing the fingers to move, you've added **time** to the sensory perception of **touch.** There's a direct analogy between the fovea at the center of your retina and your fingertips, both of which have high acuity. Your ability to make complex use of touch, such as buttoning your shirt or unlocking your front door in the dark, depends on continuous **time-varying** patterns of **touch sensation.**

* analogy: 유사 ** fovea: (망막의) 중심와(窩) *** retina: 망막

① Touch and Movement: Two Major Elements of Humanity
② Time Does Matter: A Hidden Essence of Touch
③ How to Use the Five Senses in a Timely Manner
④ The Role of Touch in Forming the Concept of Time
⑤ The Surprising Function of Touch as a Booster of Knowledge

출처: 2021학년도 수능 영어영역 24번 문항

　'촉각은 전적으로 시간에 기반을 두고 있다', '그가 거의 틀림 없이 그것이 무엇인지 즉시 알아낼 수 있었던 것은 촉각에 시간을 더했기 때문이다', '촉각을 복잡하게 사용하는 능력을 촉각이라는 감각의, 지속적인, 시간에 따라 달라지는 패턴에 의존한다'라는 내용을 살펴볼 때, 이 지문은 촉각과 시간의 관계를 말하는 것임을 알 수 있다. 따라서 ②번 'Time Does Matter: A Hidden Essence of Touch(시간은 정말 중요하다: 촉각의 숨겨진 본질)'이 정답이 되는 것이다.

　이 유형은 그나마 쉬운 편에 속한다. 하지만 재진술을 통해

정답을 찾아가는 유형이라서 먼저 소개했다. 수능 영어에서 진정한 재진술의 끝판왕은 '빈칸 추론' 유형이다. 2021학년도 수능에서 고난도 문제로 뽑혔던 33번 문항에서 재진술을 통해 지문을 바라보는 게 얼마나 중요한지 살펴보자.

Thanks to newly developed neuroimaging technology, we now have access to the specific brain changes that occur during learning. Even though all of our brains contain the same basic structures, (1) our neural networks are as unique as our fingerprints. The latest developmental neuroscience research has shown that (2) the brain is much more malleable throughout life than previously assumed; (3) it develops in response to its own processes, to its immediate and distant "environments," and to its past and current situations. The brain seeks to create meaning through establishing or refining existing neural networks. When we learn a new fact or skill, our neurons communicate to form networks of connected information. Using this knowledge or skill results in structural changes to allow similar future impulses to travel more quickly and efficiently than others. (4) High-activity synaptic connections are stabilized and strengthened, while connections with relatively low use are weakened and eventually pruned. In this way, our brains are _____. [3점]

  * malleable: 순응성이 있는 ** prune: 잘라 내다

① sculpted by our own history of experiences (우리 각자의 축적된 경험으로 만들어진다)
② designed to maintain their initial structures

---

③ geared toward strengthening recent memories

④ twinned with the development of other organs

⑤ portrayed as the seat of logical and creative thinking

출처: 2021학년도 수능 영어영역 33번 문항

지문에 파란색으로 칠한 부분은 빈칸에 들어갈 말을 찾기 위한 근거가 되는 문장들이다. 우선 빈칸 앞에 있는 'brains'를 나타내는 어휘에 대한 재진술은 'neural networks, synaptic connections' 등으로 표현되었다. 그리고 정답에 쓰인 'by our own history of experiences'에 해당하는 재진술 부분은 빨간색으로 칠한 부분이다. (1) '지문만큼 독특한 신경망', (2) '삶을 통해서'라는 진술을 통해 '자기 자신의 경험의 역사'와 같은 의미라는 걸 알 수 있다.

게다가 (3)부터 (4)까지 내용은 뇌가 경험을 어떻게 하느냐에 따라 반응과 강도가 달라진다는 내용을 설명하고 있다. 따라서 정답이 ①번이라는 게 명확해진다. 이처럼 영어지문은 한 주제로 내용이 흘러가면서도 다른 표현과 예시를 통해 같은 말을 반복한다는 걸 확인할 수 있다. 그리고 선지에서는 이 진술들을 아우르는 다른 표현으로 정답을 제시한다.

어휘도, 문장도, 내용도, 예시도, 선지도 모든 게 다 재진술로 표현되는 영어지문에서는 다르게 표현되는 걸 빠르게 눈치

채는 게 필요하다. 그동안 혹시 빠르고 정확하게만 해석하려는 노력에 기울였다면, 한 단계 더 올라서서 재진술된 표현을 파악하며 글에서 궁극적으로 하고자 하는 말이 무엇인지 파악하는 단계까지 가보길 바란다. 그러면 대의파악 유형부터 빈칸 추론 그리고 최고난도인 간접 쓰기(순서 추론, 문장 삽입, 무관한 문장, 요약) 유형까지 문제없이 정복할 수 있을 것이다.

결국 영어 1등급은
비연계 고난도 문항에서 결정된다

　수능 영어 시험에서 가장 어려운 문제가 무엇이냐고 물으면 개인차가 있을 수 있다. 하지만 한국교육과정평가원에서 매번 수능이 끝나면 분석하는데 공통으로 고난도 유형으로 분류되는 문항이 있다. 2022학년도 수능부터는 직접 연계 문항이 나오지 않지만, 그동안은 직접 연계 문항이 있었기에 고난도 유형은 비연계면서 어려운 유형인 빈칸 추론과 간접 쓰기(순서 추론, 문장 삽입, 무관한 문장, 요약)에서 나왔다. 매년 조금씩 오답률이 다르긴 하지만, 주로 빈칸 추론 33번, 34번, 순서 추론 37번, 문장 삽입 39번에서 초고난도로 어렵게 나오는 편이다.

　네 개 문항 중 하나라도 맞히지 못하면 88점으로 2등급이 되고, 혹시라도 듣기 문제를 실수로 틀리거나 다른 3점짜리 문항에서도 틀리면 1등급을 받기가 어려워진다. 그래서 1등급 멘토들은 이 고난도 유형에서 틀리지 않기 위해 수단과 방법을 가리지 않고 노력한다. 그들이 어느 정도까지 비연계 문항을 준비하는지 한번 살펴보길 바란다.

비연계 문항은 간접 연계와 달리 연계교재에 나왔던 비슷한 내용의 글이 나오지 않을 수 있다. 예를 들어, 2021학년도 수능 영어영역 34번 문항은 '성공적인 교육 기술의 통합'을 소재로 한 지문이었다. 많은 수험생이 어려워한 문항으로 오답률 65.9%로 1위에 올랐다. 오답률 5위를 기록한 33번 문항도 '뇌과학'을 소재로 한 다소 생소한 지문이었다.

이렇게 비연계 지문으로 다소 익숙하지 않은 소재를 다룬 지문이 나올 수 있다. 그래서 1등급 멘토들은 일부러 고난도 지문을 다루는 문제집을 사서 풀며 새로운 지문에 대비하는 연습을 한다. 또는 이렇게 어려운 지문이 나오는 경우 인터넷 창에 검색해서 관련 자료를 찾아보며 능동적으로 공부하는 모습을 보인다.

예를 들어, 246페이지의 지문에서 나온 'Thanks to newly developed neuroimaging technology, we now have access to the specific brain changes that occur during learning.'을 검색어로 원문을 검색해보자. 그러면 관련 도서가 검색되고, 원문과 함께 나온 부분의 책 내용을 살펴볼 수 있다. 실제 검색해보니 이 지문을 활용한 책이 《Understanding How Young Children Learn: Bringing the Science of Child Development to the Classroom》이라는 걸 알 수 있다.

complex reasoning. They also develop less insulating myelin on their neural connections (Bartzokis et al., 2010; Courchesne & Pierce, 2005).

Thanks to newly developed neuroimaging technology, we now have access to the specific brain changes that occur during learning. Even though all of our brains contain the same basic structures, our neural networks are as unique as our fingerprints. The latest developmental neuroscience research has shown that the brain is much more malleable throughout life than previously assumed; it develops in response to its own processes, to its immediate and distant "environments," and to its past and current situations (Hinton, Miyamoto, & Della-Chiesa, 2008). The brain seeks to create meaning through establishing or refining existing neural networks. When we learn a new fact or skill, our neurons communicate to form networks of connected information. Using this knowledge or skill results in structural changes to allow similar future impulses to travel more quickly and efficiently than others (Squire & Kandel, 2000). High-activity synaptic connections are stabilized and strengthened, while connections with relatively low use are weakened and eventually pruned. In this way, our brains are sculpted by our own history of experiences (Wolfe, 2006).

출처: 《Understanding How Young Children Learn: Bringing the Science of Child Development to the Classroom》

만일 자신이 잘 알지 못하는 분야의 내용이 출제되면, 이런 방식을 통해 배경 지식을 넓히려고 노력한다. 나아가 지문이 나왔던 부분의 앞 혹은 뒷부분의 글을 읽으며 내용을 살펴본다. 실제 내신 시험에서도 이런 식으로 지문을 가져오는 경우가 있기에 능동적으로 공부해서 효과를 보는 경우가 있다. 1등급 멘토 전부가 다 그런 건 아니었지만 다수가 이렇게까지 전략적으로 비연계 지문에 대비하는 모습을 보였다.

짧은 시험 시간 동안 얼마나 전략적으로 1등급을 받기 위해서 노력하느냐에 따라 성적은 달라질 수 있다. 대부분 1등급 멘토는 비연계로 나오는 번호를 숙지하고 쉬운 문제부터 하나씩 해결해 나간다. 그리고 마지막에 그 어려운 유형의 문제를 좀 더 시간을 들여서 해결한다. 이는 마치 수학 시험에서 전략적으로 2점짜리 쉬운 문제부터 4점짜리 어려운 문제를 푸는 과정과 같다.

어느 시험이든지 꼭 만점이 아니더라도 탑을 쌓듯이 아래부터 하나씩 차근차근 점수를 쌓아가는 방식을 활용하는 게 유리하다. 영어도 같은 방법을 사용해야 안전하게 1등급에 안착할 수 있다. 절대평가이기에 더욱 그렇다. 3점짜리 문항 3개 이하로만 틀리면 1등급이 가능하다. 물론 매년 시험 난도가 다르게 나올 수 있지만, 그래도 가장 어려운 문제 3~4개를 해결할 수 있는 능력을 계속 기른다면 1등급을 무난하게 받을 수 있을 것이다.

그리고 간혹 2등급을 받는 영어 고수들을 보면, 실수로 듣기를 틀리거나 쉬운 유형의 문제에서 틀리는 경우가 있다. 듣기를 하며 쉬운 독해 문제를 푸는 경우 이런 상황이 발생하는데, 시간이 그렇게까지 촉박하지 않다면, 듣기 문제를 풀 때는 듣기에만 집중하고, 그 후 독해 문제를 푸는 방법을 택하기를 바란다. 물론 멀티가 잘 되는 경우라면 말리지는 않겠지만, 간혹 듣기와 독해를 동시에 풀다가 쉬운 문제를 틀려버리기 때문에 노파심에 하는 말이다.

힘들게 어려운 3점짜리 문제를 맞혀놓고 쉽게 점수를 날려서 1등급이 안 나오면 그것만큼 억울한 건 없기 때문이다. 그러니 쉬운 문제는 실수를 줄이고, 어려운 비연계 문제는 어떤 지문이 나와도 맞힐 수 있도록 철저하게 준비해야 할 것이다. 방법은 다양하니 본인한테 맞는 스타일을 찾기를 바란다. 다만, 조금이라도 어려운 지문이나 문제를 더 풀며 경험을 쌓는 걸 강력히 추천한다.

2등급이 나와서 불안했다가
안정적으로 1등급 받은 공부법

멘토 사례
진유석 멘토

영어 학습이 잘 되어 있었던 진유석 멘토는 고3 초반까지 수능 영어 모의고사에서 계속 1등급을 받아서 걱정이 없었다. 하지만 6월 모의평가에서 2등급이 나와서 위기를 느꼈다. 다행히 너무 쉽게 생각하지도, 자만하지도 않고 자신의 문제점이 무엇인지 철저하게 분석했고, 그 문제를 해결하기 위해 노력했다.

우선 영어 공부를 너무 소홀히 했다는 걸 알았다. 중학교 때 어려운 토플 어휘까지 외웠지만, 수능과는 연관성이 적은 어휘의 경우에는 별로 써먹지 않으니 도움이 안 된다는 걸 알았다. 그래서 수능 관련 어휘를 조금 더 공부해야겠다고 생각했다. 아쉽게도 다른 과목 공부 시간이 정해져 있다 보니 어휘 공부는 틈이 날 때마다 조금씩 했다.

대신 수능 연계교재에 나오는 어휘 모음집을 중심으로 아는 것은 체크하고 모르는 것만 골라서 공부했다. 완전 어휘 기초가 없었다면, 수능까지 시간도 촉박하다는 생각에 어휘 책을 공부해야겠다고 생각하지 못했을 것이다. 전략적인 방법으로 뜻이 계속 헷갈리거나 생소한 단어 위주로 남은 5개월을 어휘 공부에 매진했다.

그렇게 영어 어휘를 공부한 덕분에 9월 모의평가 때는 1등급이 나왔다. 하지만 불안한 1등급이라서 어떻게 하면 만점에 가깝게 점수를 받을 수 있을까 고민이 들었다. 틀린 문제를 분석하다 보니 가끔 듣기를 실수로 틀리거나, 쉬운 유형의 문제에서 잘못 생각해서 틀리는 경우가 있었다. 무엇보다 비연계로 나오는 고난도 유형을 정복하지 못한 게 1등급이 불안했던 가장 큰 이유였다.

조금 늦은 감은 있었으나 시험문제를 푸는 요령과 접근 방법에 관해서 연구하기 시작했다. 특히 빈칸 추론 33번, 34번과 간접 쓰기 유형 37번, 39번에서 주로 틀린다는 걸 깨닫고, 출제자가 요구하는 논리적 사고력이 무엇인지 알아냈다. 문제 해결 접근 방법을 알고 나니 비로소 정답을 찾는 방법을 알게 되었다.

이처럼 영어 실력이 있더라도, 수능 시험에서 출제자가 요구하는 포인트를 알지 못하고 공부하면 성적이 잘 안 나올 수 있다. 따라서 순수한 영어 실력 향상을 위한 공부도 중요하지만, 시험 유형에 맞게 문제를 어떻게 푸는지도 공부해야 성적이 나온다.

끝으로 자신이 관심이 많은 분야에는 해박한 지식을 가지고 있는데, 관심 없는 분야에는 배경 지식이 얕다고 느꼈다. 그래서 국어 비문학 공부하듯이 영어지문 중 익숙하지 않은 분야의 글을 더 읽으려고 노력했다. 국어든 영어든 가리지 않고 틈틈이 약한 분야의 글을 읽다 보니 국어랑 영어 과목 모두에 도움이 된다는 사실도 깨달았다. 이런 식으로 약점을 공략한 공부 방법으로 진유석 멘토는 수능에서 안정적으로 1등급에 안착할 수 있었다.

\<탐구 & 한국사\>
1등급 공부법

　필수 과목이자 절대평가로 평가되는 한국사와는 달리 탐구과목은 공부 전략이 조금 다를 수 있다. 그래서 이번 파트에서는 한국사보다는 사회탐구와 과학탐구에 중점을 두고 다룰 예정이다. 그리고 양해를 구하고 싶은 점은 주로 인문계열 멘토의 사례를 수집하다 보니 과탐보다는 사탐에 관한 이야기가 더 많이 나온다는 점이다. 사탐이든 과탐이든 탐구과목만의 특성이 있으니 그 점을 참고해서 1등급 멘토들의 탐구과목 공부법을 배워 보기 바란다.

1등급을 위해서는 전략적으로
최대한 빨리 선택하라

입시공부는 시간과의 싸움이다. 암기 과목이라고 불리는 탐구과목은 빠르면 고2 때부터 시작해서 고3 때 마무리하는 경우가 많다. 그런데 간혹 과목을 선택하지 못하고 우왕좌왕하다가 시간만 허송세월 보내는 경우가 있어서 안타깝다. 1등급 멘토들은 그런 불상사를 막기 위해 탐구과목은 전략적으로 최대한 빨리 선택할 필요가 있다고 입을 모아 말한다.

사실 모든 게 그렇다. 빨리 선택할수록 더 집중할 수 있기 때문이다. 그러니 탐구과목 혹은 다른 선택과목은 빨리 선택해서 공부를 시작하는 것이 되도록 좋다. 적어도 탐구과목은 고3 진입하는 겨울방학 때 결정하는 것을 되도록 추천한다. 선택을 미루는 거나 나중에 결정하는 것은 추천하지 않는다. 탐구과목 결정 시 고민하는 데에도 시간이 낭비되기 때문이다.

그리고 탐구는 고3 1년 동안 꾸준히 공부하는 것이 제일 안정적이고 좋은 방법이다. 가장 좋은 방법은 겨울방학 때 개념을 모두 다지는 것이고, 늦어도 3월부터는 개념을 다지면서 문제 풀이를 시작하는 것이 좋다. 참고로 탐구과목 선택 기준은 다양하다. 과목별 특성, 학교 내신과의 연계, 대학 입시와의 연계 등을 고려하여 정하는 것이 유리하다. 특히 2022학년도 수능 선택과목 확대에 따른 선택 전략을 세우는 것이 중요하다는 점을 기억하자.

2022학년도 수능 탐구과목 통합에 따른 선택 전략

2022학년도 수능부터는 계열 구분이 사라진다. 수학에서는 공통과목 외 선택과목을 자유롭게 선택하도록 하고, 탐구영역도 사탐과 과탐 가운데 2과목을 고르도록 함으로써 문, 이과 구분을 없앴다. 그래도 분명한 건 계열별로 자신에게 유리한 과목을 선택할 필요가 있다는 사실이다.

2022학년도 수능 탐구영역은 대학 및 모집단위별로 필수 응시 과목 확인이 필요하다. 일부 주요 상위권 대학을 중심으로 과탐 2과목 선택 시 과목 선택에 세부적인 제한을 두는 경우도 있다. 일부 대학이 대학 자체변환표준점수가 아닌, 성적표 표준점수를 그대로 반영하겠다고 발표했다. 수능 성적표 표준점수를 그대로 반영하는 경우 탐구과목의 난이도 차이로 인해 선택과목 간 유불리가 발생한다. 표준점수를 반영하는 대학에 지원하고자 하는 수험생에게는 선택한 과목에서 좋은 점수를 받는 것도 중요하지만, 난도가 높은 과목을 선택하는 것도 매우 중요하게 된다.

인문계열 수험생의 경우에는 자연계열과 달리 특정 과목을 강제하는 대학은 없기 때문에 별다른 전략이 필요 없어 보인다. 자연계열 교차지원을 염두에 두는 경우에는 과탐을 선택할 수도 있겠지만, 그렇지 않은 경우에는 사탐을 선택하는 것이 무난한 방법이 될 것으로 보인다.

반면 자연계열 수험생의 경우에는 성적대에 따라 과목 선택 전략을 달리 가져가야 한다. 우선 과탐에서 동일과목 I+II 선택 전략은 피해야 한다. 일부 서울권 주요 대학이 이에 대해 제한을 두고 있기 때문이다. 과탐II를 1개 이상 포함하면 서울대를 비롯해 어떤 대학이든 지원이 가능하다. 그러나 문제는 좋은 성적을 받기가 어렵다. 특히 서울대에 지원할 생각이 없다면 과탐II를 과감히 포기하는 것을 생각해 보아야 한다.

자연계열 수험생 가운데 성적대가 좋지 못한 경우라면 사, 과탐 제한이 없는 대학을 염두에 두고 사탐을 선택할 수는 있다. 그러나 과탐을 선택하지 않는 경우 서울권 주요 대학 진학은 완전히 포기하는 결과로 이어질 수 있다. 일부 대학에서 사탐을 허용하더라도 과탐 2과목을 선택해 일단 대비하는 것이 좋고, 만약 사탐 과목을 선택하고자 한다면 고3 때 사탐을 선택하는 것이 유리하다고 판단될 때만 신중하게 고려해야 할 것이다.

과목별 특성을 기준으로 한 탐구과목 선택법

무엇보다 탐구과목을 선택할 때는 흥미와 적성을 고려하는 것이 좋다. 흥미가 있는 과목을 선택해야 부담도 덜 느끼고 즐겁게 공부할 수 있어서 성적도 잘 오른다. 더 나아가 대학에 진학하여 공부하고 싶은 분야와 관련된 과목을 선택하는 것도 좋다. 학생부 종합전형 시 면접 준비에도, 논술고사 준비에도 도움이 될 수 있기 때문이다. 그러니 과목별 특성을 잘 알고 결정하도록 한다.

특히 탐구과목의 경우엔 1등급을 받기 위해서는 만점을 받거나 한 문제만 틀려야 하는 경우가 있어서 더욱 자신에 맞는 과목을 선택해야 한다. 다시 말해, 탐구과목 1등급을 위해서는 만점을 목표로 해야 한다는 말이다. 실제 2021학년도 수능 탐구과목 중 만점이 1등급인 과목은 윤리와 사상, 한국 지리, 세계지리, 세계사, 물리학Ⅰ, 물리학Ⅱ이다. 때마다 난도에 따라 등급 컷이 달라지기는 하지만, 만점을 받아야만 1등급이 나오는 경우가 많으니 이 점을 유의해야 한다.

인문계열에서 많이 선택하는 사회·문화는 사회·문화 현

상, 계층의 구조 및 이동, 사회구조 등을 배운다. 따라서 개념을 사례에 적용하고 이해하는 능력과 표를 해석하고 수치를 활용하는 응용력이 좋은 사람에게 추천한다.

생활과 윤리는 인간의 삶에 있어 생기는 문제들을 윤리적 관점으로 바라보는 것에 대해 다룬다. 무난한 과목을 선택하고 싶고, 암기 비중이 적은 대신 자잘한 것도 잘 확인하고 넘어갈 수 있는(문제 꼬아내는 것 대비, 말장난이 많은 과목) 사람에게 추천한다.

윤리와 사상은 여러 사상가의 사상을 배운다. 윤리를 특별히 더 좋아하는 학생들이 생활과 윤리와 윤리와 사상 조합을 선택하는 경우가 많다. 참고로 '생활과 윤리' 과목 내용과 겹치는 부분이 일부 있어 같이 공부하기 좋다.

세계사는 전 세계의 역사에 대해 배우고, 동아시아사는 동아시아 각국의 나라들 역사에 대해 배운다. 이 과목들은 암기를 잘하거나 자신이 있고, 문제를 꼬아내는 것이 싫은 사람에게 추천한다.

한국 지리는 우리나라의 자연환경, 인문환경 등, 세계지리는 전 세계의 자연환경과 인문환경 등을 배운다. 따라서 지리에 관심이 많고 좋아하는 사람들에게 추천한다. 다만, 자료 해석과 지역 암기가 중요하다는 점을 잊지 말아야 한다. 학교에서 내신으로 지리를 하는 경우가 많은데, 이때 내신 성적이 좋았거나 적성에 맞았다고 생각하는 학생들이 주로 하기도 한다. 참고로 말장난이 거의 없어서 좋다.

정치와 법은 선거, 법률, 통치 등을, 경제는 시장, 금융 등을 배운다. 다른 사탐 과목에 비교할 때 이 과목들은 난도가 있지만, 그만큼 마니아층이 존재한다. 평소에 관련 공부를 해왔던 학생들이 주로 선택한다. 특별히 이 분야에 자신이 있거나 잘한다면 추천한다.

자연계열의 경우, 수험생들이 많이 선택하는 생명과학I은 생명과학의 이해, 사람의 물질대사, 항상성과 몸의 조절, 유전, 생태계와 상호 작용 등을 배운다. 따라서 암기할 내용이 많고 계산식을 거의 활용하지 않는다. 암기에 자신이 있고, 그림이나 그래프 이해에 자신이 있다면 추천한다. 참고로 유전 킬러 문항을 맞히는 것도 중요하지만, 비유전 문항들을 빠르고 정확하게 풀어서 다 맞히는 것이 훨씬 중요하다. 비유전 문제는 암기가 대부분이지만, 암기를 바탕으로 응용하는 문제도 꽤 많으니 이점을 기억해야 한다.

또한 수험생들이 비슷하게 많이 선택하는 지구과학I의 경우는 고체 지구, 대기와 해양, 우주 등을 배운다. 참고로 이 과목을 암기과목이라 생각하는 경우가 많이 있지만, '암기'만 가지고 해결하지 못하는 문제가 훨씬 많다. 현상에 대한 기본적 이해가 없으면 자료에 대한 분석이 어려울 수밖에 없다. 대부분의 문제가 그림, 표의 분석이므로 많이 문제를 풀어보면서 자료분석 능력을 키워야 한다. 기본 개념과 현상에 대한 원리, 인과관계 등을 명확히 이해한 후 꼭 필요한 '용어'를 암기해야 문제해결력을 높일 수 있다. 즉, 암기 능력보다는 사고력과 적용(응용) 능력이 중요하다는 말이다. 결론적으로 이공계열 수험생인데도 수학이 약하거나, 암기 위주가 아닌 응용문제가 약하면 생명과학Ⅰ이나 지구과학Ⅰ 조합을 추천한다.

화학Ⅰ은 물, 공기, 금속과 그 이용 등을 배우는 과목이다. 화학은 화학전공이나 의대 진학을 목표로 한다면 필수라는 점을 잊지 말자. 물리Ⅰ은 힘과 에너지, 전기와 자기, 파동과 입자 등을 배운다. 물리는 과학뿐 아니라 수학까지 포함되어 수학에 자신이 있다면 추천한다.

다만, 과탐Ⅱ 과목의 경우엔 최상위권 학생들이 선택하는 경우가 많고, 선택한 인원이 많지 않아서 등급이 잘 안 나올 수 있으니 유의하자. 일부 학교를 제외하고는 가산점이 특별히 없으니 전략적으로 해보자면, Ⅱ과목을 선택하는 것보다 자신에게 유리한 과목 중 Ⅰ과목으로 선택하는 것이 바람직하다.

탐구과목 선택시 추가로 고려해야 할 사항

수시 전형과 함께 정시를 준비하는 학생이라면 고3 때 배울 예정이거나 2학년 때 배운 과목을 선택하는 것이 좋다. 시간 절약이 되기 때문이다. 따라서 학교 내신 교육과정에 있는 과목을 선택하는 것이 좋다. 내신관리에도 신경을 써야 한다면, 고3 수험생들은 아직 1학기 내신 시험이 남아 있기 때문에 내신 과목과 수능 공부 과목이 같다면 학습 효율을 높일 수 있다.

만일 중간에 탐구 과목을 바꾸고 싶다면 신중하게 고민하고 선택해야 한다. 새로운 과목을 공부하는 데 걸리는 시간이 있기 때문이다. 과목을 중간에 교체하면 개념부터 심화까지 다시 공부해야 하고, 다른 과목에 투자할 시간이 그만큼 줄어든다는 사실을 깨달아야 한다. 수능 200일 미만으로 다가온 시점에서 바꾸고자 하는 것은 정말 신중할 필요가 있다. 성적이 너무 안 나오거나 어려워서 과목을 바꾸고자 한다면 바꾼 과목도 똑같은 이유로 힘들어질 수 있으니 유의하자.

과목 선택이 정말 고민이라면, 응시생 수가 많은 과목을 선택하면 과목 선택에 따른 위험 부담이 낮아질 수 있다. 응시생 수가 많으면 작은 차이로 백분위나 등급이 크게 좌우되지는 않지만, 응시생 수가 적은 과목의 경우 1점 혹은 1문항 차이로도 백분위 점수가 크게 하락하거나 등급이 달라질 수 있기 때문이다. 단, 서울대 등 최상위권 대학을 목표로 하는 수험생은 표준점수 반영을 염두에 두어야 한다.

예를 들어, 생명과학I, 물리II 각각 원점수는 50점이어도 표준점수는 10점 넘게 차이날 수 있다. 0.1점 차이로 대학이 갈리는 수능에서 이 10점은 큰 차이를 낳을 수 있다. II과목을 선택하는 학생 수가 I과목을 선택하는 학생 수에 비해 굉장히 적

기 때문에 상대평가로 점수를 매기는 수능에서는 불리할 수 있
다는 점도 기억하자.

· 2021학년도 탐구영역별 응시자 수

순위	사탐		과탐	
	과목명	응시자 수	과목명	응시자 수
1	생활과 윤리	129,937	생명과학 I	117,487
2	사회·문화	124,711	지구과학 I	116,729
3	한국지리	44,832	화학 I	71,815
4	세계지리	35,186	물리학 I	53,286
5	윤리와 사상	29,063	생명과학 II	6,585
6	동아시아사	24,423	지구과학 II	4,056
7	정치와 법	23,382	화학 II	2,984
8	세계사	19,055	물리학 II	2,796
9	경제	5,076		

출처: 메가스터디 입시전략연구소

탐구과목의 핵심은
이해를 바탕으로 한 암기력이다

　타 과목과 비교했을 때 암기 여부가 중요한 과목이 바로 탐구과목이다. 과탐의 경우 상대적으로 응용이 많겠지만, 사탐은 기본적으로 응용이 적고 개념이 많은 분야이다. 즉, 타 과목에 비해 암기할 과목이 많다는 것을 의미한다. 하지만 무작정 암기만 하려고 하면 제대로 잘 외워지지 않을 뿐더러 시기나 순서도 헷갈려 문제를 틀릴 확률이 높다. 그러니 '이해'를 우선으로 하고 암기에 도전하자.

　사회탐구는 주로 인간의 삶과 관련된 이야기가 많아 사례가 풍부하고 개연성이 있는 경우가 많다. 따라서 이해하려고 하다 보면 자연스럽게 암기가 되는 내용도 많다. 예를 들면 역사의 경우 사건의 흐름을 먼저 이해하려고 하는 것이 좋고, 사회·문화의 경우 다양한 사례를 통해 해당 사례가 어떠한 개념이 적용되고 있는지 이해한다면 훨씬 공부하기 수월할 것이다.

앞에서도 언급했지만, 탐구 과목은 분명히 개념에 대한 이해가 중요한 건 빼놓을 수 없는 사실이다. 하지만 이해만으론 외울 수 없는 요소는 무조건 암기해야 한다. 이를 암기하는 방법에는 본인 스스로 쉽게 외울 수 있는 규칙을 만들거나, 학교 선생님 혹은 학원, 인강 강사가 알려주는 암기법을 따라 외우는 방법이 있다. 어떤 방식이든 암기하기 쉬운 방향으로 내용을 외우도록 한다.

사회탐구 과목은 인간의 삶에 관한 이야기이기 때문에 개념이 많은 대신 응용의 정도가 약하다. 단순하게 암기하는 경우가 더 많다는 말이다. 과학탐구는 사회탐구와 수학의 중간 정도로 보면 되지만, 어쨌든 기본 개념에 대한 이해와 암기를 바탕으로 기본서를 보면서 기본 문제 정도는 같이 풀어주어야 한다.

반대로 암기만 하는 것이라 여겨지는 역사의 경우에도 이해할 거리는 있다. 사건의 배경, 역사적 영향, 의의를 이해하고 다른 단원 간의 비교, 대조, 시대 흐름, 동시대 묶음별로 이해하려는 노력이 필요하다는 말이다. 완전 학습을 위한 1등급 멘토들의 공부에 관한 개념과 똑같이 탐구과목도 이해를 바탕으로 암기를 할 때 훨씬 수월하다는 걸 알아야 한다.

예를 들어, 사회탐구 과목 중 하나인 '사회·문화'에서는 사회 조직의 의미와 특징을 배운다. 그중 공식 조직과 비공식 조직과 관련된 개념을 살펴보자.

① 공식 조직

일반적으로 사회 조직이라고 부르는 사회 집단을 가리킴

② 비공식 조직

의미: 사내 동호회와 같이 하나의 공식 조직 구성원들이 자아실현, 친밀한 인간관계 형성과 같은 공통의 관심사를 실현하기 위해 자발적으로 결성하는 사회 집단

순기능: 공식 조직 구성원의 사기를 증진시키고, 공식 조직 내에서의 긴장감과 소외감을 완화함으로써 공식 조직의 효율성을 높이는 데 기여할 수 있음

역기능: 구성원들이 비공식 조직의 목표나 비공식 조직 내에서의 사적인 인간관계를 우선시하거나 비공식 조직이 파벌을 형성할 경우 공식 조직의 효율성이 낮아질 수 있음

출처: 2022학년도 EBS 수능특강 사회·문화 61쪽

여기서 비공식 조직의 의미와 순기능, 역기능에 관한 개념이 나오는데, 이는 자신의 경험과 사고에 기반하여 충분히 이해할 수 있는 내용이다. 예를 들어, 이 개념을 배우는 학생의 경우 자신이 교내에서 하는 동아리를 기반으로 하여 비공식 조직의 특성을 이해하면 좋을 것이다. 학교라는 공식 조직의 구성원들

이 자발적으로 형성한 사회 집단 중 하나가 동아리이고, 이러한 동아리의 순기능과 역기능을 생각해본다면 위 내용을 무작정 암기하려고 하지 않아도 쉽게 내용을 이해하고 문제를 풀 수 있을 것이다.

탐구는 무조건
만점을 목표로 공부하라

2021학년도 수능 탐구과목 과목별 등급 컷은 다음 페이지에 있는 표와 같다. 표에 있는 점수만 봐도 쉽게 알 수 있듯이 사탐에서는 사회·문화를 제외하고 모두 만점 혹은 1개를 틀려야 1등급이다. 과학탐구는 사회탐구랑은 조금 다르긴 하지만 그래도 최소한 1~2개를 틀려야 1등급을 받을 수 있다는 걸 알 수 있다. 그만큼 다른 과목에 비해서 탐구과목의 경우엔 1등급을 받기가 어렵다는 말이다. 조금만 실수해도, 바로 2등급이 되는 불상사가 발생한다. 실제 1등급 멘토들도 사탐에서 미끄러지는 경우를 많이 봤다. 그래서 굉장히 신중하게 탐구과목 공부를 하려고 노력한다.

1등급 멘토들이 말하는 사회탐구 한 과목을 공부하는 커리큘럼의 정석이 있다. 우선 고3이 되기 전 겨울방학 때 최소한 한 과목의 개념을 1회독 이상 하는 것이다. 그리고 3월부터 문제

사회탐구		과학탐구	
1. 생활과 윤리	(48점)	1. 물리학 I	(50점)
2. 윤리와 사상	(50점)	2. 물리학 II	(50점)
3. 한국 지리	(50점)	3. 화학 I	(47점)
4. 세계 지리	(50점)	4. 화학 II	(45점)
5. 동아시아사	(47점)	5. 생명과학 I	(45점)
6. 세계사	(50점)	6. 생명과학 II	(45점)
7. 정치와법	(47점)	7. 지구과학 I	(45점)
8. 경제	(47점)	8. 지구과학 II	(45점)
9. 사회문화	(45점)		

풀이를 시작하며 계속해서 부족한 개념을 채워가는 방식으로 공부한다. 두 번째 과목의 경우에는 3학년 때 처음 배우는 경우가 있기에 1학기 안에 개념을 완성하려고 노력한다.

　이렇게 개념 공부 후 문제 풀이로 자연스럽게 넘어가는 게 중요하다. 그래서 못해도 6월 모의평가 때는 한 과목은 1등급을 만들어 놓고, 나머지 한 과목은 9월 모의평가 때 1등급을 목표로 공부한다. 그런데 문제는 만점 혹은 최소 1~2개의 문제를 틀려야 1등급을 받을 수 있기에 이 과정이 만만치가 않다. 지엽적으로 문제가 나오거나 해서 킬러 문항을 잡지 못하면 바로 2등급이 되기 때문이다. 그래서 안정적인 1등급을 받기 위해 막판 스퍼트를 올릴 수밖에 없다. 9월부터 11월 수능까지는 오답 노트를 중심으로 어려웠던 문제를 다시 풀어보고, 지엽적인 내용까지 암기하려고 노력한다.

한 예로, 사회·문화의 경우 최소 한 문제 정도는 도표에서 어려운 문제가 출제된다. 도표 문제는 풀이 시간이 길어 시간을 잡아먹을 뿐만 아니라 난도가 다소 높기에 이 문제를 잡는 것이 중요하다. 대부분 수능 공부를 할 때 기출을 활용하지만, 사회·문화의 경우 도표만큼은 어떤 문제가 나와도 풀 수 있게 기출뿐만 아니라 좀 더 어려운 난도의 문제도 풀 수 있을 정도로 실력을 쌓아야 한다. 인강 강사가 킬러 문항을 뽑아 대비할 수 있도록 커리큘럼을 개설하는 경우가 많은데, 이러한 강의도 도움이 된다고 한다.

이것이 바로 1등급 멘토들이 말하는 탐구과목을 공부하는 정석이다. 그런데 대부분 수험생은 개념도 다 마치지 못하는 경우가 허다하고, 만일 1과목을 끝냈어도 수능 때까지 2과목을 모두 끝내는 경우가 흔치 않다. 2등급이나 3등급 이하를 받아도 되는 상황이라면 그렇게 공부해도 상관이 없지만, 1등급이 목표라면 무조건 만점을 목표로 해야 한다는 점을 잊지 말아야 한다.

국어나 영어는 언어적인 배경 지식부터 문해력까지 갖추는 기본 실력이 중요하고, 수학의 경우도 수학적 사고력이 부족하면 아무리 노력해도 고득점을 받을 수 없을지도 모른다. 하지만 사실 충분한 시간을 투자하면 성적을 올릴 수 있는 과목이 바로 탐구과목이다. 그런 이유로 1등급을 받으려면 만점을 목표로 해야 하는 어려운 과목이기도 하다. 다른 과목도 마찬가지겠지만, 적당히 해서는 절대 1등급을 받을 수 없다는 걸 잊지 말아야 한다.

그러니 앞으로는 탐구과목을 1등급 받겠다는 목표를 세운다면, 꼭 만점을 받도록 공부하겠다고 생각하길 바란다. 공부 기간도 충분히 확보해서 수능 때까지 차근차근 개념부터 문제 풀이 그리고 킬러 문항까지 잡겠다는 각오로 공부에 임해야 할 것이다. 그런데 혼자서 이를 해나가려면 분명 부담이 될 것이다. 그래서 다음 내용에서는 어떻게 하면 효율적으로 탐구과목을 공부할 수 있을지에 대해 알아보도록 하겠다.

탐구는
전문가의 도움을 꼭 받아라

　1등급 멘토들이 탐구과목 공부법에 대해서 목놓아 말하는 것 중 하나는 꼭 전문가의 도움을 받으라는 것이다. 탐구라는 과목은 시간이 지나도 개념이 크게 변하지 않기에 오랜 시간 연구한 전문가들이 효율적으로 개념을 익히고 문제에 접근하는 법을 잘 알고 있다. 게다가 개념이 많은 탐구의 특성상 전문가의 도움을 받으면 헷갈리는 개념을 정확히 짚어줄 수 있다.

　사실 혼자 문제를 풀고 검토하며 스스로 피드백까지 해야 하는 것이 스스로 하는 공부인데, 모든 과목에서 이를 실천하기는 쉽지 않다. 따라서 스스로 하는 공부는 국어, 수학, 영어에 더 초점을 맞추고, 탐구는 강사의 커리큘럼을 따르는 것이 마음이 편하고 시간도 절약되어서 좋다. 국어, 수학, 영어는 기초 지식부터 차근차근 탑을 쌓듯이 올라가야 하지만, 탐구는 전문가의 비법을 습득하고 곧바로 적용하기 쉽다. 탐구과목이 상대적으로 난도가 낮고 내용도 깊지 않기 때문이다.

1등급 멘토는 대부분 탐구 2과목을 모두 전문 강사의 커리큘럼을 통해 고2 겨울방학부터 수능 전까지 꾸준히 공부한다. 인터넷 강의든지 현장 강의든지 방법은 상관없다. 본인에게 맞는 방법을 선택하면 된다. 다만 전문가가 짜놓은 체계적인 커리큘럼 안에서 공부하다 보니 스스로 공부 계획을 세우는 부담이 줄어들어서 좋다.

그리고 강의를 들으며 공부하는 게 좋은 이유 중 하나는 혼자 하는 공부에 지칠 가능성을 낮출 수 있기 때문이다. 혼자 하는 공부는 정말 힘들다. 특히 탐구과목 특성상 방대한 개념을 훑어보고, 혼자 여러 문제를 풀고 검토하며 스스로 피드백까지 하기에는 시간과 노력이 많이 들어가기 때문이다. 반면 전문가의 강의는 그런 복잡하고 시간을 많이 투자해야 하는 과정의 수고를 덜어줄 수 있다.

2장에서 인강 활용 방법에 관해서 이야기했으니 다시 한번 읽어보는 것을 추천한다. 그런데 탐구과목은 다른 과목과 달리 커리큘럼을 선택했으면 적어도 개념 부분은 완강하기를 바란다. 물론 문제 풀이도 출제자의 의도를 파악하는 방법을 배울 수 있고, 문제 유형을 더욱 효율적으로 분석할 수 있기에 수능 때까지 계속 강의를 들으며 공부할 것을 추천한다.

실제 1등급 멘토 중에도 다른 과목은 스스로 공부해도 탐구과목은 효율적인 공부를 위해 전문가의 도움을 받는 경우가 많았다. 이것은 거의 불변의 진리이기 때문에 자신 있게 말할 수 있다. 그런 이유는 탐구라는 과목의 특성 때문이라는 것도 잊지 않아야 한다.

끝으로, 항상 무언가를 추천하면 그래서 누구 강의를 들어야 하는지 항상 궁금할 것이다. 공부법에도 정답이 없듯이, 꼭 누구의 강의가 정답이 될 수 없다고 생각한다. 자신이 꾸준하게 오랫동안 끝까지 들을 수 있는 강의를 찾고, 수능 날까지 중도 포기하지 않을 강의라면 가장 자신에게 맞는 강의라고 할 수 있다. 그러니 처음에 제대로 어떤 강의를 들을지 잘 알아보길 바란다.

또한 1등급 멘토들은 중간에 자꾸 강의를 바꾸지 말라고 했다. 정말 도저히 못 듣겠다 싶지 않은 이상은 전문가를 믿고 그 방법을 최대한 자신의 것으로 만들어서 소화해보려고 노력하라고 한다. 결국 전문가의 도움을 받는 것일 뿐이지 공부는 자신이 해야 하기 때문이다. 이 관점으로 탐구과목 공부를 한다면 분명 도움이 되리라 믿는다.

탐구과목은
오답 노트가 필수다

다른 과목에서도 오답 노트를 만드는 게 중요하지만, 탐구 과목에서는 그 중요도가 더 올라간다. 그 이유는 오답 노트를 하며 모아 둔 도표, 그림, 선지 등이 실제 그대로 시험에서 활용 되는 경우를 볼 수 있기 때문이다. 특히 자신이 자주 헷갈리는 부분이 있다면, 오답 노트 정리를 통해 다음에는 오답률을 줄일 수 있다. 그렇기에 탐구과목은 오답 노트가 필수라 할 수 있다.

사회탐구의 경우에는 헷갈리는 개념, 선지, 지문이 많다. 따라서 오답 노트를 통해 이를 정리해 놓고 나중에 보면 틀리기 쉬운 내용이나 선지를 한 번에 파악할 수 있다. 특히 선지를 보 며 거기에 쓰인 개념을 자신이 제대로 알고 있는지 확인해봐야 한다. 오답 노트의 목적은 자신이 모르거나 헷갈리는 부분을 줄 여가는 데 있기 때문이다.

오답 노트를 만들 때 필수로 해야 하는 일은 과목의 모든 개념을 정리한 목차가 맨 앞에 들어가게 하는 것이다. 혹은 그 작업이 귀찮다면 개념서에 있는 목차를 같이 보는 것도 좋다. 오답 노트에 적힌 문제와 선지를 보면서 자신이 약한 개념을 찾아내고 그 부분을 찾아가서 보충하는 방식으로 공부해야 하기 때문이다. 이 과정을 수능 날까지 무한히 반복하다 보면 당일에는 모르는 게 최소화될 것이다.

실제 수능 날에는 매우 얇은 오답 노트만 달랑 들고 갈 수 있는데, 그래도 자신이 헷갈리던 문제에 대한 오답 노트를 가지고 간 것이기 때문에 크게 도움이 된다. 사실 이렇게 될 때까지 오답 노트를 하며 모르는 부분을 줄여가는 것이 탐구과목의 진정한 공부법이다.

구체적인 오답 노트 공부법은 이미 2장에서 언급했기에 그 부분을 다시 참고하면 된다. 한 가지만 덧붙이자면, 오답 노트 내용을 여러 번 보기를 추천한다. 우리는 한 번 보면 익숙해지니까 알고 있다고 착각하게 된다. 그런데 다음에 비슷한 유형의 시험문제를 겪게 되면 틀리는 경우가 생긴다. 그 이유는 오답 노트를 했으니 공부했다고 착각하게 되기 때문이다. 오답 노트를 만드는 것도 중요하지만, 그 내용을 중심으로 완전히 알고 넘어갈 때까지 반복해서 보는 걸 잊지 않기를 바란다.

다음은 한 멘토가 사회탐구영역에서 오답 노트를 활용한 방법이다. 순서대로 한번 따라 해보면서 효율적인 오답 노트 정리법을 익힐 수 있다. 이 방법의 효과는 나중에 복습할 때 문제를 다 볼 필요 없이 헷갈렸던 개념이나 선지만 확인하여 시간을 절약할 수 있다는 점이다.

1) 실전처럼 시간을 정해놓고 문제를 푼다.

설명은 적지 않고 답만 표시한 후 넘어간다.

2) 다시 천천히 풀어보며 각 문제의 제시문이나 선지마다 직접 해설을 적는다.

어떤 개념이 적용된 선지인지, 왜 이 선지가 틀렸는지 등을 적고 헷갈리거나 모르는 부분은 따로 표시한다.

3) 해설지와 대조하며 내 생각이 맞는지 확인한다.

틀리게 적은 해설에는 빨간 볼펜으로 정확한 해설을 다시 적는다. 모르는 부분은 파란 볼펜으로 보충한다.

4) 오답 노트를 펴서 헷갈렸던 개념이나 선지, 지문을 단원별로 적어놓는다.

목차를 확인하며 같은 개념끼리 묶는다.

5) 나중에 복습할 때 오답 노트를 펴서 헷갈렸던 부분을 확인한다.

이 단계까지 총 3번 반복해서 공부하는 방법이다.

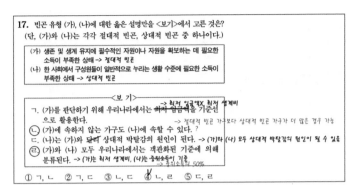

17. 빈곤 유형 (가), (나)에 대한 옳은 설명만을 <보기>에서 고른 것은? (단, (가)와 (나)는 각각 절대적 빈곤, 상대적 빈곤 중 하나이다.)

(가) 생존 및 생계 유지에 필수적인 자원이나 자원을 확보하는 데 필요한 소득이 부족한 상태 -> 절대적 빈곤
(나) 한 사회에서 구성원들이 일반적으로 누리는 생활 수준에 필요한 소득이 부족한 상태 -> 상대적 빈곤

＜보 기＞
-> 최저 임금액X 최저 생계비
ㄱ. (가)를 판단하기 위해 우리나라에서는 ~~최저 임금액을~~ 기준선으로 활용한다.
-> 절대적 빈곤 가구보다 상대적 빈곤 가구가 더 많은 경우 가능
ㄴ. (가)에 속하지 않는 가구도 (나)에 속할 수 있다. ?
ㄷ. (나)는 (가)와 ~~달리~~ 상대적 박탈감의 원인이 된다. -> (가)과 (나) 모두 상대적 박탈감의 원인이 될 수 있음
ㄹ. (가)와 (나) 모두 우리나라에서는 객관화된 기준에 의해 분류된다. -> (가)는 최저 생계비, (나)는 중위소득이 기준
-> 중위소득의 50%

① ㄱ, ㄴ   ② ㄱ, ㄷ   ③ ㄴ, ㄷ   ④ ㄴ, ㄹ   ⑤ ㄷ, ㄹ

출처: 2022학년도 고3 6월 모의평가 사회·문화 17번 문항

사탐 2과목 모두
1등급 받은 공부법

멘토 사례
이서영 멘토

탐구과목 공부법의 정석을 그대로 밟았던 이서영 멘토는
수능 때 생활과 윤리와 사회·문화 2과목 모두 1등급을 받았다.
이는 공부에서 편법을 택하기보다 정면돌파를 시도했기에 가
능한 결과라 생각한다. 물론 정면돌파지만 앞에서 언급했던 효
율적인 공부법이 모두 포함되어 있기에 이야기를 공유해보고
자 한다.

이서영 멘토는 2학년 겨울방학 때 인강으로 1회 개념완성
을 하려고 노력했다. 모든 게 그렇지만, 한 번 본다고 다 자신의
것이 되지는 않는다. 그래서 고3 1학기 동안 수업 시간에 복습
하고 부족한 점을 확인하려고 노력했다. 실제 사회·문화는 수

업을 진행했기에 더욱 효율적으로 복습할 수 있었다. 모르는 개념이 나오면 바로 수업을 담당하시는 선생님께 질문할 수 있어서 좋았다. 반면 생활과 윤리는 자신이 부족하다고 생각되는 개념 파트만 골라서 야간 자율학습 시간을 활용하여 인강을 들으며 공백을 메웠다.

그리고 틈틈이 개념노트 정리한 걸 자투리 시간을 이용하여 복습했다. 셔틀버스를 타고 등하교를 할 때도, 급식을 먹기 위해 줄 서서 기다릴 때도 계속 공부했다. 다른 과목보다 빨리 점수를 올릴 수 있을 거라는 믿음이 있었기에 시간 날 때마다 사탐 공부에 투자했다. 그리고 노트에 정리된 내용은 자신이 알아보기 쉽게 간단히 정리하였기에 틈틈이 훑어보기에 적당했다.

이런 식으로 개념 공부를 충실히 하면서 3월부터는 문제 풀이도 병행했다. 아무리 개념을 잘 알고 있어도 문제를 풀고 정답을 맞히지 못하면 의미가 없기 때문이다. 이서영 멘토도 개념과 문제 풀이가 연결되어야 한다고 생각하고 실행했다. 1학기 동안에는 개념을 확실히 정리하는 게 중요하다고 생각해서 문제 풀이의 목표를 모르는 개념을 찾는 것으로 잡았다. 이런 식으로 문제 풀이하며 생소한 개념을 더 찾아냈고, 덕분에 개념노트 단권화를 실천해냈다.

여름방학이 되어서는 심화 문제 풀이 인강을 들으며 어려운 문제에 적응하려고 노력했다. 덕분에 어렵고 생소한 개념까지 잡을 수 있었고, 개념을 완전하게 정복하는 시간이 되었다고 했다. 2학기부터는 실전 문제에 적응하기 위해 양치기(문제 많이 풀면서 모르는 것 정리)에 돌입했다. EBS 연계교재, 평가원 기출문제는 물론이고, 사설 모의고사나 인강 교재 등 다양한 문제를 통해 실전 문제를 푸는 연습을 했다.

그렇게 하다 보니 어떤 식으로 킬러 문항이 나오는지 알 수 있었고, 필요한 부분은 오답 노트를 정리하며 공부할 내용을 줄여갈 수 있었다. 실제 수능 날에는 그동안 단권화했던 개념노트와 헷갈리던 표 문제 오답 노트 정리한 부분만 간단하게 가져가서 시험 보기 전에 잠깐 봤다. 이는 마치 수능 만점자들의 수능 날 모습과 비슷했다. 과정이 비슷하면 결과도 비슷하게 나올 수 있는 것처럼 사탐 두 과목 모두 1등급을 받을 수 있었다.

인터뷰를 통해 사탐 공부법을 밝혔던 이서영 멘토는 다른 과목에 비해 사탐은 조금 늦게 시작해도 노력으로 충분히 1등급을 받을 수 있는 과목이라 말했다. 그 이유는 타 과목은 기초부터 단계적으로 실력을 올려야 하는데, 탐구과목은 기초가 없어도 개념을 하나씩 잡아가면 가능하기 때문이라고 했다. 실제 많은 학생이 중간에 포기하지만 않는다면 누구나 1등급이 가능할 것이라 했다. 끝으로, 만일 시간이 없다면 문제 풀이를 먼저 하면서 시험에 자주 나오는 개념 위주로 정리해 나가는 것도 시간을 줄이는 방법이니 잘 활용해보라고 조언했다.

<제2외국어와 한문>
1등급 공부법

2022학년도 수능부터 제2외국어와 한문 과목도 절대평가로 바뀌면서 기존과는 다른 전략으로 접근해야 할 필요가 생겼다. 기존에는 일부 과목에 대해서는 높지 않은 점수를 받아도 1등급을 받을 수 있었지만, 절대평가로 바뀌면서 45점 이상을 받지 못하면 1등급이 나오지 않기 때문에 신중하게 선택해야 할 것이다. 물론 최근에는 아랍어의 경우엔 1등급 컷이 40점대(2018학년도 42점, 2019학년도 40점, 2020학년도 39점, 2021학년도 45점)로 올라오긴 했지만, 2등급은 20점대 정도라서 매우 경쟁력이 있는 과목이었다.

그러나 실제 한국교육과정평가원에서 실시한 2021년 6월 모의평가에서는 기존에 4~5만 명씩 몰리던 아랍어 쏠림 현상이 해소됐다. 중국어Ⅰ 2372명(25%), 일본어Ⅰ 2313명(24.4%), 한문Ⅰ 1048명(11%), 아랍어Ⅰ 1009명(10.6%), 스페인어Ⅰ 932명

(9.8%), 프랑스어Ⅰ 827명(8.7%), 독일어Ⅰ 592명(6.2%), 러시아어Ⅰ 263명(2.8%), 베트남어Ⅰ 142명(1.5%) 순으로 응시자 분포가 달라졌다.

　거꾸로 만점에 가깝게 받아야지만 1등급을 받을 수 있었던 아랍어 외 다른 과목들의 경우엔 절대평가로 인해 좀 더 숨통을 트일 수 있으니 적절하게 분산될 것으로 보인다. 다만, 제2외국어도 영어 과목처럼 1등급 변별을 위한 고난도 킬러 문항이 포함되어 있으니 터무니없이 쉽지만은 않을 것이다. 기존 방식이기는 하지만 1등급 멘토들의 공부 방식을 살펴보며 제2외국어와 한문 과목 공부전략을 고민해보길 바란다.

전략으로 갈 것인가,
진짜 공부할 것인가 선택이 필요하다

　　현재로선 격차가 많이 줄어들었지만, 한때(2015학년도 22점, 2016학년도 23점, 2017학년도 31점)는 터무니없는 점수로 1등급을 받을 수 있는 과목이 바로 아랍어였다. 그래서 수험생들은 전략적으로 제2외국어 과목에서 1등급을 받기 위해 아랍어를 선택했다. 공부 투자시간 대비 효율이 있는 과목이었기 때문이다. 하지만 이제는 절대평가로 바뀌면서 아랍어 선택 쏠림현상은 사라졌고 과목 선택에 있어 다시 고민할 시기가 왔다.

　　수험생 상황에 따라 다르겠지만, 어린 시절부터 제2외국어에 노출되어 꾸준히 공부해온 경우라면 자신이 해온 언어를 선택하는 것이 옳다고 생각한다. 하지만 오직 수능 시험을 위해 과목을 선택한다면 여러 요소를 고려할 필요가 있다. 입시에 도움이 되는지, 학교에서 수업을 진행하는지, 정말 그 과목이 자신에게 맞는지, 미래에 내가 활용할 언어인지, 공부할 시간 확보가 가능한지 등 전략적으로 접근해야 한다.

무엇보다 가장 중요한 건 자신이 준비하는 입시에 정말 필요한 과목인가를 따져봐야 한다는 것이다. 입시에 반영되지 않는다면, 바로 제2외국어는 포기하고 다른 과목에 집중해야 할 것이다. 하지만 서울대를 노리는 수험생이라면 말이 달라진다. 수시에서는 제2외국어는 주로 자격 요건으로 활용되기에 수능 최저가 있는 전형의 경우에는 응시만 하면 된다. 반면 정시에서는 2022학년도 입시 기준 인문대학, 사회과학대학, 간호, 경영, 농업생명과학, 사범, 생활과학에 해당하는 과를 지원하려면 제2외국어를 필수로 응시해야 한다. 참고로 2등급까지는 감점이 없고 3등급부터는 0.5점씩 감점된다.

특히 수능에서 미적분이나 기하를 선택한 수험생이 서울대 인문계열, 상경계열에 교차지원 하려면 꼭 필요한 과목이다. 게다가 그들에게 매우 유리한 상황이 될 수 있다. 인문계열, 즉 확률과 통계 선택자들의 서울대 인문, 상경계열 자리를 넘보는 기회가 생기기 때문이다. 따라서 중국어, 일본어 등 이미 수준이 올라가서 어려운 문제가 출제되는 과목 말고, 아랍어, 불어 등 상대적으로 쉬운 과목을 공략하는 것이 유리할 것이다. 아랍어 같은 경우는 숫자만 알아도 풀 수 있는 문제가 있기 때문이다.

지금까지 주로 전략적으로 제2외국어 과목을 선택하는 것에 대해 어떨까 이야기했다. 사실 제2외국어를 순수하게 정석대로 자세히 깊게 공부하고자 한다면 수능 입시공부법에 초점을 두면 안 될 것이다. 그런데 현실은 전략적으로 갈 수밖에 없다. 시간은 부족하고 할 게 많기 때문이다. 게다가 입시에도 극소수 혹은 일부 학교 입시에만 반영되는 추세이니 더 중요도가 떨어지는 느낌이다.

그래서 간단히 제2외국어와 한문 과목에 대한 선택 여부를 결정짓는 요소를 요약해보도록 하겠다. 이 점을 고려하면서 시험을 볼지 안 볼지, 어떤 과목을 선택할지 잘 고민해보길 바란다.

1. 입시 전형에 대한 점수 반영 여부

– 서울대 포함 극소수 대학에서만 반영함

2. 탐구과목 대체 가능 여부

– 일부 대학, 일부 전형에서만 적용

3. 서울대학교 정시 지원 여부

– 2등급까지 감점 없음

4. 과목별 난이도 차이 확인

– 중국어, 일본어의 경우 어려운 문제 나옴

– 아랍어, 프랑스어 등 타 언어는 조금 더 쉬운 문제 나옴

5. 절대평가 등급별 원점수 확인

– 1등급 45점, 2등급 40점 이렇게 5점 단위로 원점수 확인

– 틀리는 문제 수 파악 가능

1등급을 위해서는
지엽적인 부분까지 학습하라

　　우선 제2외국어를 공부하기에 앞서 출제 기본 방향, 출제 범위, 출제 유형 등에 대해서 알 필요가 있다. 제2외국어는 일상생활에서 해당 외국어로 의사소통할 수 있는 언어 사용 능력과 해당 외국어에 대한 문화 이해 능력을 평가할 수 있도록 출제한다. 그리고 주로 다뤄지는 유형은 발음, 철자(문자), 어휘, 의사소통, 문화, 문법 등이다.

　　'발음 및 철자(문자)'는 강세, 억양, 성조, 장단음, 청탁음, 한자 표기 등과 관련된 문항이 출제된다. '어휘'는 교육과정의 기본 어휘표와 의사소통 기본 표현을 중심으로, '의사소통'은 교육과정의 의사소통 기본 표현을 중심으로 출제된다. '문화'는 해당 외국(어권)의 대표적인 언어문화, 생활문화, 전통문화, 예술, 지리, 역사, 인물 등에 대한 내용이 고루 출제된다. '문법'은 교육과정에 규정된 제외 문법 사항은 다루지 않는다고 명시

되어 있다.

• 제2외국어와 교육과정에 제시된 제외 문법 사항

과목명	제외 문법 사항
독일어 I	• 관계대명사 • 과거완료 시제 • 미래완료 시제 • 수동태의 현재완료·과거 미래 시제 • 분사구문 • 접속법(gem haben과 mögen의 접속법 2식은 허용)
프랑스어 I	• 직설법 대과거, 단순과거, 전과거, 단순미래, 전미래 • 명령법 과거 • 공손한 표현의 용법을 제외한 조건법 • 접속법 • 제롱디프를 제외한 분사 구문 • 수동태 • 관계대명사
스페인어 I	• 직설법 과거완료, 미래완료, 가정미래, 가정미래완료, 관계형용사 • 접속법
러시아어 I	• 형용사, 부동사

출처: 2022학년도 대학수학능력시험 Q&A 자료집

한문의 출제 기본 방향은 한문에 대한 기초적인 지식을 익혀 한문 독해에 활용하는 능력, 한자 어휘를 익혀 언어생활에 활용하는 능력, 한문 기록에 담긴 선인들의 삶과 지혜 및 문화를 이해하고 활용하는 능력을 평가할 수 있도록 하는 데 있다. 한문의 출제 범위는 중·고등학교 한문 교육용 기초 한자 1,800자를 사용하되, 이 기초 한자에 포함되지 않은 한자를 사용할 경우 주석을 달게 되어 있다. '한문 교육용 기초 한자 1,800자'는 2000년 12월 30일 교육인적자원부가 공표한 것을 가리킨다.

'한문의 이해' 영역은 한자와 어휘(한자의 모양·음·뜻, 한자의 부수, 한자의 필순, 한자의 짜임, 단어의 짜임, 실사와 허사, 품사의 활용), 한문의 독해(문장의 구조, 문장 성분의 생략과 도치, 문장의 유형, 소리 내어 읽기, 끊어 읽기, 내용과 주제, 이해와 감상)에 관한 이해와 활용 능력을 측정할 수 있는 문항이 출제된다.

'한문의 활용' 영역은 한자 어휘와 언어생활(일상용어, 학습 용어, 성어), 한문과 인성(선인들의 지혜와 사상), 한문과 문화(전통문화의 계승과 발전, 한자문화권의 언어와 문화)에 관한 이해와 활용 능력을 측정할 수 있는 문항이 출제된다.

참고로 제2외국어와 한문 영역의 출제 문항 수는 과목당 30문항이고 과목당 배점은 50점(1점 10문항, 2점 20문항)이다. 문항당 배점은 문항의 중요도와 난도, 문항 풀이 소요 시간, 사고 수준 등을 고려하여 차등 배점한다. 참고로 지금까지 말한 사항은 모두 2022학년도 대학수학능력시험 Q&A 자료집에 명시되어 있다.

이렇게 출제에 관한 기본적인 사항을 우선 알고, 차근차근 어려운 문항을 하나씩 잡아가는 것이 중요하다. 그런데 1등급을 받기 위해서는 킬러 문항을 정복해야만 한다. 매우 지엽적인 부분에서 출제가 되기 때문에 자세히 살펴볼 필요가 있다.

킬러 문항으로 나올 수 있는 문법 문제의 경우, 문법 포인트별로 공부하는 것이 좋다. 특히 수능특강 등 EBS 연계교재에 실린 문법 포인트들의 경우, 꼼꼼하게 숙지해 두어야 한다. 다만, 수능특강에 나온 간단한 예문과 설명만으로는 실제로 나오는 문법 문제를 풀 수 없는 경우가 많으니, 반드시 EBS 인강 등을 통해서 보충해야 한다.

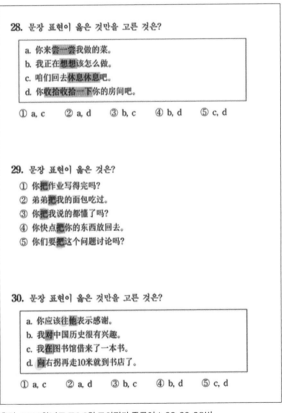

28. 문장 표현이 옳은 것만을 고른 것은?

> a. 你来尝一尝我做的菜。
> b. 我正在想想该怎么做。
> c. 咱们回去休息休息吧。
> d. 你收拾收拾一下你的房间吧。

① a, c   ② a, d   ③ b, c   ④ b, d   ⑤ c, d

29. 문장 표현이 옳은 것은?

① 你把作业写得完吗?
② 弟弟把我的面包吃过。
③ 你把我说的都懂了吗?
④ 你快点把你的东西放回去。
⑤ 你们要把这个问题讨论吗?

30. 문장 표현이 옳은 것만을 고른 것은?

> a. 你应该往他表示感谢。
> b. 我对中国历史很有兴趣。
> c. 我在图书馆借来了一本书。
> d. 向右拐再走10米就到书店了。

① a, c   ② a, d   ③ b, c   ④ b, d   ⑤ c, d

출처: 2022학년도 고3 6월 모의평가 중국어 I 28, 29, 30번

앞의 문항들은 모두 수능특강에 수록된 문법 포인트들을 물어보고 있다. 28번은 동사의 중첩, 29번은 把구문, 30번은 전치사에 관한 문법 문제이다. 수능특강에는 이와 관련된 설명이 한 페이지에 수록되어 있다. 그러나 이 설명만으로는 28, 29, 30번을 푸는 데 부족할 수 있으니(페이지 제한이 있으니) 중국어 인강을 통해 관련 부분을 보충하면서 공부하면 도움이 된다. 다시 말해, (1) 수능특강에 나온 문법 포인트를 중심으로 하되, (2) 인강으로 문법 포인트들에 대한 자세한 설명을 보충하면 된다는 말이다.

다양한 소스를
적극적으로 활용하라

제2외국어와 한문 과목은 꼭 수업을 듣지 않더라도 평소 공부하는 것이 좋은 방법이다. 그러나 대부분 수험생들은 입시 준비로 시간이 없으니 필요에 따라 다양한 소스를 활용하여 동시에 두 마리 토끼를 잡는 효과를 거둬보길 바란다.

많이 축소되기는 했지만, 여전히 특기자 전형에는 어학 특기자 전형이 남아 있다. 모든 과목은 아니지만 제2외국어에 해당하는 일부 과목의 경우엔 어학자격 점수를 획득하기 위해 공부하면서 동시에 수능 공부를 하면 효율적인 공부 방법이 될 수 있다.

예를 들어, 일본어는 JLPT 혹은 JPT, 중국어는 HSK를 준비하는 학생이라면 이를 위해 하는 공부가 곧 수능 제2외국어 영역 공부에도 도움이 될 것이다. 이외에도 학교에서 열리는 방과후학교 프로그램을 활용해 제2외국어에 익숙해진 상태로 고3

때 제2외국어 공부를 하면 시간 절약 효과를 누릴 수 있다. 실제 외고에 다니는 학생들의 경우에는 적극적으로 수능 외 소스를 활용하여 제2외국어 공부를 하는 경우가 있다.

외고에서 중국어가 전공어이고 HSK 5급을 준비하고 땄던 멘토들은 수능 중국어 공부에 들이는 시간을 줄일 수 있었다. 물론 HSK 5급을 받았다고 해서 쉽게 수능 중국어 과목 1등급을 받는다는 의미는 아니다. 분명 다른 시험이기 때문에 따로 준비는 해야 한다.

그래도 기초가 튼튼하고, 실력도 어느 정도 있기 때문에 수능에 나오는 헷갈리는 문법 사항 위주로만 더 깊게 공부하면서 효율적으로 공부했고, 실제 수능에서도 1등급을 받을 수 있었다. 혹시 외고에 다니고 있거나 인증시험 준비를 하는 경우라면, 이런 식으로 외부 시험과 연계하며 공부하는 방법도 효율적이라는 말이다.

외고의 경우에는 제2외국어가 전공과목이라서 수업 시수 자체가 많을 테지만, 일반고의 경우에는 제2외국어 수업 시수가 적어서 따로 공부할 수밖에 없다. 그러니 더욱 다양한 소스를 활용하여 공부할 필요가 있다. 특히 수능이 목표이기 때문에 EBS 연계교재 및 인터넷 강의 등을 활용하여 공부하는 것이 도움이 될 것이다.

특히 한문 과목은 누구나 어릴 때부터 배운 경험을 바탕으로 한자 공인 시험을 보는 경우가 있기도 하다. 이미 공인 시험 점수를 획득한 경험과 더불어 한문이 익숙하고 자신감이 있다면, 이를 선택하는 것도 하나의 방법이다. 다만 그동안은 매우 고득점을 받아야 1등급을 받을 수 있어서 실수라도 하면 아쉬운 점수를 받을 수도 있었을 것이다. 이제는 절대평가로 바뀌었으니 조금 더 숨통이 트이는 과목이 될 수 있다.

물론 일정 수준 이상으로만 등급을 받는 게 목표라면 독학으로도 꿋꿋하게 해내는 모습을 봐왔다. 꼭 1등급을 받아야 하는 게 아니라면 시험에 나오는 요소들을 파악하고 기출문제를 풀면서 어느 정도 수준까지는 올라갈 수 있기 때문이다. 하지만 절대평가 상황에서도 안정적인 1등급이 목표라면 킬러 문항 2~3개를 제외한 나머지 문제는 모두 맞힐 수 있도록 해야 할 것이다.

최소한 2등급 이상을
목표로 하자

다른 과목과는 달리 제2외국어와 한문 과목은 1등급을 목표로 하는 것도 좋지만, 2등급 이상을 목표로 하는 것도 하나의 좋은 방법이라 생각한다. 그 이유는 정시로 서울대학교에 지원할 경우도 2등급 이상이면 감점당하지 않기 때문이다.

서울대 정시전형 입학을 희망하는 학생 중 미술대학 제외 전 모집단위에 지원할 예정인 학생이라면, 제2외국어 점수도 신경 써야 한다. 다만 2등급 이내로는 감점이 없으므로, 2등급 이상을 목표로 하는 것이 좋다. 이 학생들은 제2외국어 등급이 중

(바) 제2외국어/한문영역: 2등급 이내 감점 없음. 3등급부터 0.5점씩 차등 감점함

등급	1~2등급	3등급	4등급	5등급	6등급	7등급	8등급	9등급
감점	0	0.5	1.0	1.5	2.0	2.5	3.0	3.5

※ 2021학년도 모집단위별 수능 응시영역기준(22쪽) 유형Ⅰ 중「국어, 수학'나', 영어, 한국사, 사회/과학탐구, 제2외국어/한문」에 응시한 지원자에 한함

요하므로, 제2외국어 언어 선택에 각별히 유의하는 것이 좋다.

그리고 절대평가로 바뀌면서 제2외국어 과목 활용도가 낮아질 것으로 예상된다. 예전에는 탐구과목 한 과목을 대체하는 경우가 많았지만, 절대평가로 전환되면 대체 반영하는 것이 어려워질 것이기 때문이다. 그래도 아직도 일부 대학에서는 탐구 과목 대신에 제2외국어와 한문 과목을 대체하여 반영하기에 이 점을 고려하여 전략적으로 접근할 필요가 있다.

많은 양의 탐구과목 하나를 선택해서 공부하는 것보다 제2외국어를 선택해서 전략적으로 2등급을 노린다면 오히려 더 시간을 효율적으로 사용하여 공부할 수 있기 때문이다. 따라서 1등급까지는 아니더라도 2등급 이상 목표로 하는 제2외국어 공부법을 공유해보도록 하겠다.

첫째, 제2외국어 공부 시간을 무조건 확보하는 것이다. 나머지 과목을 공부하고 부족한 점을 채우느라 많은 수험생이 제2외국어 공부 시간 확보에 실패한다. 하지만 제2외국어를 선택해야 하는 상황이라면 절대 공부 시간 확보라는 점을 경시하지는 말아야 한다.

둘째, 적어도 수험생활을 시작할 때 제2외국어 공부도 같이 시작하는 것이다. 이전에는 아랍어, 베트남어 과목의 경우 아주 최소한의 노력만 기울여도 손쉽게 2등급 이내의 성적을 거둘 수 있었다. 하지만 요즘은 과거만큼의 노력을 기울여서는 좋은 성과를 거두기 힘들다. 그러니 수험생활 초기부터 꾸준히 공부해두자.

셋째, 문법 파트는 꼭 전문가의 도움을 받자. 제2외국어는 모두 처음 시작할 때는 대부분 인강을 듣지만, 시간이 지나 일정 수준 이상에 이르면 효율적인 학습을 위해 자습으로 대체하는 경우가 많다. 하지만 문법 문제는 다른 문제보다 어려울 가능성이 크므로 문법과 관련된 부분은 꼭 강의를 전부 수강해 부족한 부분을 확실히 보충하도록 한다.

넷째, 어려운 문제는 과감히 포기해도 좋다. 50점 만점에 45점 이상 받으면 1등급을 받을 수 있고, 40점 이상이면 2등급을 받는다. 기존 상대평가 등급 컷과 비교하면 완화된 상황이기에 조금 더 여유를 부릴 수 있다. 2~3개 문항이 킬러 문항이라고 했을 때 그건 과감히 포기하고 나머지 문제를 최대한 맞히는 전략을 쓰는 것이다. 그러기 위해서는 시험에 나오는 유형 파악이 필수고, 자주 출제되는 내용이 무엇인지 철저히 분석한 후에 공부하는 것도 좋은 방법이다. 예를 들어, 아랍어의 경우에는 어휘, 문법, 표현, 문화로 나뉘는데 '문법과 문화' 파트는 점수가 잘 오르지 않으니 자신 있는 유형 위주로 먼저 공부하는 것이다.

이미 국어, 수학, 영어, 그리고 탐구과목 공부법까지 거쳐오면서 1등급 전략은 충분히 익혔기에 제2외국어 2등급 이상받는 공부법 전략도 저절로 세워졌을지도 모른다. 다시 강조하지만, 결국 시험에 주로 나오는 걸 공부함으로써 점수를 획득해 나가는 과정이 바로 입시공부이기 때문이다. 1등급이 필요하다면 킬러 문항까지 잡을 수 있도록 해야 하고, 2등급 이상이 필요하다면 자신에게 유리한 유형부터 정복해가면서 나머지 어려운 문제까지 잡을 수 있는 공부전략을 세워서 해보길 바란다.

전략적인
제2외국어 선택 공부법

멘토 사례
오경제 멘토

오경제 멘토는 사실 제2외국어 점수가 절실하게 필요하지 않았지만, 수능 원서를 접수할 때 일부러 제2외국어까지 선택했다. 사실 제2외국어 등급이 필요하지 않은 학생의 경우 굳이 제2외국어를 선택할 필요가 없다. 많은 대학에서 정시전형에서도 제2외국어를 제외한 과목만을 성적에 반영하기 때문이다. 그럼에도 불구하고 꽤 많은 학생들이 제2외국어를 응시하는 이유가 무엇일까?

그것은 바로 시험장 분위기 때문이다. 제2외국어를 신청하게 되면 탐구영역 이후에도 제2외국어영역 응시를 위해 시험장에 남아 있어야 한다. 서울대 정시전형 준비 학생, 3년간 갈고닦은 제2외국어 실력을 스스로 검증해보고 싶은 외국어고등학교 학생 등 제2외국어 성적까지 신경 쓰는, 즉 공부 전반에 좀 더 신경 쓰는 학생들은 제2외국어 응시 고사장을 선택할 것이다. 제2외국어 선택 유무가 곧 고사장의 분위기에 영향을 미친다고 볼 수 있다.

그런데 공부에 별 뜻이 없는 학생들의 경우 굳이 그럴 이유가 없으므로 제2외국어를 응시하지 않는 고사장을 선택할 것이다. 시험장에 가보면 알겠지만, 수험생 중에는 시험 보는 태도가 별로인 경우가 있다. 잠을 자거나, 코를 골거나, 다리를 떨거나 등 시험에 방해되는 행동을 하는 경우가 있는데 공부에 뜻이 없는 경우에 그런 모습을 더 많이 보이기 때문이다.

이렇듯 시험장 분위기, 컨디션 등의 요소에 따라 성적이 달라질 수 있는 수능이기에 조금이라도 더 공부 잘하는 학생들이 모여 있을 것 같은 제2외국어 응시 고사장을 선택했던 것이다. 이 사례는 특정 멘토의 사례라고 보기가 어렵다. 1등급 멘토라면 모두 이 방법을 활용했다. 그리고 선택과목이 같은 경우에는 같이 공부하던 친구들과 같은 고사장에 배정될 확률도 높아진다. 어떤 사람은 아는 사람을 고사장에서 만나는 게 불편할 수도 있겠지만, 조금이라도 아는 사람이 주변에 있으면 심적으로 편안함을 느낄 수도 있다.

요새는 코로나로 식사를 혼자 해야 하지만, 예전에는 아는 사람과 밥을 같이 먹을 수 있는 장점도 있었다. 이런저런 다양한 이유로 제2외국어를 원서 접수할 때 신청하는 건 유리한 점이 있으니 이 점을 기억하고 전략적으로 활용해보라고 말했다.

만일 제2외국어 성적이 필요한 경우라면, 더욱 제2외국어 공부에 힘쓰길 바란다고 했다. 일부 대학에서는 탐구과목 대신에 제2외국어를 대체할 수 있기 때문이다. 실제 1등급까지는 아니더라도 2등급을 혹시 목표로 하고 있다면 기본적인 어휘를 정확하게 외우고, 실수 없이 독해까지 할 수 있으면 2등급을 받을 가능성이 높다고 했다.

실제 1등급 멘토 주변에서 목적을 가지고 제2외국어를 공부하는 경우에 수능특강, 수능완성 등 EBS 연계교재를 적극 활용하여 공부하는 걸 목격했다고 한다. 지엽적인 문법 사항까지 완전학습을 하지는 못하더라도 시험에 자주 나오는 어휘와 관련 내용을 반복적으로 학습하면서 2등급까지는 만들어내는 경우가 있다는 말이다. 그러니 꼭 제2외국어가 자신에게 유리할 것인가 확인해보길 바란다.

4장

성공하는
1등급 공부법

완성 편

공부는
체력과의 싸움이다

고3 담임을 하면서 여름이 오면 체력 고갈로 공부 리듬을 깨는 학생을 많이 봤다. 3월부터 6개월 가까이 쉬지 않고 달려왔으니 지칠 만도 하다. 한편 고3 여름에 많이들 체력적으로 슬럼프를 겪는데도 큰 영향을 받지 않는 학생들도 있다. 그 학생들의 공통점은 수능 날까지 중간에 지쳐서 떨어져 나가지 않기 위해 체력 관리를 했다는 점이다.

혹시 단거리 달리기와 장거리 달리기의 차이점을 아는가? 단거리 달리기 선수는 출발부터 온 힘을 다해서 결승선까지 쉬지 않고 폭발적인 힘을 끌어내야 한다. 반면 장거리를 달리는 마라톤 선수는 그렇게 했다가는 얼마 못 가서 주저앉고 말 것이다. 마라톤은 빨리 달리다가 중간에 멈춰서는 토끼가 아니라 조금은 느려도 꾸준하게 끝까지 달리는 거북이가 되어야 완주할 수 있다.

1등급 멘토들을 관찰해보면 대부분 토끼가 아니라 거북이인 경우가 많았다. 물론 그중엔 유명한 온라인 게임에 나오는 까만 선글라스를 쓴 속도가 엄청 빠른 슈퍼 거북이도 있었지만, 일반적인 거북이의 성향을 보이는 경우가 더 많았다. 그리고 그들은 자신만의 방식으로 체력을 유지했다. 유산소 운동, 무산소 운동, 혼합 운동, 맨손 체조 등 어떤 방법이든 자신에게 맞는 방법을 찾았고, 꾸준하게 하려고 노력했다.

물론 1등급을 받는 멘토 중 체력 관리를 제대로 하지 못하는 멘토도 있었다. 당연하게도 체력 관리를 못 한 경우엔 여름에 슬럼프를 힘들게 겪어야만 했다. 다시 회복은 했지만, 공부를 이어가는 것에 타격이 컸기에 체력 관리가 얼마나 중요한지 알 수 있다. 정해진 정답은 없지만 몇 가지 사례를 통해 체력 유지 방법을 소개할까 한다. 내가 제시하는 예시에 없더라도 자신만의 방법을 찾으면 되니 참고하길 바란다.

우선 많은 1등급 멘토들은 운동에 그렇게 많은 시간을 투자하지 않았다. 말 그대로 체력 유지만 하면 되기 때문에, 근육을 늘리거나 폐활량을 늘릴 필요까지는 없었다. 그래서 힘든 운동이 아니라 가벼운 운동을 일상에서 30분 내외로 하려고 노력했다.

첫 번째로는 걷기 운동이 있다. 내가 근무하는 학교에는 식사 후에 산책할 수 있는 코스가 있다. 한 바퀴 크게 돌면 5~

10분 정도 걸린다. 그래서 많은 학생이 여러 바퀴를 돌고 나서야 교실에 들어간다. 식사 후 20~30분 정도 가볍게 산책을 하는 것이다. 별것 아닌 거 같지만, 식사 후 산책은 효과가 있다. 식사하고 나서 10분에서 15분간 걷는 운동은 세계보건기구에서도 권장하는 신체 활동 수준이다. 다만 식후에 바로 너무 힘차게 걷거나 뛰면 오히려 부작용이 있을 수 있으니 유의해야 한다.

참고로 걷기는 오랜 시간 앉아서 공부하는 수험생에게는 치료제이자 보충제 같은 운동이다. 척추측만증 혹은 허리디스크 같은 증상으로 고통을 호소하는 수험생이 종종 있는데 그들에게 자연치유를 위한 처방 중 하나는 걷기 운동이다. 가정의학과 김영상 교수는 "뇌기능을 향상시키기 위해서는 식후 가벼운 걷기로 뇌세포에 산소 공급을 하는 것도 좋다"고 했다. 《혼자 하는 공부의 정석》을 쓴 한재우 작가도 공부가 안 될 때는 계단을 오르거나 밖에 나가서 잠시 걸으면 오히려 뇌에 산소가 공급되어 공부가 더 잘 된다고 말했다.

걷기는 체력 증진뿐만 아니라 정신 건강에도 도움이 되기에 일석이조의 효과를 얻을 수 있다. 나도 일주일에 3~5회 정도 1시간씩 걷기 운동을 하면서 체력을 기르며 유지하고, 복잡한 생각이나 그날 쓸 원고의 내용을 정리하기도 한다. 혹시 이 글을 읽고서 체력 관리는 시작해야겠는데, 아직 자신이 좋아하는 운동이 없다면, 걷기 운동을 강력히 추천한다.

두 번째로는 1등급 멘토들이 종종 실천했던 계단 오르기를 추천한다. 걷기 운동만큼 많은 멘토가 실천한 건 아니지만, 아파트 높은 층(10층 이상)에 사는 멘토들이 활용한 방법이다. 학교 끝나고 집에 갈 때, 엘리베이터를 이용하지 않고 계단을 이용해서 운동하며 올라갔다. 천천히 올라가도 땀이 나기 때문에 집에 도착하자마자 샤워하면 상쾌한 기분으로 하루를 마칠 수 있다.

생활하는 교실이 4층이나 5층에 있는 학생들의 경우 일부러 쉬는 시간에 1층까지 내려갔다가 다시 올라오며 계단 운동을 하곤 했다. 여기서 주의할 점은 너무 빨리 계단을 오르면, 숨도 차고 땀이 많이 나기 때문에 산책하듯 천천히 올라가야 한다. 계단 오르기는 걷기 운동과 마찬가지로 전신 운동이기에 오래 책상에 앉아 있는 체력을 기를 수 있고, 자세를 바르게 교정할 수도 있어서 좋다.

세 번째로는 조금 강도를 올려서 예를 들어보겠다. 1등급 멘토 중 어떤 이는 저녁 식사 시간을 이용해서 운동장을 뛰었다. 혹은 일주일에 한 시간 있는 체육 시간을 활용하여 땀을 쭉 뺐다. 이들의 공통점은 가벼운 운동으로는 체력 증진이 안 된다고 생각하여 일부러 강도 있게 운동한 것이다. 실제로 체력은 임계점을 넘을수록 더 강해진다. 그들은 크게 무리하지는 않되 적절한 임계점을 넘나들며 체력을 키웠던 거다.

지금까지는 계속 유산소 운동 중심으로 이야기를 했지만, 스트레칭과 같은 무산소 운동도 체력 증진에 도움이 될 수 있다. 적당한 긴장은 우리에게 도움이 되지만, 긴장이 지속되면 피로가 쌓이고 체력이 고갈된다. 스트레칭이나 요가와 같은 운동은 긴장을 완화시켜주기에 피로를 풀어주고, 근육이 긴장과 완화를 반복할 수 있도록 만들어 체력 유지에 도움이 된다.

또 다른 무산소 운동으로 팔 굽혀 펴기나 철봉 운동을 하는 멘토도 있었다. 아무래도 근육량을 늘려야 체력이 길러지는 걸 알고 있기에 실천했을 거라 믿는다. 한 예로 오경제 멘토는 철봉을 하루에 10개씩 3세트를 꼭 하려고 했다. 그렇게 기른 체력 덕분에 수능 보는 날까지 체력적인 문제는 전혀 없었다고 한다. 심지어 잠을 적게 자는데도 계속 적은 수면 시간을 유지할 수 있는 이유도 꾸준한 철봉 운동 덕분이라 했다.

이런 체력 관리는 운동선수들에게서 자주 관찰할 수 있다. 일주일에 한 경기 혹은 두 경기를 하는 축구 선수들은 시합 전에 웨이트 트레이닝과 같은 강도 있는 무산소 근육운동을 병행한다. 그 이유는 실제 경기 때 근육 손상을 막기 위해서다. 근육량이 충분해야만 전반 45분, 후반 45분 총 90분을 쉬지 않고 뛰면서 견딜 수 있기 때문이다. 경기 후에는 손상된 근육을 회복하기 위해 강도를 낮춰서 회복 운동을 하고, 다시 회복되면 강도가 센 운동을 하는 것이다.

하지만 지나친 운동은 독이 된다는 사실도 알았으면 좋겠다. 유독 운동을 좋아하는 사람들은 방전될 정도로 지나치게 오랜 시간 운동을 하거나 하루에도 몇 번씩 땀을 흘리며 자주 운동을 하는 경우가 있다. 그러면 피로를 유발하는 젖산이 쌓여서 잠을 자거나 쉬면서 오랜 시간 회복해야 한다. 그러니 수험생은 적절한 강도로 운동을 할 필요가 있다.

《공부하느라 수고했어, 오늘도》라는 책에서도 자동차 배터리와 우리의 체력을 비유한 적이 있는데, 조금 더 업그레이드된 버전으로 말하고자 한다. 자동차는 달리지 않고 가만히 서 있어도 배터리는 방전된다. 혹은 너무 오랜 시간 달려도 배터리가 다 타버릴 수 있다. 배터리를 오랫동안 잘 사용할 수 있는 방법은 적당한 거리를 달리며 꾸준하게 자동차를 운용하는 것이다. 배터리 관리법을 체력 관리를 위한 운동 방법으로 가져와서 보면, 답이 보일 것이다.

42.195km를 달리는 마라톤 선수들은 마라톤을 연습할 때 매일 10~20km의 거리만 달릴 뿐, 실제 완주해야 하는 거리를 모두 달리지 않는다. 매일 그렇게 달리면 분명 배터리를 다 써버리는 격이 되기 때문이다. 그리고 10~20km를 달리는 것만으로도 한 번에 힘을 몰아서 써야 하는 실제 경기 날까지 체력은 계속 유지된다. 고3 수험생활도 마찬가지다. 마지막 수능 날을 위해 적당한 강도로 꾸준하게 운동한다면, 수능 날까지 무너지지 않고 버틸 수 있고, 수능 당일에도 체력 때문에 시험을 망치는 일은 없을 것이다.

감정조절의
끝판왕이 되자

"쏟아진 물은 다시 주워 담을 수 없다."는 속담이 있다. 이미 후회스러운 일을 해서 되돌릴 수 없을 때 하는 말이다. 공부를 잘하고 싶은 수험생들이 간혹 무너지는 경우가 있는데, 그 이유는 자신의 감정이 폭발할 때까지 가만히 두었기 때문이다. 공부로 인한 스트레스로 항상 예민한 수험생에게는 감정 폭발은 가끔 있을 수 있다. 하지만 계속 활활 타오르는 활화산으로 둔다면 용암에 다 녹아내리듯 모든 것을 다 잃을 수 있으니 주의해야 한다. 이미 감정을 다 쏟아낸 후에는 되돌릴 수 없기 때문이다.

수험생들은 왕성한 호르몬 변화로 인해 불안정한 상태고, 인생의 중요한 입시가 걸린지라 그 부담으로 인해 스트레스가 극에 달한다. 따라서 골든타임 안에 스트레스를 풀지 못하면 고름이 곪아 터지듯 언젠가는 큰일이 일어난다. 회복하는 시간도 오래 걸리기 때문에 학업에 막대한 영향을 줄 수 있다. 그렇다면 어떻게 해야 할까? 해답은 1등급 멘토들의 영리한 스트레스 해소법 혹은 감정조절법을 통해 찾을 수 있다.

여러 번 강조했지만, 공부가 재미있어서 하는 사람은 많지 않다. 대신 꿈이 있고, 그 꿈을 이루고자 하는 과정에서 스스로 동기 부여를 하며 하는 게 공부다. 다시 말해, 힘들어도 미래의 나에게 필요한 일이기 때문에 참고, 견디며 최선을 다하려고 노력하는 것이다. 1등급 멘토들도 공부로 인해 힘들지만 그들은 힘든 공부를 잘 이겨내고 하는 것처럼, 스트레스도 똑똑한 방법으로 이겨낸다.

참고로 인간은 매슬로우의 욕구 위계에 있는 다양한 욕구를 충족하는 행위를 하면 금방 행복해질 수 있다. 그중에서도 가장 원초적인 욕구를 해결하면 더욱 빨리 행복을 느낀다. 실제 1등급 멘토들의 스트레스 해소법은 생각보다 단순하다. 그동안 부족한 잠을 실컷 잔다거나, 맛있는 음식을 마음껏 먹는 등 매우 원초적인 행위를 하나의 보상으로 여기고 그 보상을 얻기 위해 참아가며 공부한다.

사실 1장의 한 꼭지인 〈어떻게든 공부해야 할 이유를 찾는다〉에서도 비슷하게 이야기했다. 1등급 멘토는 공부해야 할 이유를 스스로 찾으려 노력한다고. 이는 스트레스 해소법과 별반 다르지 않다. 그들은 어떻게든 돌파구를 마련하려고 고민하고, 계획하고, 실천한다. 우울감이 찾아오기 전에 빠르게 예측하고 차단하기도 한다. 그들이 남들과 다르게 특별해서 이렇게 하는 것일까? 사실 1등급 멘토들도 불안, 걱정, 초조, 우울, 불행 등 다양한 부정적인 감정을 느끼고 스트레스를 받은 경험이 있기에 부정적인 감정을 더욱 맞이하기 싫은 것이다.

김영상 박사의 〈감정 조정 전략의 이론 정립〉이라는 논문을 살펴보면 감정 조정이란 '긍정적 및 부정적 감정 상태를 완화시켜 평상시의 정상적인 감정 상태로 이끌어 줌으로써 하고자 하는 행동을 효과적으로 수행할 수 있도록 감정을 의도적으로 조정하는 것'이라 한다. 이는 감정이 지나치게 높아져 있는 상황에서는 자신이 하고 싶은 행동을 효과적으로 하기가 어려워지기에 평상시 정상적인 감정이 될 수 있도록 의도적으로 감정을 조절하는 것이라 볼 수 있다.

1등급 멘토들도 이런 점을 간파하고, 스스로 감정조절 전략을 쓰는 것이다. 자신이 무너지는 게 싫어서 스트레스를 피하려고 하고, 우울감도 벗어나려고 미리 움직이는 것이다. 그렇다 보니 철저하게 감정조절의 끝판왕이 된다. 그리고 감정조절은 자신이 처한 상황에 대한 문제 인식에서부터 시작된다.

《보도 섀퍼의 돈》 책에는 '우리가 문제를 인식할 때 항상 자신이 희생자라고 생각한다'는 말이 있다. 하지만 우리 스스로가 문제에 대한 책임자라는 걸 인식하고 해결하려고 노력한다면 더는 인생의 실패자가 아닌 성공한 사람이 될 수 있다고 했다.

1등급 멘토들은 자신의 감정에 대해 정확히 파악할 줄 안다. 커진 감정에 매몰되는 게 아니라 지나친 감정을 자기 자신의 문제로 인식하고, 이것을 해결해야겠다고 생각한다. 그래서 그들은 감정조절에 실패하지 않는다. 그렇게 성공적으로 감정 문제를 해결하고 계속 학업에 정진할 수 있게 되는 것이다.

대표적으로 유가연 멘토는 감정조절을 매우 잘하는 사람 중 한 명이었다. 과유불급(過猶不及)을 피하려고 좋은 감정이든, 나쁜 감정이든 너무 지나치면 감정을 절제하려고 노력했다. 지나친 감정이 자신의 행동에 영향을 준다는 걸 알기에 좋은 감정까지 조절한 점에서 얼마만큼 감정 통제에 마음을 다해서 노력을 기울였는지 알 수 있었다.

하지만 감정 통제를 하기가 어려울 땐, 과감하게 휴식을 하거나 아무 생각 없이 영화나 유튜브 영상을 보며 세상 모든 걸 잊은 채로 시간을 보냈다. 잠깐의 여행을 통해 신선한 공기를 잔뜩 마시고 오기도 했다. 이는 스트레스 회로를 끊어 놓는 것과 유사하다.

격투기 선수들이 강한 펀치를 맞고서 꼼짝도 못 하고 쓰러져 움직일 수 없는 상황을 본 적이 있는가? 이것은 뇌가 일부러 몸을 움직일 수 없게 했기 때문에 그렇다. 더 큰 충격을 받으면 죽을 수도 있기에 위기를 느끼고 몸을 정지시킨 것이다.

감정조절을 잘하거나 스트레스를 잘 억제하는 사람들은 뇌가 하는 역할을 그대로 한다. 스트레스를 받으면 분명히 이후에 부정적인 영향을 받을 거라는 걸 예측하고 철저히 스트레스를 통제하는 것이다.

공부를 잘하는 사람들의 특징을 살펴보면, 타고난 성향은 다혈질이거나 성격이 급하더라도 감정조절에 능하다. 가끔 반에서 1등 하는 친구들을 보면 욕심이 많아서 성적 결과에 따라 이성을 잃고 감정 폭주 기관차가 되기도 한다. 그러나 금방 이성의 끈을 잡고 정상으로 돌아온다. 그 이상을 넘어서면 스스로 끝없이 무너질 걸 알기 때문에 그렇다.

혹시 내가 그동안 성적이 안 나오는 이유가 공부 방법 때문만은 아니라는 걸 몰랐다면, 이제는 감정조절 훈련을 꼭 해보길 바란다. 화가 난다고, 속상하다고, 억울하다고, 우울하다고 그 감정에 매몰되어 허우적거리다가 허송세월만 보내는 자신을 떠나보내고 꾸준히 공부에 몰입하고 있는 자기 자신을 발견하게 될 것이다.

누구보다
자신을 믿어라

세계에서 가장 높은 에베레스트 정상에는 '1953년 5월 29일 에드먼드 힐러리'라고 적혀 있다. 세상에서 가장 높고, 험한 산으로 유명한 에베레스트산을 세계 최초로 등반에 성공한 에드먼드 힐러리도 한 번에 성공한 건 아니었다. 1952년 피나는 노력과 눈물겨운 훈련 끝에 첫 등반을 시도했지만 실패했다.

비록 실패했지만, 영국의 한 단체는 그에게 에베레스트의 등반 경험을 바탕으로 강연을 요청했다. 에베레스트산이 얼마나 험준한지, 혹은 등반할 때 얼마나 어려움이 있는지 상세히 강연하던 중 질문을 받았다. 그렇게도 힘든 산이니까 두 번 다시는 오르지 않을 것이냐는 질문이었다.

그러자 에드먼드 힐러리는 상기된 얼굴로 주먹을 불끈 쥐더니 지도에 있는 에베레스트산을 가리키며 대답했다. 비록 첫 등반은 실패했지만, 다음엔 무슨 일이 있어도 꼭 성공할 거라고. 그 이유는 에베레스트산은 이미 다 자라서 더는 자랄 수 없지만, 자신의 꿈은 계속 자라고 있기 때문이라는 것이었다. 마침내 그는 1953년에 세계 최초로 에베레스트를 정복한 사람이 되었다.

이 이야기를 통해서 우리는 두 가지 교훈을 얻을 수 있다. 첫 번째는 '자신감'이다. 여기서 말하는 자신감은 내가 잘났다고 말하는 '자존심'이 아니라 내가 해낼 수 있을 거라는 '자신감'이다. 두 번째는 '성장에 대한 믿음'이다. 이미 내가 가지고 태어났거나, 이뤄낸 결과에 대한 능력을 말하는 게 아니라 계속해서 성장할 수 있다는 그 믿음 말이다.

공부를 잘하는 1등급 멘토들은 주변 경쟁상대에 대해 크게 신경 쓰지 않는 편이다. 이미 다른 누군가와 경쟁하는 단계를 넘어서 자기 자신과의 경쟁 말고는 경쟁할 대상이 없기 때문이다. 그들은 자신이 노력한 만큼 결과가 잘 나오는지 확인할 뿐이다. 그리고 부족한 점이 있으면 계속 채워가며 끝없는 성장을 한다.

처음엔 특목고에서 거의 꼴찌를 하다가 수능 만점자가 되어 책을 낸 멘토들도 성장하는 과정에서는 경쟁상대를 지목하기도 하고, 목표로 잡기도 하라는 이야기를 했다. 그런데 어느 정도 위치에 올라가서부터는 자신과 싸움하는 모습을 더 많이 보였다. 올림픽 금메달을 따는 운동선수들을 통해서도 비슷한 이야기를 들을 수 있다.

2010년 밴쿠버 동계 올림픽에서 세계 신기록을 세우며 피겨스케이팅의 역사에 한 획을 그은 김연아 선수의 삶을 보여주는 다큐멘터리에서도 자신과 싸움에서 이겨내는 모습을 계속 그려냈다. 그밖에 다양한 올림픽 금메달리스트, 혹은 1등을 하는 사람들은 모두 최종 경쟁자는 자기 자신이었다.

그리고 이들은 모두 '자신감'을 가지고 있었다. 나폴레옹이 왜 '내 사전엔 불가능이란 없다'라고 했는지 아는가? 이 말은 자신에게 패배란 없고, 무슨 일이든 해낼 수 있다는 자신감을 보여주는 말이다. 그런데 그 이면에는 엄청난 노력이 숨어 있었다. 실제 그는 다른 동기들보다 체구도 작고, 외모에 자신이 없었지만, 남들보다 몇 배는 더 지독하게 노력했다.

그가 전쟁을 치르던 시기에는 국가별 무기 성능은 큰 차이가 없었기에 전술이 가장 중요했다. 따라서 전쟁터에서도 독서를 할 정도로 독서광이었던 나폴레옹은 통찰력이 대단했고, 전술을 짜는 능력이 우수했기에 자신감이 하늘을 찌를 수밖에 없었을 것이다. 중요한 것은 이 자신감이 그냥 나온 건 아니었고, 남들은 모를 피나는 노력이 있었기에 가능했다는 점이다.

1등급 멘토들을 살펴보면, 상상을 초월할 정도로 노력한다. 한 예로 장유진 멘토는 고등학교 때 수능 모의고사와 실제 세 번이나 치른 수능에서도 영어 과목은 계속 만점을 받았다. 흥미로운 점은 고등학교 때나 N수를 할 때도 따로 영어 공부를 하지 않았는데 계속 만점을 받았다는 것이다. 게다가 국어 과목도 거의 만점에 가까운 1등급을 계속 받았다.

많은 애를 쓰지 않았는데도 이렇게 언어 관련 과목에서 만점을 받거나 만점에 가까운 점수를 받을 수 있었던 이유는 엄청난 노력이 있었기 때문이었다. 중학교 시절 영어 공부를 잘하고 싶다는 생각이 들어서 학교 영어 선생님께 공부법을 물었더니 영어를 듣고 한 문장씩 받아 적는 연습을 해보라고 했단다.

수준이 있는 영어 실력을 기르고 싶었던 그녀는 어려운 어학 시험에 나오는 듣기 평가를 들으며 한 문장씩 적었다. 처음에는 잘 들리지도 않고 어려웠지만, 자신이 아는 방법은 그것뿐이어서 공부 시간을 늘려가며 공부했다. 다른 공부는 쉬는 시간이나 식사 시간에 끝내고, 영어 공부를 하루에 8시간씩 3년 가까이했다.

영어가 들리기 시작하면서부터는 자신감이 붙어서 어려운 문법책에 나오는 예문과 어려운 어휘 책에 나오는 어휘를 책이 너덜너덜해질 정도로 모두 10회독을 했다고 한다. 이미 월등한 영어 실력을 갖추게 된 장유진 멘토는 외고에 입학했고, 따로 공부하지 않아도 영어에 대한 자신감을 가질 수 있었다고 한다. 이렇듯 자신감은 그냥 나오는 게 아니라 피나는 노력이 있기에 생길 수 있다는 말이다.

어설프게 공부하는 학생들이 이번 시험에서는 몇 등인지, 몇 점인지 이런 식으로 남과 비교하기 바쁘다. 사회에서도 어설픈 부자들은 자기 재산이 얼마인지, 명품을 걸치고 자랑한다든지 뽐내기 바쁘다. 허나 진짜 공부 1등은 그런 내색 없이 끝없이 자신과 경쟁할 뿐이다. 진짜 부자도 마찬가지로 티 내지 않고 조용히 부를 늘리고, 돈을 많이 번 만큼 사회에 기부하며 좋은 일을 한다. '빈 수레가 요란하다'라는 속담도 이럴 때 쓰는 게 아닌가 싶다.

"세상에서 가장 큰 적은 바로 자신의 마음속에서 오는 유혹이다."라고 영국의 윈스턴 처칠은 말했다. 이는 세상에서 가장 강한 적은 바로 자신이라는 의미다. 더 나아가서 진정한 승리자는 자신과 싸움에서 이긴 사람이라는 말이다. 그동안 자신에 대한 자신감이 부족해서 남들과 비교하는 삶을 살았다면, 과감하게 던져버리고 내가 무한히 성장할 수 있을 거라는 믿음과 노력으로 일궈낸 자신감을 가져보기를 바란다. 자신을 믿는 사람은 미래를 바꿀 수 있다는 말도 있지 않은가.

완벽주의자가
아니어도 괜찮아

완벽주의 성향인데도 1등급이 안 나오는 경우가 있다. 왜 그런 걸까? 1등급은 어느 수준에 도달하면 받을 수 있는 등급이다. 그런데 완벽주의 성향의 경우 만점을 받아야겠다는 생각에 다른 것을 놓친다. 다른 것을 놓치면 결국 완벽한 상태가 되지 않아서 중도 포기한다. 완벽하지 않을 바에는 하지 않는 게 낫다고 생각하기 때문이다.

완벽주의 성향이라고 했지만, 지나치면 강박증이라 부를 수 있다. 1등급을 받는 멘토들은 오히려 이 강박증을 버리려 노력한다. 그래야만 계속 공부할 힘을 얻을 수 있기 때문이다. 언제나 주어진 시간과 공부해야 할 양은 정해져 있다. 시간 안에 최대한 해내는 게 우선이지, 완벽하게 해내는 게 중요하지 않다. '최고보다 최선을'이라는 말도 그래서 있는 것이 아닐까?

해리포터 시리즈 영화 중 여자 주인공인 헤르미온느가 마법으로 동시에 여러 수업을 듣는 내용이 있다. 그렇게 시간을 마음대로 조정할 수 있다면, 완벽주의가 되어도 좋다. 시간이 충분하니까 못할 것도 없지 않은가. 하지만 현실은 그렇지 않다. 우리에겐 유한한 시간만 있을 뿐, 마법은 부릴 수 없다. (혹시 진짜 마법사가 있다면 예외겠지만…)

1등급 멘토들은 그래서 현실을 정확히 인지하고, 자신의 상황 속에서 최선의 노력을 통해 결과도 극대화하려고 한다. 내신이든 수능이든 모두 실제 만점을 꼭 받지 않더라도 1등급을 받을 수 있다. (물론 내신은 100점을 맞아도 1등급이 안 나올 때도 있다.) 1등급 멘토는 이 점을 정확히 간파하고 전략적으로 공부한다.

즉, 모든 과목을 완벽하게 공부하지 않는다는 말이다. 자신이 이미 1등급을 안정적으로 받는 과목이 있으면 유지만 하려고 한다. 대신 아직 1등급이 안 나오는 과목에 더 많은 시간과 노력을 투자한다. 이미 앞에서 다양한 사례를 통해 전략적으로 공부하는 이야기를 했으니 기억이 날 것이다.

이번 꼭지에서는 1등급 멘토들이 어떻게 완벽주의 성향을 내려놓으려고 노력하는지 그 모습을 공유할 것이다. 혹시 이 글을 읽고 본인이 그동안 하고 있던 습관이나 행동이었다면 다시 생각해보길 바란다. 최소한 효율적인 공부법을 배울 기회가 될 테니 말이다.

하교할 때 보면 자신의 몸보다 더 커다란 가방을 메고 낑낑

대고 걸어가는 장면을 많이 목격한다. 가까이에서 자세히 살펴보면 가방끈이 끊어질 기세다. 무엇이 들었냐 물으면, 집에 가서 공부할 책이라고 한다. 그런데 과연 이 친구들은 집에 가져간 그 책을 모두 공부할까? 대다수가 '그렇게 못 한다'에 한 표를 던져본다.

왜냐면 과거 학창 시절의 나도 매일 후회하면서도 책을 바리바리 싸서 집에 가는 버릇은 고등학교 3년 내내 못 고쳤기 때문이다. 매일 집에서 다 끝내겠다는 다짐과 목표도 버리지 못했다. 이걸 좋게 말하면 완벽하게 공부하려는 성향이고, 안 좋게 말하면 강박증인 것이다. 괜히 무겁게 가방 메고 다니며 체력 낭비하지 말고, 가방에는 꼭 필요한 책만 들고 다니자.

두 번째는 필기에 관한 이야기다. 물론 2장에서 다루기도 했다. 글씨를 예쁘게 쓰려는 경우, 배운 내용을 그대로 필사하여 다 적으려는 경우, 펜을 종류별로 다 가져야 하는 경우 등 공부 본질에서 벗어나 환경을 완벽하게 만들려고 하는 강박증(이제부턴 완벽주의가 아니라 그냥 대놓고 강박증이라 부르겠다)을 버리라는 말이다.

예를 들어, 어떤 과목 단권화 노트를 만든다고 할 때 필요한 정보와 지식을 모두 담은 노트를 만들었다고 해보자. 만들어 낸 건 너무 잘한 일이고 뿌듯한 건 맞다. 하지만 수능을 보는 날에 그 많은 내용을 다 볼 수는 없다. 완벽하게 단권화 노트를 만든 건 사실이지만, 실제 자신의 것이라고는 말할 수 없다.

오히려 자신이 모르는 것만 남겨둔 혹은 계속 헷갈려서 공부가 필요한 내용만 남겨둔 1페이지 요약 메모장이 더 효율적이다. 2020학년도 수능 만점자였던 《1페이지 공부법》을 쓴 홍민영 작가를 비롯해 다른 1등급 멘토도 실제 시험장에는 그날 볼 내용을 담은 노트만 간단히 들고 갔다. 이제는 모든 걸 담아내려는 강박증을 버리고, 필요한 것만 골라서 담는 연습을 해보길 바란다.

공부 내용을 이해하고 기억하는 것도 공부지만, 시험을 잘 보는 것도 하나의 공부법이라 할 수 있다. 만점에 집착하다가 오히려 안 좋은 결과로 이어지는 경우를 많이 봤기 때문이다.

세 번째는 시험문제 푸는 시간에 관해서 이야기해 볼까 한다. 앞에서도 자주 등장했던 이성윤 멘토의 안타까운 사연이 있기 때문이다. 수능을 두 달 앞두고 9월 모의평가에서 ALL 1등급을 받았고, 거의 만점에 가까운 점수였기에 많은 기대를 했다. 그런데 막상 수능 날 1교시 국어 시험 난도가 높아서 이성윤 멘토는 무너졌다. 다름 아니라 문제 푸는 시간 조절에 실패했기 때문이다.

원래 이성윤 멘토는 한 지문당 자신이 문제를 풀 시간을 정해놓고 풀었는데, 그날은 어려운 지문이 나와서 끝까지 놓지 못하고 계속 붙잡고 있다가 시간이 부족해서 1교시를 망쳤다. 사실 만점을 목표로 하고 있었기에 1교시의 풍파는 오래갔다. 안타깝게도 그해에는 수능 만점이 아니라 한 명문 대학의 최저 기준조차 나오지 않아 쓴맛을 봤다.

특목고에서 수능 모의고사로 다섯 손가락 안에 드는 실력이라면 명문대 진학은 당연한 일이다. 그런데 만점이라는 완벽한 점수를 목표로 하다 보니 오히려 결과가 잘 안 나왔다. 만일 어려웠던 그 지문을 잠시 제쳐두고, 다른 지문을 먼저 풀고 돌아와서 봤다면 어땠을까 생각해본다. 그 지문에 있는 문제를 다맞히지 못해도 1등급은 나올 수 있었기 때문이다. 그해에는 국어 1등급 컷이 더 낮았기에 완벽함을 버렸다면 더 유리하지 않았을까 싶다.

마지막으로 해주고 싶은 이야기가 하나 남았다. 수험생이라고 해서 온종일 공부만 하는 완벽한 공부 기계가 되지 말자는 이야기다. 수험생이라고 해서 무조건 장소 불문 공부만 해야겠다고 생각하지 말라는 말이다. 공부할 때는 집중해서 공부하고, 쉴 때는 제대로 쉬라는 말이다. 하루에 2시간씩만 자고, 밥도 굶어가며 공부하려는 생각을 버리라는 말이다.

그동안 부족한 공부를 만회한다고 고3 때 잠도 줄이고, 먹는 시간도 줄여서 공부하는 학생을 많이 봤다. 처음에 시작할 땐 효과도 좋고 해 볼 만하지만 일주일만 지나면 바로 역효과가 난다. 몸이 버티지 못하니 모든 게 무너져 내린다. 사람은 절대 기계가 될 수 없다. 공부하는 시간과 쉬고 회복하는 시간이 균형이 맞아야 오래 공부할 수 있다.

여러 1등급 멘토가 공통으로 하는 말이 있다. 밤늦게까지 자습한 후에 집에 가서 뭔가를 더 하려고 하지 말라는 말이다. "집에 가서는 불 끌 힘만 남겨둬라."라고 할 정도로 학교에서 공부에 집중하고, 집에서는 공부에 미련을 가지지 말라는 뜻이다. 물론 시험 기간처럼 필요에 따라서는 집에서 공부할 수도 있겠지만, 계속 공부만 해야 한다는 강박증은 버리라는 말이다.

이런 이야기를 들으면, 간혹 오해하는 학생들이 있다. 선생님이 학교에서만 공부하고 집에서는 공부하지 말라고 했다면서 합리화하는 학생들이다. 집에서 마냥 놀라는 말이 아니다. 학교에서 공부할 때 모든 에너지를 쏟고, 후회 없이 하루를 보냈다면 집에서는 쉬라는 말이다. 공부 임계점도 넘기지 못한 상태인데, 그렇게 설렁거리며 공부하면 당연히 좋은 결과를 얻을 수 없다.

1장 〈시간 관리 끝판왕이다〉 꼭지에서 분명 100%로 계획을 세울 때보다 80%만 세울 때 더 지키기 쉽다고 했다. 100%와 같은 완벽함을 추구하는 건 좋지만, 너무 지나치면 강박증이 된다. 그리고 강박증은 오히려 독이 된다. 완벽주의가 아니어도 괜찮으니, 내가 할 수 있는 상황에서 최선을 다하길 바란다. 완벽하게 해내지 못해서 멈추는 것보다, 부족해도 계속 앞으로 나아가는 사람이 발전하고 성장하기 때문이다. 그러다 보면 어느새 자신도 모르게 1등급을 받는 상황이 올 것이다.

혼자서는
살아갈 수 없잖아

공부는 혼자와의 싸움이다. 그러나 백지장도 맞들면 낫다는 말처럼, 주변에 같은 목표를 가지고 서로를 응원하는 누군가 있다면 힘이 된다. 10년 넘게 학교에서 공부 잘하는 학생들을 관찰하며 알게 된 사실은 그들은 주변 사람들과 좋은 관계를 유지했다는 것이다. 좋은 마음을 써야 일이 잘 풀리는 것처럼, 자기 앞가림을 하면서 주변에 도움을 줄 수 있으면 최대한 그러려고 노력하는 것 같다.

외향적인 성격인 학생의 경우엔 학급 임원을 맡아서 투철한 봉사 정신을 보이기도 한다. 본인이 학급에 많은 도움이 되면서도, 동시에 다른 사람들의 도움을 많이 받는다. 선행을 베푸는 사람에게는 우리도 같은 마음을 보이려는 심리로 인해 똑같은 행동을 하게 된다. 이 사실을 아는 1등급 멘토들은 협력이 얼마나 큰 힘이 되는지도 잘 안다.

아르헨티나 축구 국가대표 주장이자 스페인의 FC 바르셀로나 대표 선수로 활약했던 축구 천재 '메시' 선수의 일화가 흥미롭다. 어린 시절부터 드리블에 두각을 보였던 그는 패스보다는 드리블을 즐겼다.

아르헨티나에서 스페인으로 넘어와 유스 시절을 보내던 어느 날, 메시 선수는 큰 깨달음을 얻는 날이 있었다. 메시 선수를 지도하던 감독은 이렇게 말했다. "아무리 빨라도 사람이 공보다 빠를 수는 없다. 그럼 어떻게 해야 할까?" 드리블이 최고의 기술이라고 생각했던 메시 선수는 답을 할 수 없었다. 그러자 감독은 다시 말했다. "주변 동료에게 패스하면 자신이 직접 드리블해서 달리는 것보다 공을 더 빨리 이동시킬 수 있다."

이날 이후로 메시 선수는 축구는 사람 1명의 기량보다 11명의 협력이 있을 때 더 좋은 결과를 낼 수 있다는 사실을 깨달았다. 현재는 경기장에서 뛰는 메시 선수의 스타일을 보면 드리블도 잘하지만, 동료 선수와 협력하는 이타적인 모습을 많이 볼 수 있다. 흥미로운 건 1등급 멘토들도 공부할 때 친구들과 교류하며 서로 도움을 주고받는다는 사실이다.

우리는 보통 공부 잘하는 학생들이 쉬지 않고 공부만 할 것이라고 생각할 것이다. 물론 시간을 허투루 쓰지 않고 공부에 몰입하는 1등급 멘토들의 모습을 자주 발견할 수 있다. 하지만 그들도 사람이기에 고독을 즐기지 않는다. 아리스토텔레스가 말한 것처럼, 인간은 사회적 동물이기 때문이다. 외딴섬에 홀로 남겨지면 인간은 외로워서 고독사 할지도 모른다.

그렇기에 1등급 멘토들도 공부뿐만 아니라 인간관계 또한 중요하게 생각한다. 인간관계에서 오는 스트레스를 줄이기 위해 최대한 적을 만들지 않으려고 한다. 먼저 우호적으로 사람을 대하는 모습을 보이기도 한다. 감정은 감정을 낳기 때문에, 먼저 좋은 감정을 보여야 좋은 감정을 되돌려 받을 수 있다는 걸 안다.

내가 근무하는 학교는 특목고라는 특성이 있어서일지도 모르지만, 학교에서 본 1등급 멘토들은 동아리 회장과 같은 임원 직책을 맡아 능동적으로 활동하는 모습을 보인다. 또한 자기 주도적인 성향을 바탕으로 리더십을 발휘한다. 이런 태도는 결국 공부할 때도 나타나기 마련이다. 공부의 목적도 수동적으로 점수를 잘 받기 위함이 아닌, 자신의 꿈과 연결 지어 능동적으로 배우려는 자세로 이어진다. 이처럼 리더십도 있고, 인성도 좋고, 인간관계도 좋은 이유는 다 있는 것이다.

100%라고 하면 거짓말이 되겠지만, 대부분 내가 봐왔던 1등급 멘토들은 매우 관대한 마음을 지녔다. 누군가 필기한 걸 보여달라고 하면 보여주고, 모르는 걸 물어보면 친절하게 대답해준다. 심지어 방황하는 친구를 붙잡아 같이 공부하는 모습까지 보이는 멘토도 있었다. 주변 사람과 더불어 살아가면서 함께 발전하고 성장하는 걸 추구하는 모습을 보였다.

필요에 따라서는 자신이 도움이 필요할 때 적극적으로 주변 사람한테 도움을 요청하는 상황도 많이 봤다. 한 예로 성적이 꽤 좋았던 우리 반 학생 한 명은 자신이 마음이 흔들릴 때마다 담임교사였던 나에게 찾아와 정보도 얻고, 마음도 잡고, 이런저런 이야기를 하며 친한 관계를 유지했다. 정말 자주 상담 요청을 하길래 나중에 꼼꼼히 세어보니 30회 넘게 상담했다.

다른 1등급 멘토는 영어 공부를 하다가 모르는 게 있으면, 영어 교사인 나를 찾아와 적극적으로 질문했다. 처음에는 교과 관련 질문만 하는 사이였다가, 나중에는 진학할 때 진지하게 고민을 나누는 멘토-멘티 관계로까지 발전했다. 여름방학인데 1시간 가까이 진로와 진학 상담을 전화로 할 정도면 친한 사이라고 할 수 있지 않을까?

사실 그들은 교우 관계도 좋을뿐더러 교사와도 좋은 관계를 맺으려 노력했다. 힘들고 지친 수험생활을 함께 고민하며 헤쳐나가면서 마음을 나눌 수 있는 사람을 찾았다. 물론 수줍음을 많이 타는 경우엔 교우 관계만으로도 충분한 것 같았다. 내신이든 모의고사든 시험이 끝날 때마다 같이 밥 먹고 차 마시며 서로를 격려하고 응원하는 친한 사이로 지내는 모습을 많이 봐왔기 때문이다.

우리 반 내신 1등이었던 박원빈 멘토와 수능 모의고사 1등이었던 이성윤 멘토는 안타깝게 첫해 기회를 놓치고 반수를 하면서 함께 자주 연락을 주고받으며 의지했다. 수능 시험이 끝나고 면접을 준비할 때도 상대방의 예상 질문을 뽑아주고, 서로에게 면접관이 되어 면접을 같이 준비하기도 했다. 결과적으로는 둘 다 반수에 성공했고, 입시의 한(恨)을 함께 풀어냈다.

김주연 멘토의 경우에는 미디어 시대에 발맞춰 온라인으로 활발하게 사람들과 교류했다. 만나서 놀고 그런 교류는 아니었고, 자신이 듣던 인터넷 강의 게시판에 모르는 게 있으면 적극적으로 질문을 남겼다. 그리고 커뮤니티 사이트에서는 자신이 겪는 수험생활과 자신이 듣고 있는 인터넷 강의와 강사에 대한 평가를 솔직하게 남기며 사람들과 의견을 나누기도 했다.

사람은 하루에 자신이 해야 할 말의 양이 정해져 있다고 했다. 아무래도 언어를 사용하고, 누군가 의사소통을 하면서 살아가는 인간이기에 그런 말이 있는 것 같다. 그리고 우리는 누군가에게 말로 자기의 생각과 감정을 드러내면서 마음을 정리하고, 스트레스를 푸는 것을 보면 알 수 있다.

마지막으로, 스스로 고립되는 상황은 만들지 말라는 말을 하고 싶다. 이론적으로 증명된 건 아니지만, 공부하겠다고 고립을 자처한 학생 중 수험생활을 성공적으로 마치지 못한 경우를 많이 봤기 때문이다. 잘 노는 사람이 공부도 잘한다는 말처럼, 사람들과 잘 어울리는 사람이 공부도 잘하는 경우가 더 많다. 물론 주객이 전도되면 안 되겠지만 말이다.

징크스 그건 먹는 건가요

사전에서 찾아보면 징크스란 '불길한 일, 사람의 힘이 미치지 못하는 운명적인 일을 일컫는 말'이라 적혀 있다. 징크스는 마치 불가항력처럼 느껴진다. 하지만 징크스는 우연히 생긴 일로 인해 부정적인 경험을 연속적으로 경험하며 우리가 만들어 낸 허상이 아닐까 싶다. 혹은 우리가 피하고 싶은 일을 핑계 삼아 다른 대상에 옮겨 놓은 것일지도 모른다.

예를 들어, 매일 신발을 오른쪽부터 신다가 우연히 그날 하루만 왼쪽부터 신게 되었는데 루틴대로 행동하지 못해 종일 계속 신경이 쓰인다. 아파트에서 엘리베이터를 타고 내려가려는데 1층 차이로 놓쳐서 한참을 기다리게 된다. 시험 기간이라 마음이 급하다. 그래도 늦지 않고 다행히 시간에 맞춰 등교한다.

하지만 시험이 시작되고 답에 마킹을 하려는데 컴퓨터용 사인펜이 나오질 않는다. 다행히 감독 선생님이 주변 친구의 여유분을 빌려 주셔서 위기를 넘긴다. 안심도 잠시 설상가상으로 시험 종료까지 시간이 얼마 안 남았는데 답안을 밀려서 쓴 걸 알게 된다. 간신히 수정테이프로 답을 고쳐서 제출했는데 한 문제에 답을 중복으로 체크한 것을 깨닫는다.

오늘 하루 일진이 왜 이리 안 좋나 생각해보니 아침에 신발을 오른쪽이 아니라 왼쪽부터 신었다는 사실이 생각난다. 정말 우연의 일치일 뿐인데 모든 일이 신발을 왼쪽부터 신어서 그런 것처럼 느껴진다. 더 고민할 필요도 없이 신발은 오른쪽부터 신어야 좋은 일이 생길 거라는 믿음이 생긴다. 그렇게 이 수험생은 징크스 하나가 생겼다.

위 예시는 순수하게 지어낸 이야기다. 그런데 그냥 생각해 낸 게 아니라 실제 멘토들의 사례를 통해 비슷한 예시를 추가했을 뿐이다. 지금부터 들어볼 이야기는 기가 더 찰 것이다. 놀랍게도 1등급 멘토들의 이야기를 모은 것이다. 그래도 다행인 건 그들은 해결책을 항상 모색했고, 징크스를 없애기도 했다는 거다. 어떤 특징이 있는지 잘 살펴보고 벤치마킹해보길 바란다.

1등급 멘토들도 사람인지라 위에서 말한 징크스를 경험한다. 첫 번째 주인공은 시험 보기 전 배가 아파서 화장실에 갔는데 편하게 앉아서 볼 수 있는 양변기 칸에 사람이 있어서 하릴없이 쪼그려 앉아서 볼일을 봐야 하는 수세식 변기가 있는 칸을 이용했다. 그런데 그날따라 시험문제가 어렵게 느껴졌고, 실제 결과로 나온 점수도 평소만큼 잘 나오지 않았다. 생각해보니 그날 화장실 칸 선택을 잘못한 것 같았다.

고3 수험생활을 하며 스트레스로 인해 과민성 대장 증후군이 생긴 첫 번째 멘토는 시험 보는 중간에도 자주 화장실을 가게 되었다. 신기한 건 양변기를 사용하면 시험문제가 잘 풀리는 거 같았고, 수세식 변기를 사용하면 불길한 기분이 들었다. 우연히 생긴 징크스가 시험 점수에 영향을 주게 되자 다른 층에 가서라도 양변기를 이용하는 습관이 생겼다. 징크스를 떨쳐낼 수는 없었지만, 수능 날에도 양변기만 찾아다닌 덕분에 무사히 시험을 마쳤고 결과도 좋게 나왔다.

두 번째 주인공은 시험 볼 때 감독 교사가 바로 앞에 서 있으면 신경이 많이 쓰여서 맨 앞자리에 걸리지 않기를 항상 기도했다. 그러나 무작위로 번호를 돌려가며 시험 기간에 자리를 배치하기에 맨 앞자리에 걸리는 날도 있었다. 신기하게도 그런 날이면 앞에서 감독하는 선생님이 신경 쓰여서 아는 문제도 실수로 틀렸다. 그렇게 자신도 모르게 앞자리 징크스가 생겼다.

고3 수험생이 되어도 이 징크스가 깨지지 않자, 멘토는 결단을 내렸다. 2주마다 자리를 정할 때 일부러 앞자리에 자청해서 앉은 것이다. 역시나 처음엔 수업 시간마다 신경이 많이 쓰였다. 그런데 한 학기 내내 자신의 자리가 맨 앞자리가 되니 시험 볼 때 앞자리에 걸려도 내 집처럼 편한 느낌으로 바뀌었다고 했다. 2학기에는 혹시 수능 날 앞자리가 아닌 다른 자리가 걸릴 수도 있으니 무작위로 다시 앉게 되었고, 다행히 이 멘토는 어디에 앉아도 편하게 시험을 볼 수 있게 되었다. 그렇게 자리 징크스에서 벗어날 수 있었다.

세 번째 멘토는 지나고 보니 별것 아닌데 그땐 왜 그랬나 하는 징크스가 있었다고 했다. 제대로 준비 못 한 과목을 보는 시험 시간에 감독 교사가 확인 도장을 잘못 찍어서 반만 찍혔는데, 그게 그렇게 신경이 쓰였다고 했다. 불길한 생각은 현실로 이어져 고등학교 3년 내내 받았던 점수 중 최악의 점수를 받았다.

그 이후로 시험을 볼 때면 감독 교사의 도장이 계속 신경 쓰였다. 처음엔 도장이 찍히는 크기에만 불안했는데, 그 증세가 심해져 도장이 이름이 위로 가게 찍히지 않고 거꾸로 찍혀 있어도 신경 쓰이기 시작했다. 혹은 확인란 위치를 조금만 벗어나도 불안감을 느꼈다. 그럴 때마다 도장을 다시 찍어달라고 감독 교사한테 요청했지만, 돌아오는 건 괜찮다는 말뿐이라 더는 부탁하지 못하고 징크스에 휘말렸다.

이 멘토는 이런 고충을 나와 상담한 적이 있다. 그래서 나는 심리학에 나오는 '체계적 둔감화'라는 방법을 제시했다. 우선 수능 날과 비슷한 환경을 만들기 위해 모의고사 문제를 풀 때 답안지를 꼭 활용하도록 했다. 그리고 감독 교사 도장이라고 생각하고 도장을 확인란에 꼭 찍으라고 했다.

처음에는 너무 칸에서 벗어나거나, 이름이 뒤집히거나, 모양이 이상하게 찍히거나 하지 않도록 했다. 대신 다음부터는 조금씩 도장을 이상하게 찍어보고 문제를 풀게 했다. 감독 교사 확인란에 도장이 이상하게 찍혀도 채점했을 때 자신이 공부한 만큼 점수가 나오기 시작하자 징크스가 점점 사라졌다. 다행히 이 방법은 통했고, 수능 날은 감독 교사의 도장과는 상관없이 시험을 잘 치렀다.

징크스와 관련된 사례를 살펴보면, 자신의 실력과 노력 부족보다는 다른 대상으로 이유를 옮겨 시험을 망친 이유를 찾으려 한다는 걸 알 수 있다. 위에서 말한 사례는 소수일 뿐이다. 대다수의 1등급 멘토들은 징크스를 키우지 않는다. 그들은 대신 이렇게 말한다. "징크스 그건 먹는 건가요?"

그만큼 자기 자신에 집중하고, 시험 성적은 징크스처럼 별것도 아닌 요소에 의한 게 아니라 자신의 노력과 상관관계가 있다고 생각한다. 혹시 징크스가 있다면, 다시 생각해보길 바란다. 그 징크스는 내가 비겁한 변명으로 만들어낸 허상이 아닌지 말이다. 내가 피나는 노력으로 일궈낸 결과로 만들어진 실력이 충분하면 우리는 징크스 따위로 흔들리지 않을 것이다.

시험 불안을 이겨내라

　수험생활의 마지막은 그동안 준비했던 시험을 보는 것으로 끝난다. 하지만 걱정과 불안의 마음으로 인해 간혹 제대로 된 실력을 발휘하지 못하는 경우가 있다. 여기서 말하는 '시험 불안'은 교육학에서는 '인지적, 정서적, 행동적, 신체적 반응을 포함하는 복합적 상태'라고 한다. 그래서 1등급 멘토들은 그동안의 노력이 수포로 돌아가지 않고, 유종의 미를 거두기 위해 어떻게든 시험 불안을 이겨내려 한다.

　수능 보기 전 담임교사로서 시험 불안에 떨고 있는 학생들에게 언제나 하는 조언이 있다. "내가 지금 보는 시험이 어려우면, 다른 사람도 모두 어렵다고 생각하세요. 혹은 시험이 너무 쉬우면, 내가 그동안 준비를 잘해서 시험이 쉽다고 생각하세요."라고 말한다. 이는 스스로 최면을 걸어 시험 불안을 없애도록 하는 주문이다.

내가 학생들에게 불안한 감정을 없애도록 주문하는 것처럼, 1등급 멘토들은 각자 시험 날 최상의 컨디션을 만들기 위해 노력한다. 한 예로, 유가연 멘토는 수능 시험을 편한 마음으로 보기 위해서 대학입시 전략을 철저하게 세웠다. 수능 보기 전 합격 결과가 나오는 전형을 선택했고, 합격 결과를 받은 후 수능 시험을 치를 계획이었다.

그 전략은 유효했다. 수능을 치르기 전에 합격 통지를 받았고, 수능 날은 마음 편하게 시험을 볼 수 있었다. 수능 최저를 충분히 맞추고 나니 면접 준비도 수월했다. 그래서 유가연 멘토는 수시 6개 중 5개 전형에 합격했다. 시험 불안에 대한 철저한 대비로 이룬 결과라 할 수 있다.

진유석 멘토는 수능 국어영역 시험 첫 지문이 어렵게 느껴지면, 나머지 시험을 우후죽순으로 영향을 받았던 경험을 한지라 시험 불안에 휘말리지 않기 위해 전략을 세웠다. 수능 당일 아침 국어영역 시작 전 30~40분 정도 시간이 있었기에 그 시간을 적극적으로 활용했다.

일부러 자신이 눈감고도 설명할 수 있는 쉬운 지문이 있는 문제를 풀면서 긴장을 풀고, 자신감도 얻고, 뇌 활동을 하도록 했다. 덕분에 첫 과목의 영향을 받아 시험 전체를 망치는 상황에서 벗어날 수 있었다. 결과적으로는 시험 보는 내내 편안한 마음으로 임할 수 있었고, 수능 ALL 1등급이라는 결과를 얻었다.

그리고 대부분의 1등급 멘토들은 수능 시험 날 쉬는 시간에 절대 채점을 하지 않았다. 채점 후 만일 결과가 좋지 못하면, 다음 과목에 영향을 준다고 생각했기 때문이다. 수능 시험 말고도 내신 시험을 볼 때도 같았다. 며칠간 시험을 치르면서 시험이 완전히 끝날 때까지는 채점을 안 했다. 다음 날 시험에 행여나 부정적인 영향을 줄까 걱정이 들었기 때문이다.

이렇게 아무리 철저하게 시험에 대한 불안감을 제거해도 문제를 풀다가 시간이 촉박하면 긴장하기 마련이다. 그래서 1등급 멘토들은 이런 상황을 만들지 않기 위해 시험지를 받으면 철저하게 시험문제를 분석함으로써 전략적으로 시험에 임하려고 했다.

장선우 멘토는 우선 시험이 시작되면 1~2분은 문제를 쭉 훑으면서 문제 배점 등을 통해 난도를 파악했다. 파악한 난도를 바탕으로 대략적인 문제 풀이 순서와 시간 배분에 대한 큰 그림을 그렸다. 나무보다는 숲을 보려고 노력한 것이다. 우리는 긴장을 하면 주변을 잘 보지 못한다. 그렇기에 이렇게 숲을 보려는 노력은 긴장 완화에 도움이 된다.

그리고 문제를 풀다가 기억이 나지 않아서 다시 읽는 시간을 줄이기 위해 바로 생각나는 답이나 연관 키워드는 잊지 않고 문제 옆에 적어두었다. 어떻게든 불안한 상황을 만들지 않도록 철저하게 상황을 통제하며 시험을 치른 것이다. 시험 난도가 높은 경우를 제외하고는 시험 종료 전 적게는 5분 많게는 10분을 확보하여 답안지에 답을 마킹하고 다시 한번 꼼꼼하게 검토를 진행했다.

　수학 과목은 검토할 시간이 부족한 경우가 많았기 때문에, 계산 실수는 애초에 주의하여 해당 실수와 연관된 오답을 줄이고자 노력했다. 대신 4점짜리와 같은 접근이 어려웠던 문제에 상당 시간을 활용할 수 있도록 시간을 배분했다. 1등급 멘토들은 수학 문제를 풀 때는 30분 안에 쉬운 25문제 이상을 해결하고 나머지 70분 동안 5문제 이하를 풀었다고 했다. 지금은 수학 문제에 살짝 난도가 있는 준킬러 문항이 많이 포진해 있지만, 몇 년 전만 해도 오랜 시간을 투자해야 하는 초고난도 문제가 있었기 때문에 더욱 전략적으로 접근해야 했다.

　이런 식으로 한 과목씩 시험을 치르고 나면 완벽하게 시험 문제를 통제했다는 생각에 안정적인 감정 상태가 된다. 그리고 다음 과목으로 넘어갈 때도 찝찝한 기분이 들지 않기 때문에 시험 불안을 떨쳐낼 수가 있다. 혹시 1등급을 받는 멘토들과는 달리 자신이 아직 이렇게 시험을 치르는 경지에 이르지 못했다면 더욱 노력하기를 바란다.

　사실 긴장과 불안이라는 감정은 우리가 익숙하지 않은 상황에서 생긴다. 수능 시험을 보는 장소는 우리가 평소 생활하지 않는 장소이기도 하고, 낯선 사람들과 함께 낯선 공간에서 하루를 보낸다. 그래서 더욱 힘든 상황이라는 말이다. 하지만 장인이 도구를 탓하지 않는 것처럼, 1등급 멘토들은 환경이 바뀌었다고, 낯설다고 해서 크게 당황하지 않는다.

철저하게 자신이 그동안 해온 방식을 그대로 쏟아내려고 할 뿐이다. 국어 등급을 올리기 위해 70일 동안 하루도 빠짐없이 국어 시험 시간에 맞춰서 수능 모의고사 문제를 푼 윤아영 멘토의 사례도 이를 증명한다. 심지어 긴장하지 않기 위해 국어 문제 안에서도 자신이 자신 있는 유형 순으로 항상 문제를 풀었다고 한다.

영어 과목에서는 장문 독해 유형을 마지막에 풀면 괜히 시간에 쫓기듯 문제를 풀고 실수도 하게 되자 처음부터 장문 독해 문제부터 풀고 시작한 멘토도 있었다. 이렇듯 멘토마다 순서나 방법은 천차만별이지만 시험 날 자신에게 불리한 상황이 발생하지 않도록 전략적으로 대처하는 모습을 볼 수 있었다.

제2외국어 공부법에서도 언급했지만, 수능 날 최상의 환경을 만들기 위한 이보다 더한 노력도 있다. 수능 원서를 접수할 때, 본인이 제2외국어 과목이 중요하지 않더라도 일부러 신청하는 것이다. 그 이유는 제2외국어까지 선택하는 수험생의 경우에는 최소한 공부에 열의를 가지고 있다고 판단했기 때문이다. 그래서 1등급 멘토들은 시험장 환경까지 고려하면서까지 시험 불안 요소를 통제하려고 한다. 이런 철저함이 있었기에 1등급 멘토들이 좋은 결과를 낼 수 있었다는 걸 한 번쯤 되새겨 보기를 바란다.

존버만이 살길이다

"강한 자가 살아남는 게 아니라 살아남는 자가 강하다."라는 말이 있다. 그렇다면 살아남기 위해서는 어떻게 해야 할까? 요새 말로 존버(끝까지 버티기)해야 한다. 공부로 성공한 1등급 멘토들은 어떻게 끝까지 포기하지 않고 공부를 해낼 수 있었는지, 입시를 성공적으로 마칠 수 있었는지 마지막 이야기를 들어보자.

수시를 준비하는 고3 수험생들은 9월이면 거의 모든 원서 접수를 마친다. 기분 탓인지 모르겠지만, 여름방학 동안 열심히 써낸 자기소개서를 제출하면서 입시 과정도 다 마친 것 같다. 이제 남은 건 기껏해야 면접 혹은 수능 최저를 맞추는 일만 남아 있기 때문이다. 고3 담임을 오래 하면서 수시 원서 접수 후부터 얼마나 수험생들이 흔들리는지 많이 봐왔고, 끝까지 버틴 자와 아닌 자의 결과도 달라지는 걸 눈앞에서 확인했다.

평소 야간 자율학습을 하기 위해 학교에 밤늦게까지 남았던 학생도 이 시기가 지나면 슬슬 빠지기 시작한다. 그리고 수능 시험에 가까워질수록 남은 D-day 숫자처럼 야간 자율학습에 남는 학생 수는 점점 줄어든다. 시험을 1주일 정도 앞두고는 많게는 20명 넘게 자습하던 반도 다섯 손가락 안으로 숫자가 바뀐다.

심지어 공부를 좀 한다는 특목고에서도 막판에 가서는 남은 아이들끼리 수다 떨거나 마피아 게임을 하는 경우도 봤다. 길고도 긴 여정을 얼마나 빨리 마치고 싶은지 그 심정이 이해 가지만, 끝까지 최선을 왜 다하지 못할까 안타까운 마음도 든다. 그래도 학교에 남아서 하려는 의지를 보이는 것만으로도 기특하다. 전부 그런 건 아니겠지만, 혼자서 해보겠다고 집에 간 경우 대다수는 더 방황하고 있을지 모르니까 말이다.

분명한 사실은 수능 당일까지 고삐를 늦추지 않고, 계속 달리는 수험생도 있다. 그리고 그들은 전부 만족스러운 결과를 만들어낸다. 자신의 루틴대로 혹은 계획대로 수능 날까지 흔들리지 않고 버티기를 해낸다. 한 예로, 어떤 해에는 학기 초부터 평일을 비롯해 주말에 학교 도서관에 나와서 자습을 하던 13명의 학생은 모두 일류대학에 진학했다. 이는 오경제 멘토의 증언으로 확인된 결과다.

끝까지 긴장의 끈을 놓을 수가 없었던 오경제 멘토도 매주 주말마다 학교에 나와서 종일 자습을 했다. 고3 초반에는 많은 학생이 주말에도 나와서 자습을 했는데, 막상 2학기가 되니까 그 수가 절반 이상 줄었고, 막판까지 남아 있던 수는 13명밖에 없었다고 한다. 나중에 이래저래 추적해서 알게 된 사실은 그 13명 모두 명문대에 진학했다는 거였다.

수험생활은 마라톤에 비유하면 너무도 잘 맞는다. 수능 시험도 신청자 대비 응시자와 미응시자가 있는 것처럼, 마라톤도 신청자 대비 참여자 숫자가 다르기 때문이다. 물론 수치는 조금 다르지만, 오랜 시간 준비해서 결승선을 통과하는 건 마찬가지다. 수험생활도 마라톤도 끝까지 포기하지 않고 버티며 자신이 준비한 걸 쏟아내는 일이기 때문이다.

수능 원서를 접수하는 수험생은 2018학년도부터 2021학년도까지 4년간 평균 50만 명 내외이고, 실제 응시한 비율은 89% 내외이다. 그런데 막상 시험장에서 감독하면서 수험생들을 살펴보면 공식적으로 포기하고 돌아가는 수험생도 있고, 문제를 끝까지 안 풀고 자거나 망연자실한 채로 멍하니 있는 수험생도 있다. 공식적인 숫자를 확인할 수는 없지만, 진지하게 임하는 수험생의 숫자만 세어본다면 89% 내외는 아닐 것이다. 대신 진지하게 임하는 수험생 중에는 90% 이상 자신이 준비한 걸 다 쏟아 낼 것이다.

세계 4대 마라톤 대회로 불리는 런던 마라톤도 1982년에는 9만 명 이상이 신청했다. 하지만 실제 참여자는 1만 6350명이었고, 1만 5758명이 완주하여 완주율 세계 기록을 세웠다. 실제 참여율은 20% 내외지만 진지하게 임한 참여자의 완주율은 90%가 넘는다. 참고로 마라톤 대회는 평균 완주율이 90%가 넘는다고 한다.

실제 수능 이후 정시로 대학에 가려면 적어도 과목당 2~3등급은 받아야 원하는 대학에 갈 수 있다고 가정할 때, 3등급 기준이 23%니까 대략 20% 내외라고 할 수 있다. 그래서 마라톤과 대학입시가 비슷한 면이 있다고 할 수 있는 거다. 그리고 마라톤도 선수마다 기록이 다른 것처럼, 수능 시험 성적도 수험생마다 성적이 다를 수밖에 없다.

기록과 성적의 차이는 자신의 노력과 실력의 차이라 할 수 있다. 마라톤이든 시험공부든 마라톤 시합 날 혹은 수능 시험 날까지 자신의 실력 향상을 위해 노력해야 한다. 심지어 당일에도 힘든 시간이 찾아오지만 끝까지 포기하지 않고 버텨내야 한다.

달리면서 숨이 꼴깍 넘어갈 것 같고 참을 수 없는 고통을 동반한 사점(死點)을 수없이 맞이하는 것처럼, 어려운 시험문제를 풀며 계속해서 괴로운 마음이 드는 건 같기 때문이다. 아무리 힘들어도 그 힘든 순간들을 잘 버텨내고 넘기면 결국 목적지에 도달하게 되는 것이다. 그날의 컨디션이 조금이라도 영향은 주겠지만, 가장 중요한 건 자신의 실력을 다 발휘하고 오는 것이다.

좋은 기록을 세우는 마라톤 선수처럼, 1등급 멘토도 끝까지 버티고 위기를 넘긴 덕분에 좋은 성적을 받는다. 승리자가 되기 위해서 존버(끝까지 버티기)를 해낸다는 말이다. 1등급 멘토 사례는 아니지만, 법조계에서 일하는 친동생으로부터 흥미로운 일화를 들은 적이 있다. 이는 극한의 상황 속에서도 끝까지 버텨내고 인간 승리한 이야기다.

정확한 때는 모르지만, 사법고시가 있던 때였다. 오랜 시간 사법고시를 준비했던 한 사람은 시험을 보다가 갑자기 화장실이 가고 싶었다. 그런데 답안을 제출하지 않으면 시험장 밖으로 나갈 수 없는 시스템이라 시험이 끝날 때까지 참고 또 참았다고 했다. 그러나 결국 참지 못했고, 시험장 안에서 바지를 입은 채 실수를 해버렸다.

소변이 바지를 흘러 타고 내려와 의자를 거쳐 바닥에 흥건하게 흘러내렸다. 시험장 안에 있던 감독관도 같이 시험을 보던 수험생들도 모두 당황했다. 하지만 그 사람은 이런 상황에서도 아랑곳하지 않고 꿋꿋하게 끝까지 자신의 답을 적었다고 했다.

그 시험이 끝나고 사법고시 관련 커뮤니티 사이트에서 그 주인공이 익명으로 합격 수기를 남겼다고 했다. 같은 시험장에서 시험을 보던 다른 수험생들에게 정말 미안했지만, 몇 년 동안 준비해온 시험을 오줌을 쌌다고 포기할 수 없었다고 했다. 곰곰이 생각해보면, 만일 나였다면 그 상황이 너무 부끄러운 일이고, 당황스러워서 시험에 큰 영향을 받았을 것 같다. 그런데 그 사람은 목표를 이루기 위해 끝까지 버팀으로써 극한에서도 살아남았다.

이 책은 입시를 준비하는 수험생을 위해, 특히 1등급을 목표로 하는 사람을 위해 쓰고 있지만, 사실 우리 인생의 시작점에 관해 이야기하는 것이다. 고등학교 3년 내내 공부에 온 힘을 다 쏟았던 진유석 멘토는 수능 날까지 흐트러짐 없이 끝까지 버티며 공부 한계를 경험한 내공이 대학에 가서도 계속 이어진다고 말했다.

이미 한 번 힘든 시기를 겪으며 버텨내는 힘을 길러냈기에 어떠한 시련이 있어도 해낼 수 있을 것이라는 마음이 든다고 한다. '대학입시가 정말 힘들었지만, 결국 내가 해냈으니 이거라고 못 할까?'라는 생각을 하며 다음 단계에 도전할 수 있다고 한다. 매번 그렇게 버티기를 성공하며, 1등급 멘토들은 계속해서 좋은 결과를 낳을 수 있는 것 같다.

고진감래(苦盡甘來)라는 말은 공부할 때 가장 와닿는 말 같다. 때로는 아니 언제나 공부가 재미없고, 지루하고, 힘들기만 하다. 소수를 제외한 나머지 대다수는 공부가 싫다. 어쩔 수 없이 해야 하니까 하는 경우가 다반사다. 그런데 이 힘든 걸 참고 견디면서 해내면 보상은 확실하다. 투자율로 쳐보면 거의 100%에 가깝다. 지금까지 정리한 1등급 공부법을 적용한다면 말이다.

그리고 아직 공부를 많이 해서 죽었다는 말은 한 번도 들어본 적이 없다. 매일 꾸준히 어느 정도 힘들 만큼 공부한다고 해도 생명에는 지장이 없다는 말이다. 그러니 날마다 공부하면서 힘들어서 죽을 것 같다는 생각이 들면, 이렇게 생각을 바꿔보자. "나는 지금 100%짜리 수익을 내는 투자를 하는 중이다. 세상에는 이보다 더 좋은 투자는 없다. 그러니 나는 오늘도 버틴다. 강한 자가 살아남는 게 아니라 이렇게 버티고 버텨서 살아남는 자가 강한 자가 된다."

에필로그
자신에게 맞는 1등급 공부법이 있다

지금까지 1등급 멘토들의 공부법과 이야기를 들으며 어떤 생각이 드는가? 여전히 내가 범접할 수 없는 것이라고 믿는가? 아니면 나도 한번 해보면 되겠다는 자신감이 생기는가? 작은 소망이 있다면 후자로 대답을 했으면 좋겠다.

명문대를 나오고, 공부를 잘하는 사람들이 머리가 엄청 좋아서 그런 결과를 얻지는 않았다. 그들은 적절한 시기에 최선의 노력을 다했기에 좋은 결과를 얻게 된 것이다. 그리고 정해진 시간 안에 자신에게 맞는 최고로 효율적인 공부 방법을 찾으려 노력한 결과다.

이 책을 통해서 나는 우등생들의 공부법을 최대한 담으려고 노력했다. 1등급 멘토들이 가진 공통점이 바로 공부를 잘하게 되는 비법이라 생각했기 때문이다. 그런데 신기하게도 공통분모도 있지만, 분명히 각자 자신만의 스타일로 공부를 했다는 점도 또한 공통점이다. 이것이 시사하는 바는 효율적인 공부법이 분명히 있지만, 결국에는 자신에게 맞는 공부법이 가장 좋은 방법이라는 것이다.

쉽게 말해, 공부법에는 정답이 없다고 할 수 있다. 누군가 아무리 좋다고 하는 공부 방법이 다른 누군가에게는 별로 효과가 없을지도 모르기 때문이다. 노트 정리를 하는 게 좋은 공부 방법이라고 해도, 소리 내어 여러 번 읽는 것이 훨씬 더 효율적으로 느껴진다면 그게 자신에게 가장 맞는 공부법이 된다. 사람마다 자신에게 편하고 잘 맞는 스타일이 다르기 때문에 그렇다.

그러나 공부를 잘하기 위해서 중요한 것 한 가지는 공부를 멈춰서는 안 된다는 것이다. 아무리 똑똑하고, 아무리 좋은 공부법을 알고 있다고 해도 꾸준하게 끝까지 공부하는 사람을 이길 수 없다. 1등급 멘토들은 그 어려운 과정을 끝까지 포기하지 않고 이겨냈기 때문에 지금 그 자리에 선 것이다. 특히 자신의 약점이 무엇인지 항상 고민하며 개선하려고 노력했기에 그런 결과를 얻을 수 있었다.

누군가 가장 중요한 건 멈추지 않는 것이라 했다. 만일 우리가 목표가 있다면, 그 목표를 향해 앞으로 나아가려고 노력해야 한다. 아무리 속도가 느리더라도 멈추지 않고 계속 나아간다면 언젠가는 도착할 수 있기 마련이다. 하지만 중간에 멈추는 경우엔 절대 목표에 도달할 수 없다. 그래서 멈추지 말라고 하는 것이다.

다만 아쉽게도 시간은 유한하다. 우리가 공부할 수 있는 시기는 한정되어 있다. 물론 전체 인생으로 놓고 보면 평생 공부해야 하지만, 지금 말하는 공부는 입시공부를 의미한다. 특정 지어 보자면 대학입시를 위한 시간은 우리에게 3년밖에 주어지지 않는다. 그렇기에 어떻게든 이 시기에는 목표를 향해 멈추지 않고 달려가야 한다.

그런데 잠시 생각해보면, 목적지까지 가는 방법은 다양한 것 같다. 지름길도 있고, 우회로도 있다. 이왕이면 누군가 이미 가본 길이라면, 그리고 그게 지름길이라면 따라 가보는 건 어떨까? 혹은 그 길을 가면서 더 빠른 길을 찾을 수도 있고, 돌아서 늦게 가는 길로 빠질 수도 있다. 하지만 목표를 향해 가면서 경험하는 모든 것이 피가 되고 살이 되어 심신을 더욱 강하게 만들어 줄 것이다.

이 책을 쓰기 위해 수많은 공부법 관련 책을 읽고, 수십 명의 1등급 멘토들을 인터뷰하면서 느끼는 점이 있다. 그들도 공부하는 게 힘들다고 생각한다는 것이다. 하지만 중간에 멈추지 않기 위해 참고 견뎠고, 부족한 것이 있으면 채워가면서 더 좋은 방법을 찾기 위해 노력했다. 그렇게 버티고 이겨낸 결과 마침내 목표를 이루고 성취감을 느꼈다.

이렇게 힘든 과정 끝에 느낀 성취감 덕분에 그들은 대학에 가서, 취업을 준비하면서, 사회에 나가 일하면서 아무리 난관에 부딪혀도 이겨내는 힘이 있어 보였다. 그렇게 보니 10대에 공부해야 하는 이유는 사실 자신의 인생을 놓고 볼 때 처음으로 힘든 시간을 견디는 법을 배우는 시간이라서다. 이때 아무리 하기 싫어도 해야 하는 일을 자신에게 맞는 방법으로 맞춰가며 성취해내면, 그다음 단계에 가서도 이 경험을 바탕으로 잘할 수 있게 된다는 의미다.

'공부는 왜 해야 할까?'라는 물음에 대답은 다양할 수 있다. 그런데 나는 이 책을 통해서 여러분이 앞으로 살아가는 인생의 가장 첫 관문을 슬기롭게 보내기 위해서 공부를 열심히 해야 한다고 말하고 싶다. 첫 단추가 잘 채워지면 아무래도 남은 단추를 채우는 건 더욱 편하게 할 수 있기 때문이다. 비록 나는 그 단추를 채우는 데 크게 실패했지만, 지금 이 글을 읽고 있는 여러분은 조금이라도 1등급 멘토들을 본받아 자신만의 공부법을 찾아서 첫 단추를 잘 채우기를 바란다.

감사의 말

안녕하세요. 《1등급 공부법》 저자 신영환입니다.

제가 운영하는 유튜브 〈영어멘토링TV〉 채널을 통해 '진로를 찾아서' 멘토 인터뷰 프로젝트를 시작하면서 출간 제의를 받고 글을 쓰기 시작해 어느덧 4개월이란 시간이 흘렀습니다. 공부법 관련 책을 수십 권 읽으며 자료를 수집하였고, 공부 잘하는 우등생들과 상담하고, 인터뷰를 진행하며 글을 썼습니다. 그렇게 수집한 자료를 통해 1등급을 받는 멘토들은 어떻게 공부하는지 자세히 살펴볼 수 있는 시간이었던 것 같습니다.

'만일 내가 10대 때 이런 1등급 공부법을 진작 알았으면 얼마나 좋았을까' 글을 쓰면서 많이 느꼈습니다. 그래서 이 글을 읽는 독자들은 아직 늦지 않았으니, 이 책에 녹여낸 1등급 멘토들의 공부법을 배우고 익혀서 자신만의 효율적인 공부법을 찾기를 바라봅니다.

물론 이 책이 저 혼자만의 작품은 아니라고 생각합니다. 흔쾌히 인터뷰에 응해준 1등급 멘토들을 비롯하여 꼼꼼하게 자료

354

리서치를 도와준 어벤져스 1등급 멘토들이 있었기에 탄생할 수 있는 책이 아니었나 생각합니다. 특히 영어 과목이 아닌 다른 과목에 대한 지식과 경험이 필요했는데, 그 부분을 함께 채울 수 있도록 성의껏 도움을 준 멤버 장선우 멘토, 유가연 멘토, 오경제 멘토에게 감사의 마음을 전합니다.

또한 과목별 전문가로서 꼼꼼하게 검토를 도와주신 엄세라 선생님(국어), 이용선 선생님(수학), 박지영 선생님(영어), 하효정 선생님(사회탐구), 남혜림 선생님(과학탐구), 김윤희 선생님(일본어), 이은별 선생님(중국어)께도 감사드립니다.

그리고 원고 작성에 몰입할 수 있도록 항상 뒤에서 묵묵히 버팀목이 되어주는 아내에게 고맙다는 말을 전하고 싶습니다. 언젠가 글을 읽게 되어 이 책을 읽으며 공부법을 고민할 딸 유정이와 아들 유진이에게도 작가 활동으로 바쁜 아빠와 놀지 못해도 투정 많이 안 부리고 이해해줘서 고맙다는 말을 전하고 싶습니다.

끝으로 먼저 출간 제의를 해주시고, 전력을 다해 완성도 높은 책으로 출간될 수 있도록 힘써주신 출판사 서사원 장선희 대표님을 비롯한 직원분들께도 진심으로 감사합니다. 또한 흔쾌히 추천사를 허락해주신 조승우 작가님께도 감사의 마음을 전합니다. 다 언급하지는 못했지만, 혼공스쿨 선생님들을 비롯하여 제가 책을 쓰고 있다고 했을 때 진심으로 응원해주신 모든 주변 분들께 감사의 말을 전하고 싶습니다.

끝으로 오늘도 인생 공부하느라 힘들고 지친 독자분들께도 미리 감사의 마음과 응원의 마음을 함께 보냅니다. 남은 생도 지금처럼 모두가 건강하고 행복하게 살았으면 하는 마음을 전하며 글을 마칩니다.

2021년 11월

신영환 올림

《1등급 공부법》 출간에 도움을 준 멘토

장선우(이화여자대학교 커뮤니케이션미디어학부&사회학과)

유가연(고려대학교 교육학과&경영학과)

오경제(고려대학교 영어교육과&언어학과)

박원빈(연세대학교 HASS&사회학과)

윤아영(숙명여자대학교 정치외교학과&미디어학부)

김주연(카이스트 전산학부)

정지원(성균관대학교 글로벌경영학과&철학과)

구민재(서강대학교 경영학과)

이성윤(고려대학교 경제학과)

이서영(이화여자대학교 경영학과&중어중문학부)

장유진(홍익대학교 자유전공&예술학과)

진유석(고려대학교 지리교육학과)

조민석(고려대학교 신소재공학부)

지다경(서울대학교 중어중문학과&기술경영학과)

김동현(고려대학교 한문학과)

김유진(한양대학교 영어영문학과)

이해중(고려대학교 건축사회환경공학부)

임규리(한림대학교 의학과)

김예은(연세대학교 영어영문학과)

정재영(동경공업대학교 화학공학과)

참고 문헌

단행본

조승우, 《공부 마스터 플랜》, 포레스트북스, 2019.

조승우, 《압축 공부》, 포레스트북스, 2019.

송영준, 《공부는 절대 나를 배신하지 않는다》, 메이븐, 2020.

강성태, 《강성태 66일 공부법》, 다산에듀, 2019.

서동주, 《서동주의 합격 공부법》, 포레스트북스, 2021.

리사손, 《메타인지 학습법》, 21세기북스, 2019.

박민근, 《시냅스 독서법》, 매일경제신문사, 2020.

로베르타 골린코프, 캐시 허시-파섹, 《최고의 교육》, 예문아카이브, 2018.

서상훈, 유현심, 《메타인지 공부법》, 성안북스, 2019.

신영환, 《공부하느라 수고했어, 오늘도》, 서사원, 2021.

김태훈, 《서울대 수석은 이렇게 공부합니다》, 다산에듀, 2021.

김종원, 《문해력 공부》, 알에이치코리아, 2020.

이윤규, 《나는 무조건 합격하는 공부만 한다》, 비즈니스북스, 2019.

박동호, 김나현, 이기준, 《의대생 공부법》, 알에이치코리아, 2020.

홍민영, 《1페이지 공부법》, 비에이블, 2021.

우쓰데 마사미, 《0초 공부법》, 매경출판, 2017.

김도윤, 《1등은 당신처럼 공부하지 않았다》, 쌤앤파커스, 2018.

한재우, 《혼자 하는 공부의 정석》, 위즈덤하우스, 2018.

보도 섀퍼, 《보도 섀퍼의 돈》, 북플러스, 2011.

유니브, 《연고티비 공부법》, 위즈덤하우스, 2020.

조남호, 《스터디코드 3.0》, 웅진윙스, 2016.

논문

김영상(2001), "감정조정 전략의 이론 정립", 한국교육학회.

바른 교육 시리즈 ㉑

내신·수능 1등급 우등생들의 특급 공부 비법

1등급 공부법

초판 1쇄 발행 2021년 12월 17일
초판 4쇄 발행 2023년 2월 20일

지은이 신영환

대표 장선희 **총괄** 이영철
기획편집 이소정, 정시아, 한이슬, 현미나
책임디자인 최아영 **디자인** 김효숙
마케팅 최의범, 임지윤, 김현진, 이동희
경영관리 김유미

펴낸곳 서사원 **출판등록** 제2021-000194호
주소 서울시 영등포구 당산로 54길 11 상가 301호
전화 02-898-8778 **팩스** 02-6008-1673
이메일 cr@seosawon.com
블로그 blog.naver.com/seosawon
페이스북 www.facebook.com/seosawon
인스타그램 www.instagram.com/seosawon

서사원은 독자 여러분의 책에 관한 아이디어와 원고 투고를 설레는 마음으로 기다리고 있습니다.
책으로 엮기를 원하는 아이디어가 있는 분은 이메일 cr@seosawon.com으로 간단한 개요와 취지,
연락처 등을 보내주세요. 고민을 멈추고 실행해 보세요. 꿈이 이루어집니다.